"粤派教育"丛书 熊焰 高慎英 于慧 主编

◎ 广州市卓越促进一、二期中小学校长培训项目

基于学校改进
校长思想力与行动力·中学

贾汇亮 唐志文

中山大学出版社
SUN YAT-SEN UNIVERSITY PRESS
·广州·

版权所有 翻印必究

图书在版编目（CIP）数据

基于学校改进校长思想力与行动力·中学/贾汇亮，唐志文主编 . —广州：中山大学出版社，2021.6

（"粤派教育"丛书/熊焰，高慎英，于慧主编）

ISBN 978 - 7 - 306 - 07186 - 6

Ⅰ.①基… Ⅱ.①贾…②唐… Ⅲ.①中学—校长—学校管理 Ⅳ.①G637.1

中国版本图书馆 CIP 数据核字（2021）第 065349 号

Jiyu Xuexiao Gaijin Xiaozhang Sixiangli Yu Xingdongli · Zhongxue

出 版 人：	王天琪
策划编辑：	张　蕊
责任编辑：	王　璞
封面设计：	林绵华
责任校对：	周　玢
责任技编：	何雅涛
出版发行：	中山大学出版社
电　　话：	编辑部 020 - 84111996，84113349，84111997，84110779
	发行部 020 - 84111998，84111981，84111160
地　　址：	广州市新港西路 135 号
邮　　编：	510275　　　传　真：020 - 84036565
网　　址：	http://www.zsup.com.cn　　E-mail:zdcbs@ mail.sysu.edu.cn
印 刷 者：	广东虎彩云印刷有限公司
规　　格：	787mm × 1092mm　1/16　15 印张　280 千字
版次印次：	2021 年 6 月第 1 版　2021 年 6 月第 1 次印刷
定　　价：	45.00 元

如发现本书因印装质量影响阅读，请与出版社发行部联系调换

目 录

以人为本　以责立校　和谐育人
　　——从化区龙潭中学发展规划（2016—2020）……………… 戚国红　1
对"自我超越，共融共生"办学理念及发展实施的思考……… 陈永健　18
求实创新　内涵发展　优质高效
　　——洛浦中学发展规划（2017—2020）…………………… 温耀东　32
番禺区石北中学"三环五步"课堂教学模式的构建
　　——入选番禺区研学后教成果"100个教学模式丛书"…… 李晓娟　45
站在"文化立教"高度推动学校"研学后导的五环节高效课堂"
　　教学改革………………………………………………………… 罗庆红　57
社会主义核心价值观视野下的中学校园诚信教育体系构建的
　　实践研究………………………………………………………… 周振蜀　67
广州市番禺区工商职业技术学校专业建设方案………………… 张丽丽　74
通过有效激励，建设高素质教师队伍…………………………… 余久宏　82
中职学校教学诊断与改进的探索与实践………………………… 李永亮　89
横沥中学"致善"教育发展方案………………………………… 邹　刚　96
物质与文化并重　共筑安全校园………………………………… 曾千贤　107
注重体艺强基础　攻坚克难促发展
　　——浅谈打造农村初级中学体艺特色的策略……………… 曾汝光　112
"心桥文化"的实践与思考
　　——广州市番禺区市桥桥兴中学特色办学的发展之路…… 郭敏玲　118
特色学校个性化校园环境文化构建思考………………………… 郭兆棠　124
以人文关怀为载体，构建校园和谐管理模式…………………… 黎艳冰　131
"九年"容易，"一贯"难？
　　——谈九年一贯制学校如何"贯"起来…………………… 李巨荣　139
城乡接合部初级中学"校园服务令"实施策略………………… 李煜辉　147
农村寄宿学校留守儿童的教育管理……………………………… 李柱深　152

校园文化背景下班级特色文化建设的思考……………… 梁炳南 157
如何运用管理的视角构建和谐校园……………………… 梁　继 162
大器有成积点滴　岗守恒常必有为
　　——南沙大岗中学五年发展规划………………… 麦用景 169
基于关键点法则的中学后勤管理工作的五步策略
　　——以广东仲元中学为例………………………… 邱　辉 193
创建特色　打造品牌，实现学校的新跨越
　　——华南碧桂园学校初中部五年发展规划（2016—2020）
　　……………………………………………………… 宋飞虎 207
关于提升学生核心素养的实践与探究…………………… 余永良 222
浅谈城市化进程中农村学校师德建设的体验与反思……… 周建洪 230

以人为本　以责立校　和谐育人
——从化区龙潭中学发展规划（2016—2020）

广州市从化区龙潭中学　戚国红

为深入贯彻落实科学发展观，理清学校办学思路，明确学校办学方向，不断提升学校办学内涵，促进学校健康、和谐、可持续发展，办好人民满意的学校，并为教师生涯规划的制定提供可资借鉴的依据，达成学校发展的共同愿景，凝心聚力，规范管理，使师生、校园始终充满生机与活力，依据有关法律法规和上级文件精神，从学校实际出发，制定2016—2020年学校发展规划。

一、现状分析

（一）办学规模

从化区龙潭中学创办于1966年，是一所乡镇初级中学，2000年12月被评为从化市一级学校，2006年4月被评为广州市一级学校。

学校占地面积103965平方米，人均占地面积57平方米，建筑面积14222平方米，人均建筑面积6.7平方米。现有教学班25个，学生1011人，教职工126人，中学高级教师8人，中学一级教师77人，专任教师学历达标率100%。

（二）办学优势

（1）学校地理位置好，周边环境安静，校园面积大，布局合理，教学、运动、生活区分明。

（2）学校拥有一支爱岗敬业、无私奉献的教师群体和团结协作、务实进取的管理队伍。

（3）办学质量不断提高。学校一直秉承"以人为本"的思想，坚持因材施教，促进全面发展，大力实施素质教育，获得了健康快速发展。

历年获奖情况：①2012年获广州市中小学生艺术节从化赛区二等奖；

②2013年获广州市中小学生合唱节从化赛区三等奖；③2013年、2014年连续两年获从化市大课间活动评比一等奖；④2013年获从化市首届教育教学案例研究征集活动优秀组织奖；⑤2013年获从化市中学生田径运动会三等奖；⑥2014年、2015年连续两年获从化区①初中会考质量评估二等奖。

（三）薄弱环节

（1）学校基本办学设施老旧，亟待改善。①运动场地破旧落后。田径运动场的跑道连煤渣都已找不到踪影，运动场地的破旧严重影响了学生体育技能的提高。②学校功能室场不足且布局不合理。③校园设施老化现象严重，存在诸多安全隐患。有2幢教学楼需要进行抗震加固和增设楼梯，有2幢教学楼排水管线应全部更新，绿化带需逐步优化。④学生宿舍内设施设备比较落后，床位也比较紧张。⑤图书、仪器远远达不到配备要求，现有图书大都比较陈旧；阅览室环境较差，使用率不高。

（2）教师队伍整体素质有待进一步提高。①教师人数已超编，且教师队伍综合素质参差不齐，由于缺少竞争的机制和环境，小部分教师的工作态度、工作热情、师德素养和敬业精神尚需进一步提高。②学校名师数量不足，现只有区级名师一名；学术型、研究型教师缺乏，科研、教研氛围不浓，影响校本研训的质量，制约教师队伍良性发展。③教师的教科研意识不浓，课题研究才刚处于起步阶段，教师的教育观念有待进一步改变。④教师与家长的沟通协调能力和对学生的管理能力有待整体提高。⑤重教书、轻育人的现象不同程度地存在，"以人为本，以责立校，和谐育人"的理念还没有深入每一位老师心中。

（3）学校管理存在诸多问题。①教育教学管理还不够精细。教学管理方面：部分教师教学常规、教学行为不够规范，新课程理念在课堂教学中的落实程度不够，部分科组校本教研、校本培训、教研组活动等工作流于形式。学生日常习惯养成方面：虽然学生在学习习惯、学习品质、行为习惯等方面有了较大改进，但还有相当数量的学生学习的自觉性不理想。安全管理方面：实施住宿生封闭式管理后，安全管理已取得较大进步，但还不够精细化，仍存在一些漏洞，如环境卫生和公物管理方面不够精细，有疏漏处。②校本课程开发严重滞后，还没有形成符合学校实际、适应学生发展需要的校本课程体系。③学校的环境文化建设需进行整体构思，制度文化、精神文化需进一步修改、完善，使之入脑、入心，从而变成师生的自觉行为。

---

① 2014年2月12日，县级从化市撤销，广州市从化区设立。

（4）学校地处从化最西边的农村地区，学生有相当数量是留守儿童，素质良莠不齐，家教平均水平较之前几年有所降低。学校服务的地区位于清远、花都、佛冈三地交界处，社会治安环境复杂。面对新的情况和问题，学校势必要加强与社区、家庭间的互动，在教育孩子的同时，影响家长和社区观念。

（5）德育工作还没有成为一个系统工程，"以责树人"的校本特色德育模式还没形成，对学生的教育没有形成合力，学生良好的行为习惯仍需进一步培养、强化。

（6）活动课程建设滞后，学科实验、综合实践活动课、特色课程的开设时间得不到有效的保证，其质量、层次偏低。

（7）特色建设不够明显，校本特色课程还没构建起来。

二、办学理念

学校精神：和合共进，勇于担当。

办学追求：让每位师生都绽放生命的光彩。

办学理念：以人为本，以责立校，和谐育人。

德育理念：立德以责为先，育人以爱为本。

教学理念：以生为本，快乐高效。

学校文化：以"责任"文化为核心，培育学生追求上进、勇于担当的品质。

办学目标：学生喜欢、家长满意、社会认可的具有鲜明特色的品牌学校。

育人目标：培养有爱心、敢担当、会学习、能创新的具有健全人格的青少年。

办学特色：以艺养心，以责树人。

校训：和合、自强、诚信、担当。

教风：爱生、敬业、博学、善导。

学风：尊重、乐学、善思、创新。

三、目标定位

（一）办学目标

学校以党的十八大精神和《国家中长期教育改革和发展规划纲要》为

指导，在未来5年内，顺应课程改革的时代潮流，优化育人环境，求真务实，内强素质，外树形象，抢抓机遇，深化改革，全力推进教育创新，始终以师生成长和学校发展为主题，以提高质量为目标，以精细化管理为保障，不断提升学校办学品质和内涵，努力使学校成为我市全面贯彻教育方针的典范、实施素质教育的旗舰、特色学校建设的榜样、骨干教师成长的摇篮、学生成长的精神家园；以《国家中长期教育改革和发展规划纲要》和全国基础教育工作会议为指导，积极践行"以人为本，以责立校，和谐育人"的办学理念和"让每位师生都绽放生命的光彩"的办学追求，全面落实科学发展观，依法办学，以德治校。通过"以艺养心，以责树人"的办学特色，把学校建设为学生喜欢、家长满意、社会认可的具有鲜明特色的品牌学校。

（二）培养目标

（1）学生培养目标：有爱心、敢担当、会学习、能创新的具有健全人格的青少年。

（2）教师培养目标：观念领先、关爱学生、乐于奉献、博学善导、教学民主、团结协作、勇于担当、敢于创新的新型教师。

（3）干部培养目标：依法治校、公正廉洁、勇于担当、善于学习、作风民主、业务精湛、勇于改革、规范管理、注重实效的服务型管理者。

四、实施纲要

（一）教学管理

1. 工作目标

全面实施素质教育，深入推进新课程改革，严格贯彻执行国家、省市课程计划；全面落实国家课程和地方课程，加强对课程的领导与监管，提高教师对课程的执行力；加强校本课程开发和建设力度，培养学生的兴趣爱好，促进学生的个性发展；以"生本教育"的理念为指导，进一步转变教学观念，改进教学方法和教学手段，创新课堂教学模式，深化课堂教学改革，提高课堂教学效率；进一步建立健全各项教学规章制度，加强过程监控，实施精细化管理。

2. 主要举措

（1）严格执行国家课程计划，开齐、开足、上好国家规定的课程和地方课程，做到专课专用，不得移作他用，确保国家课程计划与课程标准的严肃性。

（2）根据学校实际，修改完善教学常规管理制度，其中包含备课、课堂教学管理制度、校内外作业管理、辅导学生、检测管理制度、听课评课制度、教学成绩评价制度、小课题研究制度、教学反思制度等教学管理的各个环节，根据教学常规管理制度对教学过程进行全程管理。

（3）落实"以生为本，快乐高效"的教学理念，加大课堂教学改革和管理力度。规范教师的课堂行为，探索符合本校实际的生本教育的课堂模式，引导教师通过自身的人格魅力感染学生，为学生创设自主探究、交流、合作的机会，尊重学生的见解，重视学生的经验，鼓励学生创新，引导学生关注生活、关注实践，建立和谐的师生关系。有效利用现代教育技术，注重学生学习能力和创造能力的培养，引导学生主动参与教学过程。注重差异教学，着力培养学生的学习兴趣、学习习惯与学习能力，积极构建"轻负担、高质量"和"快乐高效"课堂教学模式，优化课堂教学过程，努力提高课堂教学的效率，减轻学生过重的课业负担。

（4）建立教学工作报告制度。根据阶段性听评课情况、常规监测及过程性评价等，每学期至少2次对常规教学中存在的问题进行剖析，明确指出存在的问题与不足，提出改进的意见和方法，确保常规教学工作健康有序运转。建立期终教学质量分析制度，帮助学生彻底掌握比较薄弱的知识点。以生为本，布置个性化作业，帮助学生各有所获。

（5）充分发挥教研组的力量，开展形式多样的教研活动，建立良好的听评课制度和课后反思机制，并形成良性循环。重视"快乐高效"课堂的研究，使其成为学校课堂教学先进思想绽放的舞台，引领教师健康、科学发展。进一步明确和改进教师读书工程，小课题研究，研说教材的实施内容、操作方法和评估策略，真正使其成为提升教师专业素养、提高课堂教学质量的必要工程。

（6）举办好每年一届的"幸福杯"课堂教学观摩活动，聘请专家来校开展教学研讨活动，指导教学工作；多给教师提供外出学习的机会，增长见识，提高教学水平；积极开展校与校之间的教学研讨活动，取长补短；积极组织师生参加各级各类评比及竞赛活动，为教师、学生提供创造性发展的空间，搭建展示自己的舞台。

（7）加强课程开设的师资队伍培训，强化课程开发意识，多途径地培养教师课程开发能力，有计划地安排教师参加各级理论及业务学习，同时聘请有关专家来校进行有关课程建设的专题讲座，力争教师独立或合作开发出适合师生需求的校本课程。

（8）加强课程资源建设力度，最大限度地挖掘、利用校内的人力、物力、财力等资源，努力把蕴藏于师生中的生活经验、特长爱好转化为课程资源。合理配置设施资源，充分利用和拓展校外的课程资源。重视实践基地的建设，注重发挥家长与社区资源的作用，积极开展与校外机构的合作。努力创造条件，鼓励教师和学生充分利用网上资源。

（9）结合我校"以艺养心，以责树人"的办学特色，加强学校艺术和体育工作。牢固树立"健康第一"的指导思想，认真贯彻落实《中共中央国务院关于加强青少年体育增强青少年体质的意见》。切实建立由校长负责的学校体育工作机制，严格执行课程计划，把健康素质作为评价学生全面健康发展的重要指标。大力开展"阳光体育运动"，把"每天锻炼一小时"真正落到实处，坚持落实好大课间活动，切实增强学生体质，磨炼学生意志，促进学生健康成长、全面发展。严格落实好艺术科的课程计划，并积极探索艺术科国家课程校本化，开设兴趣小组和搭建能让学生展示才华的平台，让艺术的美陶冶学生的心灵，培育学生高雅的情操。

（二）德育管理

1. **工作目标**

以《中共中央国务院关于进一步加强和改进未成年人思想道德建设的若干意见》《公民道德建设实施纲要》《中小学开展弘扬和培育民族精神实施纲要》《社会主义核心价值观》以及省、市有关加强和改进未成年人思想道德建设的有关文件要求为指导思想，牢固树立"立德树人"的教育理念，秉承"立德以责为先，育人以爱为本"的德育理念，坚持以课堂教育为主渠道，以丰富多彩的课内外活动为载体，以"责任教育"为核心，以"生活教育"为引领，以"养成教育和文明礼仪教育"为主线，以"赏识教育"为突破口，以"完美教室和文明班级"建设为重点，将学校德育工作贯穿于学校各方面工作之中，进一步加强德育环境和学校文化建设；积极开展社会实践活动，逐步完善"学校、家庭、社会"三位一体的德育网络，构建学校教育与家庭教育、社会教育横向贯通的学校德育工作体系，营造"时时是德育之时、处处是德育之所、人人是德育实践者"的良好氛围，真正达到"教书育人，管理育人，服务育人，环境育人"和"全员育人、全程育人、全面育人"的境界，使学生德、智、体、美全面发展。

2. **主要措施**

（1）丰富德育内容，全面提高学生的思想道德素质。

1）以责任教育为重点，开展以责任教育为核心的系列教育活动。通过强化学生的自治管理和落实生本课堂，探索"以责树人"的校本特色德育模式；通过开展各种形式的实践活动和课堂教学，培养学生对自己、对他人、对家庭、对社会、对国家、对未来负责的优良道德情操。

2）大力开展"每月做一事，养成好习惯"主题教育活动、"好习惯银行"德育量化考核评定活动。通过德育量化管理，逐步规范、引导学生在礼仪、卫生、集会、作业、动手、健体等各方面养成良好的生活习惯，帮助学生初步形成正确的世界观、人生观、价值观。

3）大力开展"赏识教育"，充分运用好表扬艺术，树立正面典型，大力表彰先进，挖掘学生的亮点，培养学生的自信心、进取心和自律意识。

4）开展书香校园建设，继续深化国学经典诵读活动。在校园文化和班级文化上下大功夫，力争学校处处是书香，通过学校和班级两个层面开展读书活动，让读书成为每位师生的习惯；继续开展国学经典诵读活动，研发系列经典诵读校本课程。

5）加强法制教育和心理健康教育。一是加强法律普及教育，有针对性地加强法制教育，不断增强学生的法制意识。学校聘请了主管法制教育的副校长以更好地指导学校法制教育。二是要加强学生不良行为的纠偏工作，特别关注特殊学生群体，开设心理健康教育课（团体心理辅导），配备专职或兼职心理健康教师，建立心理健康咨询室，开展经常性的心理辅导活动，为学生个人和团体提供咨询、辅导服务，了解学生心理状况，解除学生心理障碍，引导学生做好心理调节。

6）加强诚信、感恩和尊重教育。树立"诚信立校、诚信立教、诚信育人"的思想，通过"创诚信校园""当诚信少年"等形式，使学生了解诚信的基本内容，懂得诚信是立身之本，培养学生诚实待人、守时守信的优良品质，形成以重信、守信为荣的良好校园氛围。大力开展感恩教育，让学生懂得感恩父母长辈、感恩老师、感恩学校、感恩国家，要把感恩的情感付诸勇于担当的行动，以自己努力学习、踏实做人的实际行动来报答父母、老师、学校和国家。加强学生的礼仪教育，让学生学会与人友好相处最基本的原则——尊重。加强以孝敬长辈、友爱同学、关心幼小为基本内容的亲情教育，培养学生珍爱真情、关爱他人的美好情感，自觉养成尊重人、理解人、关心人的行为习惯。

7）加强学校团委、学生会的建设，运用生本管理理念，充分发挥学生自主管理的作用，培养学生的自律意识和担当意识。

（2）拓宽育人途径，增加德育工作的实效性。

1）全员育人。牢固树立"育人为本"和"人人都是德育工作者"的理念，每位教师要自觉承担起育人责任，规范教师的育人行为，提高教师的德育能力，发挥教师的人格魅力，以塑造崇高师德，建立新型师生关系，寓德育于师表之中。

2）学科育人。强化"教书育人"的意识，根据学科特点和具体的教学内容，挖掘德育教育资源，加强德育和学科教育的整合，寓德育于各科教学之中。

3）班级育人。营造良好的班级文化氛围，创建和谐的师生关系，深化文明班级和特色班级评选活动，启动"完美教室"评选活动；以创建"完美教室""文明班级"为切入点，充分发挥班主任及班、团干部的主体作用，寓德育于行规管理之中。

4）实践育人。结合参观、考察等社会实践活动，让学生开阔视野，增进理解，丰富生活经验。结合主题活动（节庆）、专题教育、网络道德教育、社会实践等载体，寓德育于社会实践活动中。

5）环境育人。继续加强校园文化、班级文化建设；重视教室环境布置，学校整体环境做到绿化、美化、净化。

6）家庭育人。加大家长课程培训力度，深化亲子共成长工程，提高家长育人水平。

7）社区育人。加强社区联系，合力联动，净化校园周边环境，与社区合作并营造良好的崇尚学习、文明健康的社区氛围；指导社区利用好节假日开展有益于青少年的健康活动，如篮球比赛、醒狮表演、文艺活动、猜灯谜活动等。

（3）加强教师队伍建设，提高德育工作的有效性。

1）加强师德师风建设，认真学习和贯彻落实《中小学教师职业道德规范》，牢固树立"人人都是德育工作者"的教育理念，大力开展"像关爱自己的孩子一样关爱每一名学生"的活动。

2）加强德育队伍建设，全面负责学校德育及学生管理工作；加强共青团和社团规范化建设，尽快建立和完善各种社团组织的相关制度；德育处要加强对学校团队工作的指导，建立健全学生会组织，发挥其自治功能，既培养学生能力，又陶冶学生情操。

3）加强班主任队伍建设，完善班主任校本培训制度，以提升班主任的职业理想、人文素养、专业能力为重点，开展班主任德育能力的项目培训，努力实现"三个转变"，即教育观念的转变、教育方法的转变、教育行为的转变；达到"三项提升"，即专业理论的提升、教育智慧的提升、人文底蕴的提升，从而促进班主任队伍的专业发展。通过系统培训、自主研修、榜样示范、互动交流、优秀评选和学校名班主任工作室引领辐射等方式，建设一支创新型、善管理的高素质班主任队伍，力争尽快培养出一批区、市、省优秀班主任或名班主任。

（三）师资队伍

1. 工作目标

牢固树立"教师强则学校强"的理念，高度重视教师队伍建设，加强师德师风建设，全面推进教师专业化发展，深化学校人事管理制度改革，健全教师培训管理制度和完善教师考核评价机制，努力建设一支师德高尚、业务精湛、结构优化、观念领先、爱岗敬业、勇于担当、关爱学生、博学善导、教学民主、一专多能、善于学习、乐于奉献、团结协作、勇于创新、充满活力的师资队伍，以适应学校发展的需要。

2. 主要措施

（1）着眼未来，科学管理，促进教师专业发展。

1）制定发展规划，引导教师确立自我发展目标，形成共同的价值取向，引导教师根据学校办学理念和发展规划，通过自我反思、剖析自我，结合自身实际，确定"个人专业发展五年规划"和年度实施计划。

2）加强师德师风建设，切实提高教师师德水平，以"正师风、强师德、树师表"为宗旨，以"敬业、爱生、担当"为主体，以"像关爱自己的孩子一样关爱每一名学生"活动为综合抓手，以学习、研讨等活动为载体，以考核、评比为驱动机制，促进我校教师师德师风的建设。

3）严格落实《中小学教师职业道德规范》和《从化市关于进一步加强教师队伍建设的实施意见》，进一步加强师德师风教育，提高教师职业素养，帮助教师树立正确的人才观、人生观、价值观，树立为学生、为家长服务的思想和敬业、勤业、精业以及献身教育的精神；开展《弟子规》学习实践活动，从待人接物、卫生习惯、工作习惯、强身健体等环节入手，不断提升教师的文明程度和师表风范。每学年进行一次评优评先活动，实行师德一票否决制，表彰一批师德高尚、业务精湛的优秀教师。积极推荐校级优秀教师参加上级组织开展的评优评先活动。

4）大力开展教师基本功达标系列活动，努力提高教师执教能力。教师的基本功包含研说教材基本功、驾驭课堂基本功、听评课基本功、板书设计基本功、编写教案基本功、教学研究基本功、命制试题基本功、普通话基本功、信息技术基本功、论文写作基本功。学校应尽快制定基本功达标系列活动实施方案，并组织实施。在活动开展过程中，要做到有计划、有布置、有措施、有检查，务求活动具有实效性。

5）深化教师全员读书工程，建立学习型组织。鼓励教师树立开放的学习意识和教学意识，并在教育教学过程中养成不断学习、终身学习的良好习惯，通过开展课改论坛、开门授课、科研沙龙、主题演讲等活动，构建学习型学校。建设好教师阅览室，营造良好的读书环境，在各教师办公室增设小书柜，增加报纸杂志的种类和数量，鼓励教师多读书，倡议优秀教师和青年教师成立教师读书俱乐部。

6）坚持不懈地开展"青蓝师徒结对工程"。要求教师制定好个人发展目标，促进教师自我发展。学校建立教师教育教学反思制度，要求教师撰写教学后记，勤记学习笔记，以强化教师的教学能力。要加快对青年教师的培养，采用新老教师结对子的方式，坚持为新任教师和教学困难教师搭建师徒交流平台，开放学习平台，组织师徒经验交流会，促进青年教师的成长。并对师徒帮教工作进行监督反馈，落实相关责任和权利，制定相对应的奖惩制度，使帮教工作健康、有序、科学地展开。每年教师节前，将根据上一学年度师徒结对的成效评选该年度"优秀辅导教师"。

7）立足学校实际，加强校本研训，切实提高校本研训的实效性。

8）分层次开展各种课堂教学展示活动，切实提高课堂教学效益。

（2）启动名师建设工程。通过开展丰富多彩的教学评比活动，提高教师的教学水平。鼓励教师参加市、区各类教学比赛、论文评比活动，并大力表彰各类获奖人员，在年度考核中，根据受奖情况适当加分。

重视校、区、市三级教学能手评选工作。4年内，组织不少于4次学校教学能手评选活动，授予40名左右的教师"龙潭中学教学能手"称号；积极参与上级教学能手评选，争取新增区级教学能手（新秀）4人以上，力争实现市级教育能手（新秀）零的突破。

建立骨干教师目标培养体系，校级以上教学能手均应制定个人阶段性发展规划，并由学校实施监控。建立骨干教师定期外出培训制度。校级、区级、市级教学能手分别每3年、2年、1年要参加1次以上市外培训。积极参加区市各项教学业务竞赛活动，参与特色课、优质课、观摩课等竞赛观摩活动，并力争取得优异成绩。

成立学校名师工作室。既要进一步提升学校现有名师的综合素质和社会知名度，又要对学校骨干教师培养起到引领和促进作用。从现有学校校级教学能手以上学科教学骨干中，通过自主申报、群众评议、材料评比、课堂教学等途径选拔2～5位校级名师，成立学校名师工作室，并选拔科研能力强、教学业务过硬、有丰富带徒经验的骨干教师加入。由教导处负责，制定名师选拔管理办法、工作室规章制度以及运转模式等。学校拿出一定资金用于名师工作室的启动，自2016年开始，每年投资5000元用于名师工作室的规范发展。开展学科名师评选活动，按照学科教师数量确定评选比例，加强对学科名师的选拔和管理，突出加强语文、数学、政治学科名师管理，争取在 4 年内促其个别人员成长为区、市级名师。

学校名师工作室成员、市级学科带头人、区级名师、区级教学新秀（学科带头人、骨干教师）、校级教学能手、新任教师中的教学新秀构成学校骨干教师梯队。截至 2020 年，这支队伍人员总数要达到学校专任教师总数的 20%，真正起到辐射和带动作用，提高学校课堂教学质量。

（3）制定科学合理的教职工评价方案，提高教师教育教学的积极性。重新研究制定并出台新的学校教职岗位设置考核评价方案，采用定量与定性相结合、过程性评价与终结性评价相结合、横向他人比较与教师纵向自我比较相结合的发展性教师评价方案，既要有普适性指标，又要为教职工提供可自主选择的指标；既能注重备课组的团队合作，又能关注到教师的个体差异；通过奖优罚劣，突出教师在工作态度、师德水平等方面的整体表现，激励教师主动积极地从事教育教学工作，不断提升其综合素质。根据方案分别制定教师学科教学质量评价细则和教师教育能力评价细则，经教职工代表大会通过上报从化市教育局备案后组织实施。

2016 年，学校制定教职工岗位竞聘实施方案，完成对全体教师进行竞岗聘任工作。

加强过程性管理，建立教师考核管理台账（即教师成长档案袋）。

（4）加强交流沟通。借助从化市教育局名师和区级骨干教师培养工程的有利契机，学校每年组织部分骨干教师到兄弟学校参观学习，带着问题出去，带着成果回来，回校后召开一次学习经验交流会。定期或不定期地邀请专家学者来学校讲学，与教师进行面对面交流，通过这些活动促进老师的成长。利用好支教置换的教师培养机制，加强城乡交流活动，拉近城乡师资水平和教育教学管理的差距，为实现城乡教育均衡发展而努力。

（四）教科研管理

1. 工作目标

坚持以科研服务教学、以科研促进教学、以科研引领教学的工作原则，营造人人参与教育科研的氛围，不断增强教师教育科研的意识和能力。以课题研究为载体，以行动研究和案例研究为重点，建立符合我校地位和适合我校发展需要的课题体系，建立对学校教育教学有较大影响、有现实意义的课题组，构建课题研究体系，4 年内尽可能达到"门门学科有研究项目，人人参与教科研活动"的目标，力争独立承担省级课题 1 项，市级重点规划课题 1～2 项，市一般规划课题 1～2 项，区级课题 2～3 项。鼓励教师加强小课题研究，形式灵活、具体深入。加大科研骨干教师的培养力度，帮助教师形成各具特色的教育思想和教育风格，培养 20 名校级特色教师和 10 名左右的市、区级骨干教师。

2. 主要措施

（1）建立学校教科研领导小组，成员由校长、分管领导、相关处室及骨干教研组长等组成，根据上级有关教科研工作的政策、规定，统筹规划我校教科研工作。争取上级同意我校设立教研处，由其具体负责教科研工作。

（2）充分利用"十三五"各级各类课题申报契机，积极申报各级各类研究课题，由教务处负责每年对教师的课题计划、研究资料、阶段总结、获奖情况等材料进行归档。

（3）鼓励学科基本功扎实或对某项活动有专长的教师创建学校特色社团，根据社团活动形式确定规模和活动质量，学校每年组织一次质量评测活动，评选 10 位学校特色教师（与学校优秀教师享受同等待遇）。

（4）加强校级小课题研究，切实提高教师教科研能力和参与意识，引导教师立足教学实践选择真实而具体的问题作为课题进行研究，认真探索科学有效的教育教学方法策略，在实践中反思，在反思中完善，有效解决教育教学实践中的现实问题，切实提高教育教学质量和效率，使校级小课题研究成为促进学校内涵发展的重要支撑。

（5）积极争取教育专家和高校、教科研部门的扶持，尽可能多地参加科研部门组织的培训和交流活动。

（五）总务管理

1. 工作目标

牢固树立"教书育人，管理育人，服务育人"的意识，发扬"勤快、务实、高效、优质"的工作作风，强化后勤内部各环节的管理，完善健全总务管理各项制度，提高后勤服务质量，做到意识到位，服务到位，师生满意；积极多方筹措资金，不断改善办学条件；按标准配齐各类教学设施，加强设施维修维护，加强固定资产管理，促进资产高效益地发挥作用；争取上级资金支持，加快新校门、校道、运动场和文化广场建设；加快绿化美化校园，围绕"以艺养心，以责树人"的办学特色，整体规划布置校园文化，提升学校的办学品位。

2. 主要措施

（1）完善财务、财产、卫生、绿化等各类相关后勤管理制度，使后勤各项工作制度化，购物、财务公开化，增大透明度，形成有章可循的良好管理氛围。

（2）严格按照上级义务教育保障经费有关制度，做好学校财务工作。本着"精打细算、节约开支、统一管理、量入为出"的原则管理日常财务，做到账目清楚、手续齐备、操作规范。

（3）加大国有资产的管理力度，对学校固定资产按规范进行管理，逐步实现国有资产信息化管理，确保国有资产不流失。

（4）积极争取上级资金支持，有计划地对学校校舍进行维修，并完成学校新校门、校道、运动场和文化广场建设。

（5）进一步美化、绿化校园，加强对校园苗木、花草、草坪的栽培与管理，使校园整洁、美观，努力创造良好的育人环境和学习场所。

（6）更新并完善部分教学设备，完成实验室、多媒体教室的升级改造，完善校园网，改善教师办公条件，确保专任教师人手一台电脑，尽快实现班班通网络，进一步提高专用教室的现代化程度，使之发挥更大的效用。

（7）切实加强图书室建设，提高图书借阅水平，不断增加馆藏图书数量，力争3年内使图书室藏书总量达到或超过国家规定标准。改善阅览室环境，增加阅览室的报纸杂志种类和数量。试行图书进课室模式，培养学生良好的读书习惯。

（8）做好教师办公设备的采购、维护和保养工作。为学生配齐课桌椅，并加强其使用管理工作，及时维修或更换已损坏的课桌椅。

（9）升级改造学校专用变压器和部分教室的管线，确保能够满足用电负荷日益增大的需要，并确保用电安全。

（10）不断提高后勤人员服务意识和服务质量，力争建立一支素质好、技术较为全面、专业的后勤管理队伍。

（六）安全管理

1. 工作目标

努力转变教育发展方式，牢固树立"育人为本，安全第一"的教育理念和"积极预防、依法管理、社会参与、各负其责"的方针，强化学校安全工作，健全全员目标、全员责任、全程管理的安全稳定工作制度，确保安全稳定工作事事有人抓、事事有人管，努力实现"校园伤害零记录，在校学生零犯罪"的责任目标，确保师生生命和学校财产安全，维护正常的教育教学秩序，不断提高学校安全工作管理水平，全面实现学校安全标准化。

2. 主要措施

（1）根据《中华人民共和国教育法》《中小学校岗位安全工作指南》《中华人民共和国未成年人保护法》等法律法规，结合学校安全工作实际，进一步完善学校各项安全工作管理规定，全面落实学校安全工作目标责任制和事故责任追究制度，保障学校安全工作规范、有序地进行。

（2）加强机构建设，完善学校安全工作监管体系。设立学校安全工作机构，形成安全监管网络。加强学校日常安全督查，建立学校安全工作日常督查队伍，并进行严格的安全知识培训，对学校进行不间断、综合性的安全督查，及时发现并消除隐患。

（3）建立完善应急处置工作体系，制定相关应急预案，完善事故预防措施，及时排除安全隐患。继续建立和完善各学校在社会安全类、事故灾难类、公共卫生类、自然灾害类、网络和信息安全类等方面应急处理预案，积极依靠"110"、"120"、消防、防化等应急救援资源，提高处理突发事件的能力。突出工作重点，抓好事故预防。

（4）坚持以人为本，构建学校安全教育网络，广泛开展安全教育，提高师生安全意识和自救自护能力。安全教育做到经常化、制度化，积极创建学校安全文化，全面推动安全教育活动的深入开展，充分发挥媒体、信息网络的作用，定期通报学校安全工作情况，大力宣传学校安全工作先进典型。开展警示教育，增强师生法制观念和安全意识。

（5）积极协调有关部门，大力开展校园及周边安全专项整治，优化校园周边环境。按要求配齐保安人员，加强校园及周边巡查，预防不法分子滋扰校园、侵害未成年学生。

（6）认真做好校园责任险的投保工作；坚持自愿原则，进一步做好学生意外伤害事故责任险投保工作，学生一旦发生意外责任事故，确保经济理赔工作能妥善、及时地予以解决。

（七）校务管理

1. 工作目标

加强现代学校制度建设，严格执行"校长全面负责，支部监督保障，教代会民主参与"的管理体制，逐步完善教职工全员聘任制、岗位目标责任制和绩效工资制；实行依法治校与以责立校相结合、制度管理与人文管理相结合，逐渐形成学校文化管理的校务管理模式。在层次管理的基础上不断探索扁平管理模式，进一步明确职责，落实责任，协调一致，发挥各级领导的领导力、组织力、凝聚力、引领力和执行力，真正使管理成为服务学校发展、服务教师发展的有力手段。

2. 主要举措

（1）加强现代学校制度建设，健全学校各项规章制度。

完善教职工代表大会制度，发挥教职工的主体意识和民主管理学校参与意识。完成教职工代表大会换届工作。加强党建工作，充分发挥党支部的监督保障作用，提供政治、思想和组织保障，确保学校办学方向。建立学生代表大会制度，发挥学生组织的作用，鼓励学生参与学校管理。进一步建立、健全和完善学校各类管理制度；同时将已制定的各类制度进行修订和完善，完成龙潭中学制度汇编。

（2）加强管理团队建设，加强班子队伍建设，着力建设一支事业心、责任心、进取心强的高素质的干部队伍，形成一个德才兼备、依法治校、公正廉洁、善于学习、作风民主、业务精湛、勇于改革、规范管理、注重实效、富于开拓精神的强有力的领导集体，提高办事效率。

1）启动"三四五六"工程，努力建设一支优秀的管理团队。

"三"是抓好三项制度，即坚持和完善例会学习制度，汲取经验，加强沟通，协调解决实际问题；坚持和完善科学决策制度，解决民主集中问题；坚持和完善廉洁勤政制度，解决群众问题。

"四"是开好四个会议。开好支部委员会，研究学校战略发展规划、监督学校办学行为等学校重大工作事项，一般每学期进行一到两次；开好民主生活会，广泛征求党员群众意见，开展批评与自我批评，搞好廉洁自律，更好地发挥党组织的政治核心作用，一般每学年进行一次；开好校长办公会，探讨并决策学校发展的重要事项，一般每两周进行一次；开好行政办公会议，协调各部室工作，安排好学校及部室每周工作运行表，及时处理部室工作运行中出现的问题，保证学校有序运转。建立健全上述会议制度，确保会议按时、有效召开。

"五"是"五个加强"措施：①加强学习，不断提高干部队伍的文化素质；②加强培训，不断提高学校干部的管理水平和实践能力，学校支持干部参加各种进修学习、培训，通过走出去、请进来，从而拓宽渠道，提升学校干部整体水平；③加强交流，使干部开阔视野，进一步更新观念，不断提高学校干部的管理水平和实效；④加强提升，使学校各个部门主管干部对部门的未来发展有清晰的思路，形成部门发展目标和规划，促进学校整体目标和规划的实现；⑤加强评价，每学期组织教职员工听取领导干部的工作述职，并对干部的德能勤绩进行书面量化评价、考核打分。

"六"是强化六种意识：全局意识——开展工作，处理问题，站位要高，考虑要全；奉献意识——甘为人梯、乐于奉献，不斤斤计较；创新意识——既脚踏实地，又不断创新管理方法，提高管理效率；学习意识——勤于学习和反思，善于总结和提升；品牌意识——结合实际，注重实效，突出特色，打造品牌；服务意识——廉洁勤政，服务师生。

2）加强学校文化建设。学校以培养优良的校风、学风为目标，努力将"和合共进，勇于担当"的学校精神和"和合、自强、诚信、担当"的校训、"爱生、敬业、博学、善导"的教风和"尊重、乐学、善思、创新"的学风铸就成校园精神文化，加强"学校理念文化、管理文化、环境文化、课程文化、教师文化、学生文化"的建设工作，通过多彩的校园文化阵地和丰富的校园文化活动，营造有利于提高师生文化素质、人文素养的良好育人环境。

3）建立健全家长委员会制度，成立新一届家长委员会，切实发挥家长委员会的功能；通过家委会、家长开放日、家长会、家访等方式帮助家长树立正确的家教方法；按年级定期举办家长开放日，定期聘请教育专家对家长进行指导和咨询；加强家校沟通，邀请部分家长参加学校大型活动。整合教育资源，完善"学校、家庭、社会"三位一体的德育网络，寓德育于家庭教育实践中。

4）重视学校信息技术的建设和使用，由专人负责学校的信息技术设备的维护和更新，规范开设信息技术课。

5）成立校报编辑部，负责编辑出版校报和校刊，每年至少编辑出版一册教师随笔集和学生作品集。

6）继续深化教师健身工程，按照《中小学健康体检管理实施办法》的要求，做好教师和学生健康体检工作。

7）严格学生的学籍管理工作，严格招生、转学工作流程，严格执行每班不超过 50 人的要求。

8）按照上级有关要求，认真做好学校计划生育、档案管理等工作。

五、保障措施

规划的落实，需要上下齐心、通力合作，需要学校做好细致的组织与管理。要把握好发展的速度、稳定的程度、改革的力度，要走好"三步"：宣传发动、达成共识，制定方案、稳步推进，科学监控、重在成效。

（一）全员参与，达成共识，形成合力

规划的形成须经过全体教职工采取多种形式讨论后，进行修改并逐步完善；学校各职能处室结合本处室工作职责，借鉴已有发展经验和学校未来几年发展前景展望，提出各自的修改意见；征求家长代表意见和建议，广泛吸收有价值的修订意见；最后须提请教代会审议并进行表决。使规划成为全校

达成共识、形成共同愿景的过程，真正使学校成为学习共同体。制定教职工个人生涯规划，努力尝试建立形式各异的学习共同体，以办学目标为引领，形成积极向上的价值观和共同利益追求。

（二）落实责任，保证实施

（1）充分发挥学校党组织在规划实施过程中的政治核心作用和思想引领作用，加强教职工政治理论学习，提高教职工思想政治素质。党员带头参与改革实践，成为全体教师的表率和学校发展的排头兵。

（2）为落实规划，学校及各处室、各级部、各班级应制订相应的工作计划，形成较为详尽的计划方案体系。学校每学期将制订相应的实施计划，把规划内容落实到位。

（3）发挥学校各部门的职能作用，提高工作效率，促进学校发展。发挥学校教代会参与学校管理的作用，健全学校民主管理制度和实行校务公开制度。

（4）以学校发展目标为导向，加强目标管理，将具体任务、措施落实到人，并专门安排人员进行监督与评价，适时进行调控。通过每一年度对规划具体目标的小结，在对规划目标的达成度进行评价、自我分析、自我反思后，制定后续年度的规划实施方案。

（5）加强教师的自我评价和对学校工作的评价，重视教师反馈信息的研究、处理，积极发挥教师在规划落实过程中的作用。

（三）加强监控评价保障

（1）充分发挥教代会的民主管理和民主监督的作用，使广大教职工参与"规划制定—规划实施—规划评估"的整个过程。学校行政按学年度向教职工代表大会汇报"规划"的执行情况，并接受教职工代表大会代表对学校"规划"执行情况的质询和对"规划"的修改意见等。

（2）将学校发展规划的各项目标细化到每个学年度、每个学期的每周工作计划中，并保证措施落实，责任到人，从而使目标的监控内容更具体，评价更具可操作性。

（3）通过深化学校人事制度改革，完善干部和教职工的考核机制，从组织上保证学校各项目标的顺利实现。

（4）充分发挥党组织的政治核心和战斗堡垒作用，积极调动全体教职工的工作积极性，使学校全体成员上下一心，与时俱进，开拓创新，为创建平安、诚信、成功、绿色、书香、人文校园而努力奋斗。

对"自我超越，共融共生"办学理念及发展实施的思考

广州市番禺区大石中学　陈永健

摘要：办学理念的形成和对学校教育深层探索和深度思考的过程，将影响着学校的每一个教育决策，影响着教师的每一个教育行为，提升着每一位教师的认识，为学校的特色发展奠定坚实的思想基础。理念与目标的设计过程体现了校长对学校未来发展深层次思考，通过课程体系、课堂教学、班级建设等以及学校管理、教师队伍、环境建设、教育生态等支持系统，最终达成育人目标，为地区文化建设、经济发展及学生成长服务。

关键词：办学理念；育人目标；发展实施；支持系统

细节决定成败，战略决定生死。下文将结合学校五年发展规划（2014年9月—2019年8月）的实施与调整，从理念与目标、实施载体、支持系统三个方面展开分析。

一、理念与目标

（一）办学理念：自我超越，共融共生

1. 理念阐述

"自我超越，共融共生"，就是各教育主体（生、师、学校）主动发展，在集体生活中多元共存，在差异发展中相互激发，促进人人自我价值的提升，实现人人超越自我，并生发新的超越动力。我们追求的是"不待扬鞭自奋蹄"和"万紫千红春满园"的发展境界。

在这一理念中，我们应注重以下四个方面。

（1）"超越"是学校精神，是核心追求。

（2）"自我超越"，指出了"超越"的主体是"自我"，动力为内因，强调以自我教育为主而不是他人教育为主。

（3）"共融"是"超越"的途径，是"和而不同"，强调"作为集体的

内部生活的自我教育"才能实现超越。

（4）"共生"是"超越"的目的和结果。不求部分资优生的卓越，不求人人卓越，也不求盲目地超越他人，但求"人人超越自我"。

其内在逻辑是：个性——共性——更具魅力的个性。

2. 理由分析

（1）反映地域特点。改革开放以来，珠三角地区吸纳了省内（广府、客家、潮汕）和省外（全国各地）的创业者和开拓者，成为中原文化、广府文化、客家文化、潮汕文化、西方文化的交汇地，各种文化各自发展又相互影响，形成了多元共存、和谐共处的面貌，凸显了开放包容的精神。

大石地区处于珠三角较为中心的地带，同时也是广州主城区的外围地带，属于较为典型的城乡接合处。该地区的发展是改革开放发展的缩影，也是农村地区快速城市化的典型缩影，其的人口结构、文化结构更是改革开放对珠三角地区带来变化的缩影。农村与城市人口、不同地域与文化背景家庭的多元共存，推动了大石地区日新月异的发展，富于活力和创造力，但同时也因为外来人口过多，在一定程度上令人缺乏家园感和归属感。

这种开拓、创造、多元、融汇的区域特点，必然会反映到教育中，也必然反映到大石地区这所规模最大的公办初中来。

（2）源于学校实际。大石中学兴建于1956年，现坐落于大石关帝岗山脚，这里依山傍水、景色宜人。学校占地51088平方米，有48个教学班，学生1900多人，在编教师148人，是番禺区目前规模较大的纯初中。近60年的办学历史中，学校经历过初中、高中、职业高中等多种学制。在不同的历史条件和不同的办学环境下，一代代大中（大石中学）人奋斗不息，艰苦耕耘，培育人才。特别是自2002年迁入新校（现址）后，大中人以"厚积薄发，超越自我"的精神，发展更为迅速，三年三上新台阶：从番禺区一级学校，到广州市一级学校，再到广东省一级学校，一步步走向辉煌。学校先后被评为全国心理辅导特色学校、全国校本德育创新基地、广东省德育示范学校、广东省心理健康教育示范学校、广东省心理健康教育特色学校、广东省现代教育技术实验学校、广州市优秀家长学校、广州市安全文明学校、广州市书香校园、广州市进一步深化素质教育试验学校、番禺区"践行'上品教化'理念"实验学校、番禺区"幸福教育"实验学校等，学校连续9年获番禺区毕业班工作评比一等奖。

人是要有点精神的，学校也是要有点精神的。"超越"精神，已沉淀为大中人身上重要的文化因子。

但是，在新的发展阶段，学校也面临着一系列的挑战。外部挑战集中体现在能否留得住优质生源。广州主城区的民办名校和外语学校、番禺区的民办名校、大石地区的三所同等水平的公办初中综合实力强，丰富的基础教育资源给了广大学生、家长更多个性化的选择。我们大石中学靠什么让家长投下信任票？

学校的内部挑战表现为：①在较大规模的平行班（同年级16个班）的形势下，如何促进不同层次的学生都能得到发展，进而吸引更多的优质生源？②德育、规范、强有力的班主任队伍是学校的传统优势，在学生、教师个性都更为鲜明的新时期，如何传承与持续发展这一优势？③从课题、论文、课堂教学竞赛等来看，我校教师"研究"的空间仍很宽广，怎样才能通过教师专业发展的二次飞跃促进学校的突破？

为此，我们在传承"超越"精神的同时，就必须更为强调超越的动力——真正激发老师、学生成长的原动力，强调"我要做（学）"而不是"要我做（学）"，即"自我超越"；同时也要强调实现超越的途径，必须让个体在集体中成长，建设师生学习共同体，在学习中成长，实现学生、老师、学校都能"超越自我"。

（3）基于学生特点。我校学生从来源上看，呈现"多元化"特点：1/3来自"老广州人"家庭（大石镇、街居民及15个村村民家庭），1/3来自"新广州人"家庭（家乡在外地但已将户籍迁入广州的家庭），1/3来自外来人员家庭（户籍在外地的家庭）。不同家庭有不同的文化背景，思维习惯和生活习惯也均有差异；同时，家长对孩子的教育重视程度不一，家庭教育差异大，生源素质参差不齐。

从学生出口即升上高中阶段学校来看，也同样呈现"多元化"特点：1/4到仲元中学、番禺中学及以上级别学校（即传统名校），1/4到其他示范性高中，1/4到一般高中，1/4到职中、中专。

这种多元化与差异，既有可能成为制约学校发展的因素，也可能成为学校发展的最宝贵资源。其中的关键就是有没有实现在差异当中的共融共生，实现和而不同，正如一句歌词所表达的那样："缤纷色彩闪出的美丽，是因它没有分开每种色彩。"其实，美国的"鸡尾酒文化"，改革开放后珠三角、长三角的崛起都是"差异交融创造奇迹"的产物。

（4）具备理论支撑。苏霍姆林斯基是苏联杰出的教育理论家和教育实践家。在他丰富的教育著作中，我们可以发现，"教会少年自我教育"始终是他理论上的追求，也是他对自己多年教育工作经验的深刻总结。他把"自我教育"提到教育的本质、教育的规律、教育的真理、教育的智慧和艺术的高度，并且一而再、再而三地加以阐述。他说："我十分坚信，能激发出自我教育的教育，才是真正的教育。没有自我教育就没有真正的教育。"这个教育的起点和动力在哪里？他认为："学校教育的最初步骤，实质上就是激发自我教育的能力。""真正教育的逻辑在于：实质上，在教育工作中，正是学生本人充当着教师的第一个助手。自我教育乃是教育的真谛和核心。"对于教育的过程和方法，他强调："作为集体的内部生活的自我教育。""这里讲的不是个人的自我教育，而是集体精神生活中极其微妙的一个方面，即学生之间在品德等方面的相互影响，道德财富的传递。""教育这个概念在广义上就是对集体的教育和对个人教育的统一。""只有当全体学生从具有深刻个性的关系中找出千丝万缕的共性联系时，学校集体才会显得生机勃勃，成千上百个孩子才能结成一个和睦友爱的大家庭。"对于教育的结果和方向，他认为："教育者终极使命就是把受教育者引导到自我教育的道路上去，帮助个人自由地成长为他自己。""我们学校最关心的是，要使得集体里能成长起具有鲜明个性的人，让他们能影响其他的人，使这种影响在活动中为集体树立一个榜样。"

（二）育人目标：培养具有个性魅力的现代公民

1. 现代公民——达到基准要求

（1）理由。培养现代公民，是国家、社会对初中作为义务教育阶段出口培养"人"的基准要求。苏霍姆林斯基说："离开公民教育这个德育的核心就不能想象会培养出合格的人。""在这个远景规划中，我们确定要逐渐扩大儿童的公民眼界，增长他们的见识，要逐年地使他们由近及远地关心周围的世界——由家庭到学校，由农庄到本乡，由本区到本州、到全国。"我国古代儒家学说也强调"修身、齐家、治国、平天下"。

（2）阐释。现代公民，就是具有人格修养、家庭情感、社会责任、国家认同、国际视野的公民。由近及远，由己及人。

（3）与办学理念的关系。从形成自身的独立人格和品德修养开始，实现个体"自我超越"；个体以"其中一员"的方式，融入家庭、社会、国家、整个世界，实现"共融"；在多样性的世界中各主体相互依存、相互激荡，在"和而不同"中相互理解，促进个体更为全面、自由地发展，实现"共生"。

2. 个性魅力——实现人尽其才

（1）理由。我们培养的"人"是一个个鲜活的、具体的、能看得见的学生个体，每个人都有自己的个性，有自己的兴趣爱好和知识结构，有自己的人生经历和生命体验，有自己的独立思想和精神，有自己的行为习惯和生活方式。个性魅力，将使人更好地在社会的广阔天地中立足，实现人尽其才。同时，新高考的方向和高中改革的方向都更注重主体性、选择性、专业性，因此，培养具有个性魅力的人，也是初、高中得以更好衔接的需要。

（2）阐释。个性魅力，就是每个人独特的魅力。魅力是一种能量，是由内而外散发出来吸引别人的气质。从初中生的角度来看，可从心灵、阅读、思维、口才、书写、写作、运动、艺术、创新等维度来展开培养。

（3）与办学理念的关系。"自我超越"从心灵的修炼开始，通过广泛的阅读、专门的思维方法训练，培养思考力；思维外显，通过口头或书面方式表达，通过广泛而深刻的交流，在"共融"中，不同的思维碰撞出智慧的火花；智慧的火花进一步点燃生命的激情，通过运动、艺术、科技创新等形式，创造新的生命个体，人人形成自己独特的个性魅力，实现"共生"。

3. 培养具有个性魅力的现代公民

培养具有个性魅力的现代公民，立足于初中阶段教育的特点，坚持人的共性与个性的统一，坚持社会本位与个人本位的统一，由己及人，由内而外，力求培养完整的人。

其内在逻辑同样是：个性——共性——更具魅力的个性。

二、实施载体

（一）课程体系

1. 课程结构

学校的课程结构如图1所示。

2. 特色化

学校的特色化如图2所示。

下阶段重点：注重学校特色课程的普适性、综合性，并对目前相对薄弱的思维的魅力、国际视野等课程加大研究与开发的力度。

3. 精品化

学校选定以下三个特色项目着力打造成精品（见表1）。原因有二：一是这些项目已有基础较好，其本身或相关评奖层次较高，并能起到"牵一发而动全身"而带动相关项目的效果；二是这些项目能较好地体现"由内而外修炼个性魅力，由己及人培育现代公民"，能更好地体现育人目标。

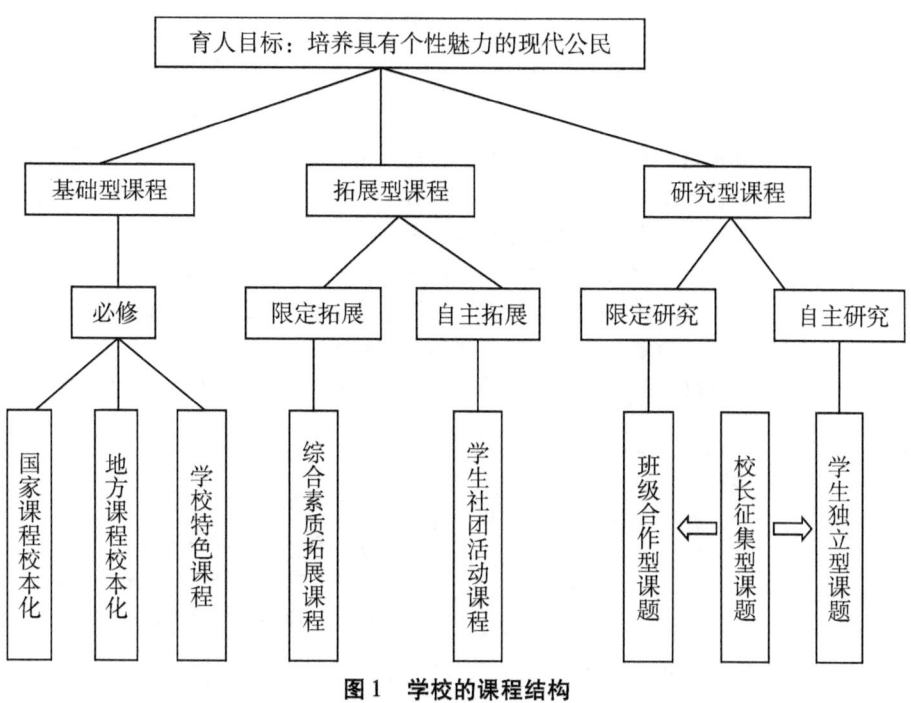

图 1　学校的课程结构

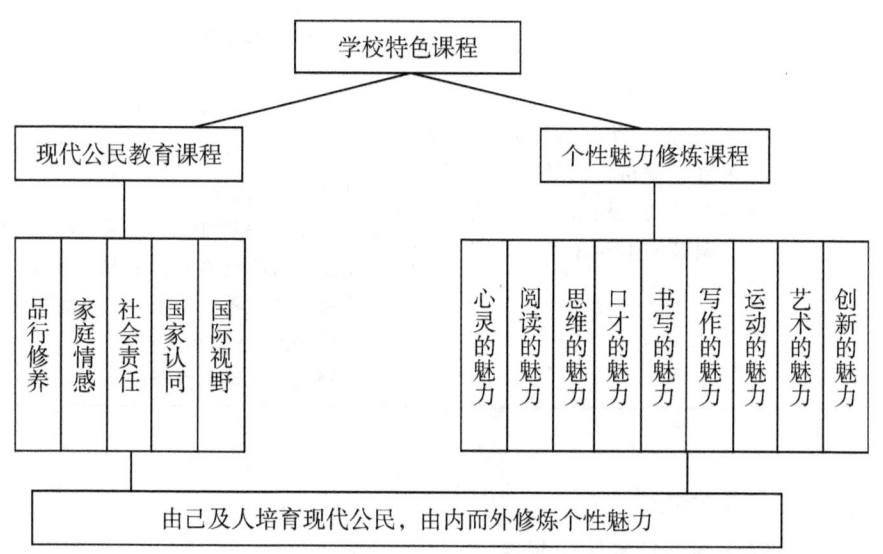

图 2　学校的特色化

表1　学校的精品化项目

特色项目	已有基础	有待加强
心理剧编演	我校是广东省心理健康教育特色学校，心育工作全面、扎实开展，举办过心理节活动，有作品获得广州市校园心理剧创演剧本评比一等奖，有专门的心灵卫士社团及其活动室，两位专职心理健康教育教师在市、区有一定知名度	①将各班的心理剧编演活动常态化、精品化，重视"编"，更重视"演"，每年5月25日定期展演一次； ②注重与语文、英语、历史、政治等学科相结合，在跨界中实现创新； ③形成校本培训教程，编辑校本化成果
科幻绘画	我校的科幻绘画项目已立项为广州市青少年科技教育项目，科幻绘画作品连年获奖，最高获得省一等奖、全国二等奖，4位美术教师专业性强、参与热情高，并得到广州市儿童活动中心专家的经常性指导	①普及性开展科幻绘画的辅导与创作，实现初一级学生人人参与； ②新建专用的科幻绘画创作室，展示交流作品，用氛围感染学生； ③形成校本培训教程，编辑校本化成果
辩论	我校是广州市书香校园，阅读、写作、演讲、朗诵等活动开展得较好，初二级辩论赛已开始被纳入科技文化节活动	①在更大范围内开展辩论活动，初一、初二均开展辩论赛，并且以班级主场的方式全方位锻炼学生，使学生人人为辩论赛出力； ②与兄弟学校采用主客场方式进行交流，共同提高； ③与番禺中学打造辩论活动基地相衔接，吸收更多专家资源，参与更高级别的比赛，走出去，与港澳台等华语地区同龄人交流； ④形成校本培训教程

（二）课堂教学

1. 遵循教育规律和国家标准

（1）遵循教育的规律性共识，所有学科都必须扎扎实实地抓好备课、上课、作业、辅导、评价五个基本环节不动摇。

（2）遵循国家对教育的总体要求，牢牢把握立德树人这一根本任务，注重学科育德，学科渗透德育，注重建立良好的师生关系。基于"标准"（国家课程标准）实施课堂教学，全面实施三维目标，引导学生形成自主、合作、探究的学习方式。

2. 体现学校办学理念

在依据规律性共识、国家总体要求的前提下，在常态化的课堂教学中落实学校"自我超越，共融共生"的办学理念。

（1）注重"问题导向"。教师以问题为导向设计课堂教学和研学案；学生以问题为导向进行学习。

课堂教学基本流程为：教师呈现"研学问题"，激发学生"我要学"的动力（自我超越）—学生独立学习—第一次讨论，学生同伴互助（共融）—教师引导第二次讨论—二次讨论，老师参与，个别辅导（共融）—巩固拓展—作业分层，设过关题、挑战题（共生）。其目标是实现学生"带着问题进课堂，带着思考出课堂"。

（2）注重学习小组建设。建设四人小组，实行组间同质、组内异质，不重"围坐"形式，重在创设师生之间、生生之间的"对话"情境；不重每节课的硬性要求，重在恰到好处地运用，重在日常学习共同体氛围的营造。

（3）注重"分层发展"。在组内讨论、组间交流等环节，既注重发挥学科"领头羊"的作用，也充分发挥暂时落后学生的主动性；在课堂作业、课后作业、课前预习中，注重设置过关题和挑战题，使不同层次的学生都能在原有基础上获得新的发展。

（4）注重集体备课效益。集体备课重在设计研学案，研学案的设计重在研学问题，梳理问题体系，明确关键问题，提出高价值问题，预测生成性问题，为学生搭建好解决复杂问题的"脚手架"。

3. 体现"学科味"

各学科围绕本学科的核心素养，根据本学科在不同班级、不同阶段的实际，注重对本学科关键知识的"深度学习"，注重本学科学法指导，从而充分发挥学科本身的魅力，充分发挥学科专业教师自身的魅力。

（三）班级建设

1. 存在的问题

由于学校规模较大、平行班较多（各年级16个班），学校、年级统一指挥、各班被动执行的局面不可持续，统一的活动也难以照顾更多学生的需求，难以提供更多学生成长的平台。

2. 目标

(1) 激发班级发展的内驱力，让每一个班级成为"学生成长共同体"，人人有动力，组组有动力，班班有动力，让学校成为一个"动车组"。

(2) 在建设具有个性魅力的班级中培养具有个性魅力的人，在学生参与小组建设、班级建设、学校建设中培养现代公民。

3. 途径

(1) 提升班主任的教育境界，努力做"智慧型班主任"，以班级文化建设统领班级建设，在学校配套机制下建设好班级管理团队，发挥集体智慧。

(2) 显性文化建设。通过魅力课室的建设，让班牌、班徽、班旗、班级口号、图书角、阅报架、氛围布置展现班级个性魅力。

(3) 班级管理：免检班与自主管理。由各班自主申请卫生环保免检班（室内、包干区、单车、保洁），两操集队免检班（集队、跑操、课间操、升旗等），仪容仪表免检班（卡、鞋、裤、头发等），文明礼貌免检班（有礼貌、尊重老师、团结同学），守时守纪免检班（考勤、公物、等其他一切违纪行为），学习纪律免检班（课堂、自修、作业、考试），由级部自主管理，德育组总体指导。具体流程如图3所示。

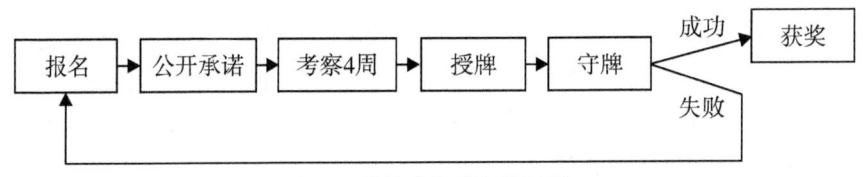

图3　学校班级管理的流程

(4) 班级自主活动。班级自主活动有系列化的主题班会，小组文化展示评比，夸夸我自己、我的同学、我的老师、我的父母系列活动，"我秀我魅力"班级文艺汇演专场，跳蚤集市，等等。

(5) 参与学校文化建设。包括：课件或微视频宣传（5分钟），在微信平台和大电子屏宣传，最后由各级家长委员会互评；微问题研究，发现学校某一问题并通过调研形成解决提案，用课件、微视频等形式展示答辩（5分钟），由学校理事会、家长委员会、全体老师一起来评，学校吸收建议予以改进。

苏霍姆林斯基说过：一个人，只有从童年特别是少年时代起，就以自己的行动改造世界，使世界变得更加美好，他年轻的心灵里才能焕发公民精神。

三、支持系统

（一）学校管理

1. 价值引领，规划先行

进一步凝练办学理念，完善学校文化建设，追求学校特色发展。在已有的学校5年发展规划（2014年9月—2019年8月）的基础上，重新梳理学校发展思路，形成中期提升规划（2016年3月—2019年8月），以"自我超越，共融共生"理念统领学校各方面工作，明确工作关键点、突破点和增长点。

2. 加强现代学校制度建设

以建设依法办学、自主管理、民主监督、社会参与的现代学校制度为方向，实行学校理事会把握方向，校长全面负责，党组织发挥政治核心作用，党政联席扩大会议日常决策，教职工代表大会、学生代表大会参与管理，校务监督委员会全程监督的制度。对学校章程、制度、职责（岗位权力清单）、工作流程图等进行重新审视、研讨论证、修订成文、贯彻执行。坚持依法管理、民主管理、科学管理相统一。

3. 优化策略，合作高效

坚持"分线分级，管理下沉，责任到人，合作高效"的管理策略。行政干部要努力践行"以人为本"的管理理念、"以服务为本"的领导理念。形成每条工作线、每个年级、每个科组（备课组）、每个班级、每个教师各个主体自觉主动、注重团队、合作高效的工作格局。其中，建设好年级工作团队和备课组工作团队是重中之重。

（二）教师队伍

1. 观念更新

以专家讲座、跨界分享、校内"教师大讲堂"为主要形式，广泛开展普适型学习培训，加大投入，将书籍放在最靠近教师的地方，广泛开展阅读活动，树立"爱生活、爱学生、爱思考"的好老师标准，促进教师人生境界的提升、人格修养的完善，引领广大教师做智慧型教师、幸福教师。

2. 问题导向

建立健全问题导向的教研培一体化发展模式，即"教（发现问题）—研（梳理问题并设计行动方案）—培（自己、同伴、专家互动分析问题）—教（行动研究，教中研，研中教）—思（总结反思提升，以教育叙事、教师大讲堂、课题结题、论文发表等方式呈现）"的循环上升模式，亦可简要表述为"问题—设计—行动—反思"模式。

激发教师主动发展，自主申报研究问题（校本小课题），自主组建问题研究项目团队（可采用俱乐部、工作坊等灵活模式），自主提出购买书籍以及相关工具材料、聘请专家、外出学习培训等需求。学校则负责统筹各方资源，积极提供指导，加大支持力度。

3. 持续提升

从 2016 学年起，在专门培训的基础上，由科组长和教师个人制定科组发展规划和个人专业发展规划（2016 年 9 月—2019 年 8 月），以规划引领发展。引进高校的专家团队，在已有各项目团队的基础上，指导校内成立若干个工作室，以"理论专家＋操作专家＋骨干教师＋青年教师"的结构模式展开学习与实践，推动教师持续发展。

4. 关心生活

关心教师生活，重新设计装修"教工之家"，分阅读休闲区和健身区两部分进行建设；充分发挥工、青、妇组织的作用，常态化开展教工文体活动、亲子活动、团队拓展活动；开始组织教工（家庭）每月生日小聚会，促进教师的家校相融；对有特殊困难、特殊需求的教师予以倾斜照顾。

（三）环境建设

1. 理念体系物态化

（1）正门主楼："成为具有个性魅力的现代公民"。

设计意图：向社会、家长宣示学校育人目标，向学生明确努力方向，向教工提出工作目标。

（2）主楼庭院："超越"标识。（已建成，需调整）

设计意图：展示学校核心理念。

（3）主楼一楼大堂主牌匾：博观约取，厚积薄发。（已建成，需调整）

设计意图：在师生每天必经之路展示校训。

（4）主楼一楼大堂小舞台：我秀我魅力。（已建成）

设计意图：为年级和班集体提供常态化活动、表演的开放式小舞台。

（5）主楼一楼大阶梯室：自我超越，共融共生（已建成）。

设计意图：在经常性召开对外交流活动和内部综合性主题讲座的场室呈现学校的办学追求。

（6）各班班牌：设立仪容仪表、卫生环保、守时守纪、两操集队、学习纪律、文明礼貌各类免检班，共同呈现"自我超越，共融共生"理念。（已完成）

设计意图：既能呈现共同价值追求，又能体现各班的个性化追求与个性化成果。

（7）生物园、地理园、教学楼庭院等园区：总体规划布局48盆花，由48个班认领培育，共育共生花园。

设计意图：让学生体验感受集体劳动的快乐、养育的快乐、生长的快乐、收获的快乐。

（8）运动场边休闲地带："现代公民"主题教育区。（见表2）

表2 "现代公民"主题教育区

主题	拟选用素材（待丰富）
中心	社会主义核心价值观24个字
品行修养	汪国真《热爱生命》、丰子恺《咏柳》
家庭情感	朱自清《背影》、歌曲《习主席寄语》
社会责任	毛泽东《为人民服务》、雷锋日记精选
国家认同	中国地图（含各民族分布情况）、梁启超《少年中国说》
国际视野	世界地图（邓小平"三个面向"） 世界文化遗产（"各美其美、美人之美、美美与共、天下大同"）

（9）教学楼一楼社团活动场室："个性魅力"主题展示区。（见表3）

表3 "个性魅力"主题展示区

场室名称		外墙拟用主题【待完善】
"心灵卫士"社团室	"心"	"自助助人，心灵成长"
书画社	"书"	"我舞笔墨，书写人生"
科幻绘画室	"幻"	"超乎想象，遵循科学"
手工DIY室	"DIY"	"越美致美，美人之美"
名班主任工作室	"班"	"共撒阳光，普种希望"
棋艺室	"棋"	"融棋融理，有型无形"
团队室、学生广播站	"团"	"共同进步，少年先锋"
德育处	"德"	"生如节竹，德如膏雨"

2. 有针对性、有重点地投入相应项目、设施

（1）教师培训：根据"教研培一体化工程"的要求，加大对"项目团队"教师培训的支持力度。

（2）图书采购：加大对各班图书角的图书投放力度，重点采购2015年广州市中小学校园经典阅读推荐书目和一些思维类的图书；采购教育名著、理论视野、教改实践、教育人物等类别书籍，丰富教师图书阅览区的藏书。

（3）重点工程："现代公民"主题教育区和"个性魅力"主题展示区，体育馆吸音工程、灯光音响工程，新建乒乓球馆、音乐类室场、美术类室场、科技室、心理咨询中心、教工之家，"共育共生"花园。

（四）教育生态

1. 开放办学，整合资源

通过60周年校庆、成立学校理事会、健全家长委员会、家访、家长开放日、社区文体活动、校际交流、招生宣传、项目合作等形式，充分整合政府各职能部门、社区（村居）、家长、校友、高中、职中、对口小学、教育服务专业机构、教育专家等各类资源，为学校发展争取广泛的支持，互惠互利。

2. 完善评价，回应需求

充分发挥网上阅卷与分析系统的功能，细化学生学业评价；结合广州市教育研究院立项课题"体现多元、全面、发展特点的校内评价模式研究"，推动学生综合素质评价信息化的发展步伐，完善学生评价体系。建立教师评价学校领导和行政干部工作制度，适度增强评价的约束力。开展每学期一次的学生评教、家长评校活动，充实互动过程，丰富评价手段。通过系列评价体系的完善，其主要功能并非为了奖惩，更重要的是为了及时反馈、回应需求，以更好地自我调整、超越自我。

3. 充分展示，广泛宣传

通过充分利用、有效整合学校现有的宣传资源，包括纸质类的《活动快讯》《桃李园》《班主任》《心视窗》等，电子类的微信公众号、大小电子屏、一体机等，以及各种喷画、横幅等灵活多样的形式，适度整合，广泛宣传，为最广泛的学生、老师、班级展示更有魅力的自我提供最便捷有效的平台。其中，将对微信公众号进行调整，增加对学生作品、老师作品、班级活动的宣传推广力度。

积极开拓更为广阔的宣传天地，站稳原有较多作品发表的"北片教育信息网"、《番禺日报》宣传阵地，加强与《广州青年报》、广东电视台等媒

体的联系，提升我校师生的展示平台，扩大学校的影响力。

4. 教育帮扶，结对交流

继续做好上级组织的与增城区派潭二中、南沙区珠江中学、番禺区会江实验学校的教育帮扶工作，广泛开展与各兄弟学校的结对交流工作，互相借鉴，携手共进。

四、结论

只要全校教职员工将学校的办学理念深刻领悟，在日常教育教学工作积极实践办学理念，改变旧有的教育教学思想和做法，在日常工作岗位履职尽责，争取家长和社会人士对学校教育的支持与配合，就一定能达到"培养具有个性魅力的现代公民"的教育目标，从而服务社会、服务学生，促进学生健康成长，建设好一所受学生欢迎、能得到社会肯定的新型现代学校。

求实创新　内涵发展　优质高效
——洛浦中学发展规划（2017—2020）

广州市番禺区洛浦中学　温耀东

以科学发展观为统领，全面贯彻国家教育方针，深入践行"以人为本，为师生的发展创设和谐的支撑环境，帮助每位师生走向成功，促进学校跨越式发展"的办学理念；以广州市"南拓"发展规划为番禺教育发展带来的新发展机遇为契机，围绕区教育局提出的"加快推进区域教育现代化建设"的总体目标，全面推进素质教育，创办学校新机制，优化教师队伍，实施"岭南文化建设工程"，提升学校竞争力；用现代教育理论和思想指导办学，强化"效能高、质量好、实力强"的内涵建设，扎实推进规范化、现代化管理，全面提升学校内力；以"责任文化"为抓手，把健全人格、净化心灵、修炼德行作为德育工作的基石，形成开放开拓的办学策略，使学校在内涵发展、可持续发展、特色发展等方面获得教育质量的全面提升，使每位教师精诚团结、锐意进取，形成和谐、融洽的工作氛围。

未来3年，是提升学校教育现代化水平、塑造教育品牌、提升教育文化品位、吸纳优秀生源、创优质发展新局面的关键时期。我们将力争通过高质量、高标准的有效管理促进学校的更大发展，把洛浦中学办成具有鲜明特色的优质品牌学校。

一、发展现状

（一）南浦概况及变化

洛浦中学位于番禺区南浦岛，由于地域偏僻，虽民风淳朴，但观念落后，特别是缺乏现代化的教育理念。一方面，家长文化素质较低，缺乏家庭教育能力或家长关心小孩学习的意识欠缺，导致家庭教育滞后；另一方面，南浦历史文化积淀贫瘠，现代教育文化自觉不足。目前，村委会高度重视教育，也加大了对学校的投入，帮助学校解决实际问题，但村民对教育的认识还停留在"原生态教育"环境之中，与教育现代化生态环境相隔离。

（二）学校概况及变化

从教师结构来看，学校现有 15 个教学班，在校学生 578 人。教职工 47 名，本科及以上学历 46 人，平均年龄 37 岁。4 名班子成员教育教学经验丰富，均为高级教师，曾当过多年教导主任、副校长。教师队伍结构情况如表 1 所示。

表 1　广州市番禺区洛浦中学的教师队伍结构

项　目	结 构 情 况				
教　龄	5 年以下	5～10 年	10～15 年	15～20 年	20 年以上
	3 人	13 人	11 人	7 人	13 人
学　历	大专		本科		研究生
	1		44		2
职　称	中教二级		中教一级		中教高级
	14		26		7

从学校历史来看，学校原名为大石二中，2007 年更名为洛浦中学。学校生源主要来自南浦岛四村的农民子女。在各级领导的关怀与指导下，学校于 1998 年重建。目前，学校校园布局合理，分为教学区、运动区和生活区。整个校园占地约 33400 平方米，其中教学区建筑面积约为 12000 平方米。学校办学规模为 24 个教学班，现配有 56 座计算机室 2 个，语音室、56 座电子阅览室各 1 个，音乐、美术等室场及各种教育教学设备设施按照广东省一类标准配备，电教平台进入所有教室，生均图书 40 多册，远高于广东省的评估要求。运动区主体为一个 400 米环形跑道、150 米直道的田径场，有 2 个水泥篮球场、2 个羽毛球场和乒乓球室。校园绿化面积约 22300 平方米，绿化覆盖率为 67%，进入校园处处可感受到大自然的气息，给人以舒适、优美、整洁的感觉。学校是"广州市义务教育规范化学校""广州市花园式单位""广州市科技教育特色学校""广东省绿色学校""广东省中小学知识产权教育试点学校"，多次荣获番禺区初中毕业班工作评比一、二等奖。

从办学方面来看，学校的制度建设基本完善，在科技创新方面取得了较突出的成绩。但教师专业化发展、学校文化建设、课堂教学效率、教师教育教学观念改变、学生培养目标等方面严重滞后。如何整合学校资源，立足农村，创建以"责任教育"为主题的和谐教育，坚持培育有思想的教师团队、创建有文化的育人环境，培养具有科学精神和人文素养的办学思路，树立人本管理理念，大力实施素质教育，积极推进新课程改革，使学生德、智、体、美等方面得到全面发展，还需要学校领导团结全体教师励志拼搏、真诚奉献。

（三）存在的优势和劣势

1. 优势因素

内部优势：一是学校有一支团结、有力的领导班子队伍，班子成员年轻、有凝聚力，有思想、有活力，富有朝气，勇于进取。班子集体办学思路清晰，目标定位准确。二是教师老中青结合，人际关系融洽。三是学生淳朴、可塑性大，具有较大的发展潜力。

随着城市化的进程，南浦近几年房地产的兴起，学生人数越来越多，对南浦人的冲击也越来越大，学生的学习意识与竞争力越来越强，有利于进一步提高教学质量。

外部优势：一是广州市"南拓"发展规划为番禺教育发展与番禺农村城市化进程的发展带来机遇；二是区教育局提出的"加快推进区域教育现代化建设"的总体目标，实施"岭南文化建设工程"；三是北片提出"强化内涵建设，推进规范化管理、提升学校内力与教育现代化水平"的指导思想；四是各级领导（包括村领导）的关怀与指导，教育经费投入到位。

2. 劣势因素

内部劣势：一是学校环境建设欠缺育人氛围。二是教学设备落后于其他学校，教育经费投入仍需加大。三是部分教师安于现状，教育教学观念落后，教育教学方式欠缺、教学手段少、课堂教学效果不理想。由于前几年部分优秀教师调到了生活方便的其他学校，使学校骨干教师数量减少，学科带头人严重不足，教师队伍素质下降，不能完全适应教育改革和发展的需要。四是受不良社会风气影响，学生缺乏人生目标、学习的动力不足。另外，学生的学习、行为习惯较差，特别是家长对学生的监管力度不强，学生的学习自觉性不够。

外部劣势：农民文化层次不高，家庭教育意识淡薄，特殊家庭学生越来越多，学校、家庭、社会三结合育人体系不完善，育人合力不够。

（四）目前存在的主要问题和困难

第一，番禺区教育已形成你追我赶的良好局面，我校部分教师仍不思进取，安于现状。

第二，学校位置相对偏僻，教师生活环境相对欠方便，每年的教师调整都会引起教师剧烈的思想波动，尤其会影响青年教师安心工作。

第三，教师队伍整体素质亟待提高，教育科研能力薄弱，问题突出。一是部分教师专业化理论水平低，难以把握教学目标，课堂教学缺乏灵气与智慧，不能因课堂环境变化的需要而调整教学秩序，难以生成有效课堂；二是教学观念落后，部分教师不愿改，也不想改，缺乏触动，课堂满堂灌；三是部分教师教学能力缺乏，教学方法少，课堂刻板，情景创设能力不足，课堂教学生硬；四是教学目标不清晰，缺乏针对性，造成效率低、差生面广；五是教师教学分层意识差，关注学生的主体意识薄弱，重视完成教学任务，较少关注学生的学习效果。

第四，部分教师对改变学校面貌缺乏信心。一是部分教师自信心不足，对自我能力缺乏认识；二是部分教师自我奉献意识差，不愿过多付出努力；三是学生学习能力差、习惯差，地方风俗不好；四是学校原分配制度平均主义严重。

二、发展目标

（一）总体目标

1. 发展目标

努力建设和谐洛浦、精品洛浦、效益洛浦，全力探索现代洛浦教育发展的新模式，通过开齐、开足、开好国家课程，探索"生动高效"课堂教学模式，开展"生动活泼"学生活动，建构科学的教育教学评价体系，把洛浦中学办成具有鲜明特色的优质品牌学校。

具体要促进四大发展：教师专业化发展、学生学习质量发展、科组特色发展、学校优质发展。

2. 质量目标

毕业班会考成绩力争在2019年接近区平均水平，2020年达到区农村学校前列。学科竞赛总体成绩达到区中上水平，并争取获得更多市级以上的奖项。

3. 管理目标

落实行政、级长、班主任、科任、班干部岗位职责，各成员应具备较高的政策理论水平和管理能力，从初一抓起，培养学生良好的行为习惯、学习习惯。营造良好的学校风气，让教师能教、会教、勤教，让学生能学、会学、勤学。

制度是学校发展的根本保障，学校将积极制订完善的管理制度，建构有效的教学评价机制，突出教学评价的导向、激励和调控功能；让能做事、想做事、会做事、做成事的人得到公平、公正对待，以此促进教育教学质量，引导学校管理走向制度化的道路。

4. 特色目标

"科技创新"教育特色，"知识产权"教育特色，"跆拳道"武德特色，"三重二活一实"课堂教学特色。

5. 文化目标

以责任教育为纽带，创建和谐教育、生态教育，打造管理有序、乐教善教、乐学爱学的校园文化。通过"校园穿衣戴帽"工程，争取2019年创建成"国家级绿色学校"，铸有品牌的环境校园文化品位。

6. 教科研目标

通过建构基于"研学案"的课堂教学模式，基于"活动式"的课堂教学模式，基于"问题式"的课堂教学模式，以"提高教学效益"为主题，探索"生动高效"的课堂教学规律；通过建构综合实践活动课题体系，开展主题活动单元与课型研究。争取获批省级行政部门立项课题，通过课题研究促进教师专业化发展，通过成果推广应用，整体提高教育教学质量。

特别抓好"双飞双效"工程：构建强有力的教育、教学指挥系统，促进学校教育、教学管理的规范化、科学化；加强"双飞双效"的质量监控，推进学校"双飞双效"管理的精细化；树立"质量第一"的教学质量观，形成教育、教学良性发展和均衡发展局面。

（二）阶段目标

本规划3年完成，分为4个阶段，每个阶段的主要工作任务、安排如下。

1. 准备阶段（2017年）

（1）明确规划任务，选择规划方法，征求各方面意见，搜集、整理规划资料。

（2）草拟规划，深入背景分析，制定规划目标、措施等。

（3）论证、修改规划，提交教职工大会通过，申报上级主管部门批准实施。

2. 全面实施阶段（2018—2019年）

（1）构建和监控教学质量管理的控制机制和保证机制，促使教学质量全面提高。毕业班会考成绩力争在2019年达到区平均水平。学科竞赛总体成绩达到区中上水平，并争取更多市级以上的奖项。

（2）完善校本培训和校本教研制度，修改适应新课程的教学管理制度，抓好师资培训，实质性提高教师教育理论水平和教学实践能力，加速中青年教师成长培养，深化考试与评价改革。总结学生考试与评价改革的阶段性研究工作。编制《校本课程：中学生学习、行为习惯手册》。

（3）争取资金以求成功申报"国家级绿色学校"，力争把学校办成"校园幽美、有品位、特色鲜明"的绿色学校。

（4）借助事业单位人事制度改革，实行中层竞岗，形成竞争、激励机制，激活"一潭水"。

（5）加大科技创新力度，并创造条件全面实施综合实践活动课程，落实研究性学习、社区服务与社会实践、劳动与技术教育、信息技术教育课程的师资，抓出质量，创出品牌。

（6）开展中小学衔接活动，提升学校生源质量。

（7）开展"院校合作"，借助高校及优质学校的办学优势，尝试学校整合、重组、共享优质教育资源，缩小与市区优质学校的差距；改变教师教学观念；改变课堂教学模式。

（8）树立教师发展学校的信心，为学校发展提供新动力。

（9）打造化学、政治、数学、物理学科特色，使至少使两个学科的特色在广州市形成品牌。

（10）省级主攻课题结题。

（11）继续做好"书香校园""安全文明校园"创建活动。

3. 深化提高阶段（2019—2020年上半年）

（1）继续深化全员德育机制，丰富德育活动，拓宽德育途径，把"抓日常，重养成，讲实效"活动变成自觉行为，强化学生道德实践体验，改进学生道德评价方式，树立道德自律信心与能力。

（2）完善学校管理决策指挥、执行运转、参谋咨询、监督反馈系统。渗透人本管理理念，强化激励管理和情感管理。

（3）抓好学习型校园的制度建设和组织建设，通过宣传引导、活动开展、考核评价，树立教师终身学习思想，促进教师专业化水平的提升。

（4）加大班级文化建设活动，力促教学质量大幅度上升。

（5）加快学校的校园信息化网络建设，加大投入，建设更为完善的校园网。

（6）力争培养5～8名在片、区、市、省内有一定影响力的优秀班主任或骨干教师。

4. 评估总结阶段（2020年下半年）

（1）整理规划实施资料，提取信息。

（2）撰写规划总结，修改完善，为下一个五年计划服务。

（3）总结规划实施的经验及未完成任务的原因。

三、发展措施

（一）争取支持，借鸡生蛋

（1）争取主管部门支持，努力改善办学条件。一方面，充分发扬勤俭办学的作风，增收节支，挤出资金用于教学设备的改善；另一方面，开阔视野，依托主管部门、政府的力量，拓宽投入渠道，不断提高教学软件和设备水平。

（2）求助社会，全民办学。①走出去，深入社区，沟通信息，征求意见，联络感情；②请进来，邀请各界人士参与商讨学校办学思路和目标，提高"全民办学"意识；③充分发挥学生家长委员会、家长学校的作用，为学校发展献计献策。

（二）创新机制，完善体制

根据学校发展的实际需求和国家政策环境，通过体制创新寻找发展契机，突破发展瓶颈，解决学校发展规律与发展效益问题，从而让学校获得发展动力，提高发展速度。

（1）完善运行体制。强化"以年级组为主，以学科组为本"的双轨制运行机制，年级内要加大备课组、班级的建设力度，强化年级组与学科组力量的整合。健全年级决策的民主机制，实行年级组教育教学工作周期评估制度。加快学科教研室建设步伐，形成学科教研室建设的周期评估制度，以评估促发展。

（2）完善分配体制。贯彻"多劳多得、优质优酬、责重多得"的精神，鼓励全体教师为提高学校教育教学质量、提升学校形象做贡献。

（三）师魂工程，精神校园

（1）塑造"四项工程"：示范工程（优秀教师示范、学科质量示范、优秀备课组示范）、品牌学校建设工程（积极推进"一校一品"建设模式，争取2020年成为科技创新有知名度的品牌学校）、质量进位争先工程（树立"教育优先质量至上"的观念，积极实施科研兴校、科研强校的策略）、校园文化建设工程。

（2）打造"六支队伍"：名师队伍、教研员队伍、科技创新队伍、教学科研队伍、德育科研队伍、教坛新秀队伍。

（3）实行学科带头人和首席教师领衔制度，深化"名师工程"，积极选派教师参加各级骨干教师培训，争创名教师；学校以各种方式予以倾斜式重奖教科研有突出成就的教师，树立"师德标兵"典型，塑造师德风范，发挥辐射、表率作用。

（4）完善"师徒带教制"，实施"跟到底"循环教学，使青年教师3年基本胜任教学，6年成为教学骨干。在今后3年内的具体目标为：高层次学历教师（包括硕士研究生课程班结业）占教师总数的18%，高级职称占15%。通过引进或培养3～4名具有独特教学风格的教师。

（5）开展全员"铸师魂""练师能""树师表"岗位练兵活动，提高教书育人水平，培养教师爱岗敬业精神，努力建设一支"学生欢迎、家长满意、领导放心"的"肯奉献、能吃苦、善育人"的教师队伍。

（四）求知求实，创学习型校园

基础薄弱的学校想要从现实的困境中摆脱出来，创建学习型校园是学校克服平庸走向优质的一条行之有效的道路。

（1）"规划方案，制度保障"。制订创建学习型校园方案，建立教师学习评价体系和团队学习制度，开展读书心得交流活动，营造比、学、赶、帮的学习氛围。每学期集中考核教师学习情况，凡考核获"学习积极分子"的教师可优先聘任、评优、评先等。

（2）"两大阵营，捍卫坚固"。即扎扎实实地开展校本教研与培训，立足于我校教师队伍素质状况，着眼于提高教师教学实践能力，实行个人自学与集中培训相结合、培训与考核相结合、理论引领与课堂实践相结合的方法，增强技艺。

（五）以人为本，拓宽德育渠道

深化和完善以自主管理、自主教育、自主发展为核心的主体性德育模式。

（1）德育活动制度化。从严（格）、从细（节）、从长（期）抓好学生规范养成教育、重视新的社会环境下的责任、爱心、诚信、礼仪及感恩教育，为营造优良校风、学风提供强有力保障。健全各类规章制度，通过抓常规管理，使学校各项工作有章可循，全校师生都"有序而动"。把升国旗，班队会，节假日的纪念、庆祝活动，各时期的形势教育、热点大事，第二课堂等活动，以制度化形式固定下来，以活动为载体，寓品德、责任教育于活动之中，提高实效。

（2）德育考评科学化。进一步完善学校德育工作考核评估办法，改革学生品德评价，注重学生品德的自我评价，注重对学生品德的发展性评价，强调对评价情境的意义理解。继续开展"德育达标评比"活动，体现道德评价的成长记录功能和激励、约束作用，由单渠道德育向多渠道德育改进、由教师为主体的德育向学生为主体的德育改进。学生自主管理委员会直接参与学校的各个方面的管理，逐步变"他律"为"自律"。

（3）德育日常生活化。实施以年级为主体，以班级管理为目标，以级长、班主任为核心，形成学科教学组、班教师组共同配合的级组管理模式。以学生会、团队为主阵地，抓学生日常行为规范和礼仪常规，强化学生个体良好行为习惯的形成，使各种活动、学生行为举止做到井然有序。按《中小学生日常行为规范》和《中学生守则》严格要求，本着"抓日常、重养成、讲实效"的原则，针对不同年段、不同年龄学生的认知水平，由低到高、由浅入深、注重层次、循序渐进地开展工作。

（4）德育渠道网络化。建立学校主导教育、家庭配合教育、社会协同教育、学生自主教育的立体德育网络，设立家长接待日、家长信箱，公布学校网站，密切与家长、社区的联系，与对口小学开展"两习惯"教育和"三自主"活动，发挥整体作用，形成合力。

（5）德育资源多样化。开发德育资源、丰富德育内容、拓宽德育途径，建立实践活动德育基地，认真组织学生走出校门，参加社会实践，做到定时间、定地点、形成制度，让学生在实践中锻炼成长。

（6）德育群体自主化。一方面，让大多数学生唱主角，坚持主体教育、自我教育、自主管理、自我发展、自塑人格；另一方面，以爱育爱，促使学生由他律向自律发展。

（7）班主任队伍专业化。打造班主任专业化队伍，争取3年后，推出一批德育科研成果，培育一批名班主任。力争3年内培养2~3名在片、区、市、省有一定影响力的优秀班主任。

（六）聚焦课堂、有效教研

努力探索形成一个科学、规范、精细、高效的全面教学质量管理体系；努力探索形成一种既有科学先进的观念、又有系统实际的操作方法，既体现教师个性、又赋予学校整体特征的优效教学模式；努力加强学科建设，发挥名师优势，打造精品课堂，提升教学质量。

（1）集中力量探索优效教学模式。以"讲学稿"为载体、以"学生学习富有成功感"为导向，集中力量探索由"最优化教学设计、最优化教学过程、最优化教学评价、最优化教学管理、最优化教学效果"等维度构成的优效教学模式，并以此为教学改革的突破口，作为教育科研的重点课题，作为教师重点攻关目标；科学实践"堂堂清、周周清、月月清"的"方法活、负担轻"的教学模式，打造"精品课堂"，改进教师的教学行为、改善教学策略、促进有效教学，提升课堂效能和教学质量。

（2）学科建设。大力加强学科建设，打造强势学科（化学、政治）、提升发展学科（语文、数学），扶持薄弱学科（英语、物理），形成学校特色。大力发展学科特色，化学、政治虽然已经彰显实力，但还要进一步研究具有先进理念、具有创新特点、具有重要价值的特色；语文要在阅读方面进行整合形成特色；数学、物理在"讲学稿"使用方面形成特色。只有做实、做强、做大学科，学校才有希望实现飞跃与突破。

英语则要借"沙窖模式"实现跨越式突破，非会考学科各项竞赛实现整体（全面）突破。

（3）改革教师课堂教学评价。课堂教学应该注重师生间和学生间的合作学习，使学习既成为师生间和学生间信息传递的互动过程，也成为情感交流的人际交往过程。研究课堂教学学生是否愿意学、主动学以及怎样学、会不会学；引导学生学会思考、学会提问、学会动手、学会创造，从而提升教学质量。

（4）继续落实教学常规管理，强化常规教学过程管理，坚持常规教学制度管理，注重发挥教研组、年级组、备课组在常规教学的管理模式，使学校教育教研水平不断丰富，教师队伍整体实力不断提升。加强计划、备课、上课、作业、辅导等教学常规管理，细化常规考核、评价。改革备课，提高实效，确保教学工作顺利有序地进行，并形成有效的评价机制，为全面提高教育教学质量打下坚实的基础。

（5）投身决战课堂中。深入课堂，全面开展课堂教学质量大检查，中层以上领导和骨干教师要深入课堂一线，研究、指导课堂教学。结合"教学质量月"活动，发动教师认真研究课堂质量标准，以新课程理念为指导，努力实践和检验"五项标准"。

（6）动态监控常改进。实施学科单元测试达标过关，教导处动态了解各科单元质量，加强单元教学质量监控，一旦发现问题，需及时提出措施，改进教学。

（7）质量生命牢支撑。制定和实施《教学质量管理考核办法》，加强教学质量考核管理，在全体教师中形成视教学质量为生命的统一认识，激励教师追求效益，追求质量，自我超越。

（七）以研促改，科研兴校

（1）健全机构。建立健全学校科研体系，成立"教育科学研究室"，合理定位我校科研目标，完善学校科研管理和保障系统。

（2）重建制度。建立以校为本的教学研究制度，发挥学校领导班子成员和骨干教师的科研优势，引领教师团队，强化教研组教学研究职能，明确教学研究的途径、重点和策略，改进教学方式，提高教师教学反思能力，促进教师专业成长，增进教学实效。

（3）搭建平台。举办研讨课、观摩课、录像课、优质课、教学课例赏析、课改论坛、反思心得交流、论文评比、"一帮一"和"手拉手"等丰富多样的教研活动，在教学中实践新课程理念，改善学生学习方式，密切课程与生活的联系，建立具有生命意义的课堂基本模式。

（4）课题锻炼。以校长为首，由教科室负责，依托区教研室专家指导，主攻课题，围绕教师、学生、课程等评价，开展研究，逐步建立规范、科学、公正的评价体系，使我校考试与评价制度改革有较大突破。

（5）开发课程。开发综合实践活动和校本课程。全面开展综合实践活动，形成研究性学习、社区服务与社会实践、劳动与技术教育、信息技术教育活动内容体系。做好校本课程的开发、实施和评价工作，争取两年后形成校本课程的思想、教师、学生、教学、教材、资源等框架。

（6）扩大交流。建立校园网站，以校园网为依托，建好"洛浦科研"网页，使之成为交流科研体会、推广科研成果及信息的有效途径。创立校刊——《起航，洛浦人》，使之成为学生师生交流的一个平台。

（八）咬定青山，促管理创新

各行政领导要做到分管工作能到位，相互之间能补位。凡要求教师做到的，自己要能带头做到；凡要求别人做好的，自己能带头做精。形成团结、务实、高效、创新的领导班子。进一步完善考核、奖惩、分配等方面的制度，更好地体现多劳多得、优绩优酬的分配导向。做到事事有人管，人有制度管，管理无死角，责任无缺位。

（1）科学管理。实行年级工作目标管理，建立毕业班、非毕业班工作领导小组，实行层级管理。尝试实行学校组织网络化，建立或完善决策指挥系统、执行运转系统、参谋咨询系统、监督反馈系统，使学校的管理结构完善、层级清晰、职责落实、目标明确、效率提升、保障有力。

（2）强化激励管理。稳妥地搞好学校内部人事制度改革，把全员聘任制、岗位责任制、考核奖惩制、绩效结构工资制、量化目标考评落到实处。实行竞争激励机制，体现"多劳多得、以量计酬、优质优酬"，增强教师活力。

（3）追求人本管理。把教育人、武装人、塑造人同尊重人、理解人、信任人有机结合起来，创造一个宽松、和谐、互助、竞争的良好氛围。坚持做到制度管理与情感管理相结合、目标管理与过程管理相结合、导向管理与民主管理相结合，建立以"科学、民主、高效、舒畅"为基本特征的管理模式。

（4）打造班子队伍。进一步完善中层领导干部竞争上岗制度，通过民主推荐、自我推荐、上岗演说、民主测评、上级考核任命的方式，加强学校中层领导组织建设，努力建设一支有高度凝聚力、战斗力强的领导班子。

（九）强优势特色，建品牌校园

（1）发挥科技创新优势，把科技创新与综合实践活动结合起来，培养学生的创新意识和创新能力。

（2）开展全校性的跆拳道活动，加强校园体育教育，建立健全体育兴趣小组活动，以活动为载体，以竞赛为动力，培养学生的体育兴趣和习惯养成。重视体育健康教育，探求学校体育卫生工作规律，开设体育卫生宣传教育网络，提高学生的身心健康水平。

（3）打造"责任"文化，突出校园特色。责任教育内容中蕴含着丰富的教育资源，以责任教育为主题，落实责任教育在学校课程中的地位，为办出学校特色而不懈努力。

（4）打造学科课堂教学特色，用过硬的教育教学质量吸引和留住学生，打造化学、政治、数学、物理学科特色，使至少使两个学科的特色在广州市形成品牌。

四、保障条件

（1）成立规划实施组织机构，加强组织领导，班子成员分工明确、责任到位，工作目标、任务分解细化，中层领导有权有责。

（2）建立上级领导、学校教师、学生之间的监督、评价机制，实行年度工作报告教代会审议制。

（3）争取赢得上级领导的支持和帮助，使得区、片教育经费投入稳定，物质基础有保障。

（4）建立和完善实现规划目标的各类管理制度，以制度支撑规划实施。

（5）发挥党支部政治核心作用，直接参与服务、指导学校行政和教育教学工作，坚决保证学校规划发展目标的实现。

番禺区石北中学
"三环五步"课堂教学模式的构建

——入选番禺区研学后教成果"100个教学模式丛书"

番禺区石北中学　李晓娟

一、模式的概念

"三环五步"课堂教学模式是以"研学后教"等理念为依据，遵从"兴趣是最好的老师""培养学生能力是教学的根本""合作学习是学生会学的基础""有效教学"等原则，利用"研学案"为载体引导学生研学，帮助学生确立合适的学习目标，依据"研学案"的内容和学生的认知规律，准确把握好点拨的时机及内容（易错点、易混点、方法、规律、知识结构等），让学生在紧张而愉悦的学习氛围中自主、合作探究，以建构"和谐、互动、激励"的课堂生态，以达到"学生动起来，课堂活起来，效果好起来"的课堂效果。

二、模式的理论依据

（一）"研学后教"理念

"研学后教"就是学生和教师在"研""学""教"过程中的角色定位和功能展现。其核心理念是把时间还给学生，既"授人以鱼"，也"授人以渔"；核心价值是发展人的学习能力，为人的终身学习奠基；最终目的是实现学习方式的转变，提高课堂教学实效。

（二）目标教学理论

教师要相信绝大多数学生（智力正常的）都能学好学校所教授的课程。只要提供足够的时间与适当的帮助，5%的优等生加上90%的中等生都能够学习一门学科，并达到高水平的掌握。目标教学的最大特点是强调面向全体学生，每堂课学生达标率必达95%以上。因此，教师的根本任务是提供适合学生的教育，既考虑到个别差异，但又确实能促进个体的最充分的发展，让每个学生都成为成功的学习者。后进生的出现主要是由于学生早期发展和后来的学习过程中的缺陷积累造成的。在后进生的形成过程中，学生的认知缺陷积累与情感障碍积累是互相影响、相互作用的。"缺陷积累"说不仅令人信服地揭示了后进生产生的根本原因，而且为预防和转化后进生找到了基本策略：对学习过程中的失误要进行及时的揭示和矫正。如果后进生已经出现，就要进行诊断补偿，揭示失误，补救教学，消除缺陷积累，进而逐步实现转化。目标教学可以避免学生动机消沉和情绪低落，增强自信心，提高学习兴趣。目标课堂教学有四个环节：一是前提测评，二是认定目标，三是导学达标，四是达标测评。目标教学的难点是导学达标。教师要恰当使用"导"的教学方法，充分做到以学生为主体，组织学生的学习活动，调动学生的学习积极性，引导学生主动学习。

（三）建构主义学习理论

知识不是通过教师传播获得的，而是学习者在一定的情境中，借助他人（教师和学习伙伴）帮助，利用必要的学习资料，通过主动建构意义的方式获得的。其理论核心是以学生为中心，强调学生对知识的主动探索、主动发现和对所学知识的主动建构。强调教师要成为学生主动建构意义的帮助者、促进者，课堂教学的组织者、指导者，而不是课堂的"主宰"和知识灌输者。

（四）合作教学理论

整个教学系统中的动态因素都是教学活动不可或缺的人力资源，强调所有动态因素之间的互动合作，即师师互动合作、师生互动合作和生生互动合作。"师师互动合作"有利于发挥教师整体功能，使教学走出"高耗低效"的困境；有利于教师之间的优势互补，提高整体教学水平与革新能力。"师生互动合作"强调师生合作教学，建立新型的人道主义的师生关系，使教学过程民主化，主张教师在教学过程中要善于创造一种生动活泼的、师生合作完成学习任务的教学情景，使学生感到自己和教师一样处于平等的地位，是独立自主的主体，不仅是教学过程的参加者，而且也是教学过程的积极创造者。"生生互动合作"着眼于生生之间互动的变革，将合作性的团体结构纳入课堂教学之中，构建以生生互动为基本特征的课堂教学结构，通过组织开展学生小组合作性活动来达成课堂教学的目标，并促进学生的个性与群性的协同发展。

（五）人本主义学习理论

人本主义认为，正常人的本质都是积极向上的，力求发挥作用和追求成功的。按人本主义理论，我们应树立以学生发展为本的观点。人本主义倡导的学习原则为：在学与教的关系上，应该置学生于教学的主体地位，以学生的学为中心组织教学；在教学目标上，要以教会学生学习为主，而不是以传授知识为主；最有用的学习是学会如何学习。

（六）《礼记·学记》教育思想

"道而弗牵，强而弗抑，开而弗达。道而弗牵则和，强而弗抑则易，开而弗达则思；和易以思，可谓善喻矣。"意即优秀的教师要善于通过诱导来对学生进行教育，引导学生而不牵着学生走，策励学生而不强迫学生走，启发学生而不代替学生做出结论。道而弗牵，师生关系才会融洽；强而弗抑，学生学习兴趣才能激发，学习起来才会感到容易；开而弗达，学生才能独立思考，学生的思维才会被激活。就其本质而言，强调的是师生的和谐互动，只有师生关系和谐，使学生容易亲近、自由发挥又能独立思考，才是善于教化。

三、模式的目标及实施条件

（一）模式目标

本模式是传承本校"讲学稿"教改经验，借鉴国内教改成功学校的教学模式，通过3年的深入研究以达成如下目标。

（1）彻底改变知识本位的课堂教学旧观念，树立以学生发展为本的教学理念，将素质教育落实在课堂教学中。

（2）消除"满堂灌"现象，打破以教师为中心的课堂，建构"互动、和谐、高效"的幸福智慧课堂。

（3）构建"以生为本"的课堂教学评价机制，将课堂评价的关注点由传统课堂教学以教师的（设计、表现、教学）评价为主转向以评价学生的学习方式为主。

（4）优化课堂教学，促进学生学习方式和教师教学行为的转变，有效提高课堂教学质量，使学生乐学、会学、学会，为学生的终身发展奠基，使教师乐教、善教，促进教师专业发展。

（二）模式条件

要达成以上目标，需具备如下的实施条件。
（1）教师务必掌握现代教育教学理论，积极践行研学后教理念。
（2）构建合作学习小组。
（3）学校要编写高质量的研学案。
（4）在课堂观察中，教师要把学生的学习方式作为主要的关注点。
（5）构建调动学生的学习积极性及教师行动研究的积极性的评价体系。

四、模式的内容

（一）核心理念

以学生发展为本。

（二）"三环"

1. 教师教学的"三个三"环节

（1）三环的研学案研制：双人主备—备课组集备—个人复备。

研学案是课堂教学的载体，其质量直接影响课堂教学效果，通过三个环节的备课流程可以挖掘教师个人的优势，汇聚集体智慧，既达到减负增效的效果，又能很好实现以学定教。

（2）课堂教学的三个环节：目标导向—点评归纳—评价反思。

学习目标具有导学、导教、导测评的功能，教师通过对目标展示与阐述，使学生带着目标进入课堂学习，教师围绕目标组织教学，对学生的展示进行精辟的点评与归纳，实现师生共同建构知识、方法与规律。教师将评价贯穿于教学全过程，通过评价使学生自醒、自悟、自驱，通过反思及时调整与补偿教学，既能避免后进生的出现，促使全体学生学习质量的提高，又能促进教师自身教学水平质量的提升。

（3）三环的学情检查：课前查研学情况—课堂查学习落实—课后查学习问题。

课前回收研学案了解学生课前自主研学的情况，为以学定教做准备并确定课堂学习目标；临下课抽查学生的研学案，了解书写与记录情况或口头提问本节所学的内容情况，提高学生课堂自我监控能力，提高课堂学习效果；课后回收研学案检查学生达标检测情况，收集学生还存在的问题，为补偿教学做准备。

2. 学生学习的"三个三"环节

（1）三环的学习流程：课前自主—课堂互助—课后反思。

教师既要培养学生良好的学习习惯，又要有效提高学习质量。学生学习必须要经历预习、合作、反思三个环节，预习让学生带着问题进入课堂，通过合作形成合力，通过反思不断进步。

（2）课堂学习的三个环节：研学—展示—反馈。

这是课堂学习的核心环节，通过研学发现疑难，通过展示暴露疑难，有利于建构知识与方法，有利于培养学生学习能力，通过反馈自查达标情况，在反馈中促改进。

（3）三环的研学方式：自主研学—组内研学—组间研学。

采取适合多样的学习方式能有效调动学生的学习兴趣，培养学生的学习能力。课前自主学习基础内容，可以培养学生自学与独立思考等能力。组内研学解决自主研学中的疑惑及研讨重、难点，组间研学解决教学中的重、难点，可以培养学生的合作能力及问题解决等能力。

（三）"五步"

1. **学案导航、自主研学**

这是指学生通过完成研学案自主研学的内容，掌握本节的基本内容。

2. **创设情境、阐述目标**

这是课堂的导入环节，根据学科、课型、内容的特点，通过创设合适的教学情境，阐述课前检查研学案后编制的课堂学习目标，吸引学生快速进入学习状态并带着任务展开学习。

3. **互助研学、探究疑难**

学生对课前自主研学存在的问题，在小组内进行充分的交流，使学习任务最大限度地在小组内得到解决，并就教学中的重、难点进行讨论、探究，找出未能解决的问题；教师及时掌握各组学习情况，注重其中的亮点和存在的问题，并做好记录。本步骤要写出互助卡。

4. **展示交流、点拨归纳**

教师根据各小组内讨论情况及互助卡的内容，选择小组或由各小组主动对本组的学习任务用板演或口头方式等方式展示，其他小组和学生根据各自的学习情况予以补充完善、质疑探讨。在展示交流过程中，教师应适时进行必要的点拨梳理、归纳提升，形成结论。

5. **反馈总结、评价补偿**

就是通过课堂反馈检测每位学生的达标情况，引导学生总结本节课的收获（知识建构、方法及规律的形成等），找出教学过程中的困惑与问题，以便在后续教学中补救。

五、模式的操作程序

（一）课前准备

1. 研学案的编制

总要求：导向学生高效进行自主研学、互动研学。

（1）编制流程要求：经三环研制。第一环，学期初由备课组长对备课任务根据教师个人的优势进行分解，每一研学案的编制不少于两人主备（只有一位任课教师除外），并提前2周研制完成；第二环，由备课组长组织备课组成员集体备课，教师个人按照备课主线即"以研究学生学习的起点能力（即原有的知识与技能的贮备）—研究学习目标设计及陈述确定—研讨内容取舍与整合—研究研学问题及后教策略—研学目标达成与评价"发表意见，主备人进行记录，备课组长进行总结形成研学案，提前1周完成；第三环，教师个人结合学情进行备课。

（2）编制要素组成：要有六大项目，即研学目标、研学要求、（课前）自主研学、（课中）互助研学、研学达标检测、总结反思。根据学科、课型、内容特点可适当增加其他项目，如页脚用激励语或学法指导语，高一、高二增加实践性作业，高三增加高考真题或模拟题演练等。

（3）编排体例形式：可将六大结构项目按照整体顺序先后排列，也可对每一知识点进行后四个项目的编排。

（4）内容编写要求：研学目标陈述要规范，行为主体应为学生，用外显行为陈述，目标数最多不超5个。课前自主研学内容设计重在引领学生学习与掌握基础内容。课中互助研学内容主要突显重点、突破难点进行设计。研学达标检测要对应研学目标进行编写，要分层次、有梯度，总结反思设计要根据学科课型特点，可以是建构知识网络、归纳解题方法与规律等。需要说明的是自主研学及互助研学内容呈现形式要基于学科及课型的特点，容量也要根据内容的难易度进行合理的设计。

2. 课前研学案的发放与检查

周二至周五的课，研学案在前一天发放，次日早读前回收；凡周一的课，研学案必在上周五发放，周一早读前回收。教师任教多班的，要全收全查（最好全改）；任教少班的，则全收全改，并收集问题。

（二）课堂教学过程

1. 学案导航、自主研学

认真研读研学案中的研学目标，细读研学要求，完成自主研学内容。有疑问或不会处用红笔标记。

2. 创设情境、阐述目标

要基于学科及课型的特点，创设合适的教学情境。新授课可以材料的新颖性，唤起学生的求知欲。复习课可以课前自测学情反馈、历年高考考情等创设情境，让学生带着补漏与重视的心态进入学习。讲评课以反馈测评结果，让学生带着兴奋或紧张的心态进入学习。要解读学习目标（让学生真正明确学什么、怎么学、达到什么目标）。同时，应注意如下细节。

（1）学习目标课前叫科代表先写在小黑板上或上课先布置学生明确任务，教师书写学习目标。

（2）教师开始授课前应先解读学习目标，圈出关键字，让学生知道当堂课的学习重点是什么。

（3）学习目标保留在小黑板上，整节课挂于固定地点，课堂组织要确实围绕学习目标进行。

（4）下课前，教师应尽可能引导学生对学习目标简单做一个回顾。

3. 互助研学、探究疑难

（1）教师要求：组织学生讨论，解决自学问题；布置合作学习任务；深入每小组，巡查、监督、调控讨论过程，收集亮点及存在的问题。

（2）学生要求：学科小组长组织小组成员讨论自学问题；学科小组长组织小组成员落实合作学习任务，管好纪律，控制讨论节奏；全体组员积极参与讨论（有深度、有效率、有效果）。

（3）组织学生讨论应注意的细节。

第一，明确规定讨论的内容和时间，讨论时间一般不少于 5 分钟（最好能把规定投影出来）。

第二，规定讨论后各小组的展示任务及注意事项（最好能把规定投影出来）。

第三，要求学生站立讨论。

第四，学生讨论过程中教师要下去巡查，关注各小组的讨论状况，及时调整学生讨论状态，对经常游离于讨论主题外的学生采取一定的措施（如单独给任务、培训小组长大胆管理、对小组进行加减分、下课单独谈话等）。

4. 展示交流、点拨提升

展示交流、点拨提升的内容如表 1 所示。

表 1　展示交流、点拨提升

展 示 要 求	
教师	学生
(1) 根据学习目标和学生水平引导学生采取灵活多样的展示方式（可借助黑板、板演、多媒体等），以便展示更有针对性和实效性。 (2) 尽量引导学生将思维过程展示出来，解释清楚展示的结论是怎么得出的（如要求展示同学回答老师或其他学生的质疑或追问）。 (3) 展示过程教师要把握全局，既要留意展示同学的状态和展示情况，又要留意非展示同学是否在积极聆听、观看、记录和思考。 (4) 采取适当的措施引导学生提高展示的自信心和效率；及时对展示过程中好的表现给予表扬和肯定，以引导学生形成自然大方高效的展示习惯	(1) 上台展示的同学动作迅速，语言仪态大方礼貌，声音洪亮，表述简洁直奔主题。 (2) 展示尽量呈现思维过程，解释清楚展示的结论是怎么得出的，避免直接投影资料答案。 (3) 无论口头还是书面展示，对文字问答题应养成分点答题习惯，对演算题目要注意步骤的规范。 (4) 非展示的同学认真聆听，用红笔修正自己的答案，做好质疑和点评的准备。 (5) 对展示的同学抱鼓励、支持态度，对可以改进的地方及时给予礼貌的提醒，质疑和追问的用词和仪态要礼貌
点 评 环 节	
教师	学生
(1) 根据点评内容的难度灵活确定是提前指定学生点评还是当堂指定学生点评或是学生自由点评。 (2) 结合学习内容，教师适时引导质疑，介入点评，以便拓展和提升学生思维，透彻理解学习内容。 (3) 关键的点评内容要求学生落在笔头上，标记出来。 (4) 采取适当的措施引导学生提高点评的自信心和效率；及时对点评过程中好的表现给予表扬和肯定，以引导学生形成自然大方高效的点评习惯	(1) 点评前清楚交代点评内容，注意点评用语的礼貌，点评过程尽量言语简洁直奔主题，关键内容可用有颜色的粉笔圈点或修改。 (2) 点评时若引用课本、学习资料等佐证，请提前做好准备，必要时直接投影资料，明确指出佐证出处并提醒同学圈点。 (3) 点评时尽量呈现思维过程，解释清楚展示的结论是怎么得出的，避免直接投影资料答案。 (4) 非点评同学认真聆听，仔细记录，及时补充。对点评的同学抱鼓励、支持态度，对可以改进的地方及时给予礼貌的提醒，质疑和追问的用词和仪态要礼貌

5. 反馈总结，评价补偿

反馈是对研学目标的达成的检查。反馈的形式可基于学科、课型及内容采取选择题、简答题、开放式问答题等进行。对于反馈训练，学生要独立完成，答题时注意运用本节所学内容，注意运用适当的审题、答题技巧（如圈关键字眼等），及时标出易错题和疑难题；及时归题目做错的原因，标出自己需要加强学习的内容。教师应巡查了解学生答题情况，设置好答案反馈的方式，以便尽快掌握易错题和疑难题；针对错题进行讲解（可在下个课时进行补偿性练习），注意回归学习目标和本节课学习内容；注重审题、答题技巧的指导。教师要指导学生总结本节所学内容，构建课堂知识网络、方法、规律，引导学生对照学习目标，检测达成度，记录还存在的疑问。评价贯穿于整节课，意在调动学生参与面，营造良好的课堂氛围，增强学生自信，调动学生的学习热情，激发学生进一步学习的欲望。对学生的评价尽量以小组为单位，增强学生对小组的责任感和荣誉感。对课堂表现极差的个人，既扣分到小组也落到个人（登记在《课堂评价表》中纳入德育考核），科任也记录在案（心中有数，纳入学分管理）。小组加分的项目可以包括课前布置任务及时完成、课堂准备到位（有学案、书本和必要文具、桌面整洁等）、课堂表现好（自主学习状态好、讨论专注积极、展示认真、点评积极到位、小组长组织积极成功、小组成员课堂记录）等，反之为小组扣分项目。对小组的加分或扣分以一次不超过 2 分为宜，教师在课堂上即时进行评价并于下课结束对各小组进行量化的小组表现性评价。

（三）操作程序应注意的问题

1. 如何分配五步的时间，开展有效"研学"

基于本校学生基础薄弱及学力不足的实际，开展有效研学要基于学科特点、课型特征及知识类型，课前、课堂及课后三段研学时间及任务分配不同。

（1）新授课。

以陈述性知识为主要目标的新授课，其主要目的是进行知识理解及巩固，学生可通过自学解决大部分教学内容（培养自学能力），采取"241 研学时间分配"方式。课前约 20 分钟，课堂（40 分钟）主要合作研学解决自学中的不明问题（生生互教、教师后教）及针对重、难点设计的研学问题（30 分钟）；即时检测课前自学及课堂学习效果（约 10 分钟）；课后巩固提升，促进知识的内化及迁移（不超过 10 分钟）。

以程序性知识为主要目标的新授课内容，其主要目的是促进知识向技能转化及在新情境中熟练运用技能,学生通过自学只能解决小部分教学内容,采取"142 研学时间分配"方式。课前约 10 分钟,学生通过自学感知教学内容,课堂(40 分钟)主要在教师的指导下自学及合作研学解决问题(生生互教、教师后教),通过变式练习促进知识向技能转化(约 30 分钟);即时检测课前及课堂学习效果(约 10 分钟)。课后通过拓展训练达到技能自动化,安排时间至少为 20 分钟。

(2)复习课。

课前自主研学安排的时间可适当增加,课后拓展研学的时间可适当减少,使学生通过课前研学自查发现不足,带着渴求的心态,积极投入复习,通过课堂达成复习目标,提高复习课的有效性。

2. 各学科不同课型的五步变式处理

以上五步在不同课型的实施中会有变化。

(1)新授课:可一节课完成五步,即学案导航,自主研学;创设情境,阐述目标;互助研学,探究疑难;展示交流,点拨归纳;反馈总结,评价补偿。

(2)复习课:尤其是小单元整合复习课,可分为两节课实施。第一节课重点讨论交流,收集问题,完成前三步;第二节课重点为解决问题,达标验收,完成后两步。

(3)讲评课:可简化步骤的处理,并在课堂中完成补偿环节。

六、模式的评价

(一)建设"三个中心","两线"整合推课改

为统整管理的合力,全力保障课堂教学改革的顺利实施,学校组建了课改培训与教师发展中心、教学研究中心、德育研究中心。

课改培训与教师发展中心的主要职责是安排教师专业发展培训活动、为教师专业发展提供保障服务等。学校有效采取了专家引领、同伴互助、自我反思的校本培训策略。

教学研究中心的主要职责是组织校本教研活动、教改常规的落实(学科班长、学科小组长的培训等)、及时反馈常规检查的结果并提出改进意见。

德育研究中心的主要职责是指导并落实学生小组的建设、管理与评价。学校采取"两线"(德育线和教学线)整合管理思路,定位好管理的目标与职责,班主任统筹全面工作,在专项工作上分工,对班级建立"三组"管

理架构,即管理小组、学习小组、科研小组。每月采取小组自评、互评、班主任评价等多元评价方式,评分结果在班上"学习小组龙虎榜"公布,班级、年级、学校定期对优秀小组、优秀组员、优秀组长进行表彰。通过"双线"评价拉动"学习小组"的建设,更好地为课堂教学服务,为学生未来的发展奠基。

(二) 研学案质量评价

为了有效监控备课组的研学案质量,学校依据教学及学习设计理论、研学案的结构、编制环节等要素,制定质量评价标准,引领教师不断完善和提高研学案的质量。

(三) 课堂实施评价

课堂评价是按照"三环五步"课堂教学模式的要求,对教师在教学过程中的综合表现进行监控比对的一种重要方式。此评价只为教师课堂实施提供参考,从而有效促进教师对教学进行反思,及时进行教学调整。

(四) 研学后教学习小组评价

通过完善学生的评价方式(以量化评分体现激励效能的评价方式、以小组整体体现激励效能的评价方式、以分层区别体现激励效能的评价方式),激发学生自主学习、合作交流、展示及质疑的主动性和积极性。以"不求人人成功,但求人人进步"作为教学评价的尺度,对小组成员和小组进行学习过程与学习学习结果的评价,通过周期(堂评、日评、周评、月评、期评)评价,以多主体(自评、组评、师评等)方式开展过程性评价。评价方式和评价内容要符合实际,具有较强的操作性,评价结果能够让学生接受和理解;要遵循小组规则,落实自主学习、合作学习和探究学习,体现激励功能。小组评价包括过程评价、终结评价、定量评价、定性评价、差异评价五个方面。

(1) 过程评价。贯穿于整个学习过程,课堂中对学生学习的参与度、有效度进行评定,周期性对成员落实小组规范和完成学习情况进行评定。

(2) 终结评价。根据学生学业成绩和学习水平的进步情况对学习小组进行评价,包括对小组的整体评价和对成员的个性评价。可评出最佳学习小组、进步最快小组和最佳汇报员、最佳联络员等。

(3) 定量评价。课堂上小组之间是合作和竞争的关系,根据学生参与学习的积极性和有效度,结合学科特点,以适当的形式,通过量化内容对小组（或成员）进行加、扣分评价。

（4）定性评价。小组合作学习使学生能够选择适合自己的学习需求参与课堂活动，在体验中获得发展，通过对小组及成员的学习水平和效益的评价，增强小组成员的责任感，提升竞争力，激发学生的潜能。

（5）差异评价。基于学校学生普遍基础薄弱的特点，为增大学生的参与面，积极进行展示与点评，促进全体学生的共同进步，避免"三环五步"课堂变为少数优生在唱独角戏，对基础稍差学生采取双倍加分的评价原则。如教师上课加、扣分包括两个方面的内容：学习表现加、扣分及小组合作展示加分。对小组学习表现加、扣分分4个等级进行评价：优秀小组加1～2分（所有组员学习积极性高，积极参与小组讨论，效果好），一般小组不加分（绝大多数组员学习积极性高，多数参与小组讨论，效果一般），较差小组扣1～2分（少数组员学习积极性高，少数参与小组讨论，效果差）对违纪学生扣分实施小组捆绑评价。课堂合作展示加分：优秀生达到教师要求一次加1分，后进生达到教师要求一次加2分。

参考文献

[1] 李春华. 合作教学操作全手册 [M]. 南京：江苏教育出版社，2010.
[2] 皮连生. 学与教心理学 [M]. 上海：华东师范大学出版社，2009.
[3] 皮连生. 教学设计：心理学的理论与技术 [M]. 上海：华东师范大学出版社，2009.
[4] 安德森. 学习、教学和评估的分类学 [M]. 皮连生，译. 上海：华东师范大学出版社，2007.
[5] 马兰. 合作学习 [M]. 北京：高等教育出版社，2003.
[6] 广州市教育局教学研究室. 发展性教学评价的原理与方法 [M]. 广州：广州市教育局教学研究室，2003.
[7] 番禺区"研学后教"课堂教学改革指导意见：番教文 [2012] 63号.

站在"文化立教"高度
推动学校"研学后导的五环节高效课堂"
教学改革

番禺区南村侨联中学　罗庆红

新课程改革深刻地改变了教师的传统思维方式和教学方法。教学方式方法因此而改变，教学组织结构形式也因此而重塑，同时还带来了班级管理、教师教学的新观念、课堂教学改革的核心价值的重大改变。我校在以人为本的教育理念和国家新课程改革精神的指引下，确立了学校新课改理念，制定了新课程改革的研学后教的课堂教学基本模式，全校师生践行新课改的核心价值观，构建学校"文化立教"特色，推动学校创新发展。

一、学校新课改理念、实施策略、基本模式和评价标准

（一）核心概念的解读

1. 文化立教

确立新课程改革的先进理念，通过心理教育来营造以和谐合作为底蕴的班级文化；通过"研学后导的三维教学模式"来落实新课程目标，深究并建构以促进师生共同成长与发展为根本特征的学科文化，推进我校的新课改。

2. 研学后导

"研学"主要是教师在深入研究学情、学法和课标、教材的基础上，提出引导学生学习目标、内容、方法的"研学案"，学生在"研学案"的指引下通过自主、合作、探究，钻研知识和方法，生生互动，提升能力。"后导"主要针对学生钻研后存留的困惑与问题，展示交流，生生互教，教师进行恰当的点拨、拓展和延伸，让学生再进一步地自主、合作、探究学习，充分有效地达成教学目标。研学后导对于研学后教来说，更加强调学生的主体作用，以及教师的导学作用。

（二）侨联中学新课程改革的理念

让每一位学生在课堂学习中都能获得进步，都能享受到学习的喜悦，都能积极主动地追求成功。

（三）新课程改革的实施策略

三学联动、展示互补、测评强化、形成生态。

"三学"联动是指教师引导下的学生自主学习（研学）、教师的精讲、点拨、引导下的"问题导学"（导学），师生紧密配合、互动互助的合作学习（合学），通过课堂教学基本模式的实操，形成严密的课堂教学结构，生成三学联动，打造互相影响、互相促进、互相提升的"活力课堂"。

展示互补是指学生的小组展示与班级大展示两个层面，以及正负两个方面的展示，即展示学习的初步成果，也展示思维过程中的存在问题，暴露思维缺陷，以利于在学习探究过程中达到"生生互补""师生互补"，使课堂教学有一定的思想高度、知识厚度和探究的深度，生成富有实效的酝酿创新的"研学课堂"。

测评强化是指师生的课堂教与学要落实新课程教学的三维目标，关注知识与能力，关注过程与方法，重视情感、态度与价值观的激发、养成与确立，通过必要的测评来检验效果，通过师生评价过程中的总结、拓展、延伸，使课堂学习增值、强化、巩固，确保学生的学习成绩提升，形成"高效课堂"。

形成生态是指生态课堂：学生真正成为学习的主人，是课堂教学活动中的主体；通过"活力课堂""研学课堂""高效课堂"的教学活动，使每个学生的各种潜能都能得到有效的开发，每个学生都能获得最有效的发展，成为具有思想、意识、情感、需求以及各种能力的活生生的人。生态课堂是实现教学与学生发展的真正统一的课堂，使师生课堂教与学的生命质量不断获得相应的提升。

（四）新课改的研学后导的五环节高效课堂教学模式

研学—导学—合学—展示—测评。

以上通过"研学""导学""合学""展示""测评"五个关键要素构成一个整体，构成三维立体的课堂教学模型，把新课改理念变成具体化、可操作的基本环节，体现"自主学习""合作学习""探究学习"的方式方法；根据学科教学的实际，基本模式中的各个要素可以灵活使用；它具有内涵的包容性和外延的扩展空间，在新课改理念指引下，可以根据不同的学科、不同的课型、不同的学情，派生出一系列的具有学科特点的教学模式。例如：①初中语文教学模式（阅读教学新授课）为情景导学—整体感知—精讲点拨—合学交流—拓展训练。②初中数学教学模式（新授课）为设疑激趣—观察概括—合作探究—深化认知—应用测评。

（五）新课改的评价标准

我校"研学后导"五环节高效课堂评价标准的六个原则为：①主体性（以学生为主体）；②主动性（强调学生的积极状态）；③精彩性（教学亮点）；④生成性（体验、领悟、启迪、发现、创新）；⑤深刻性（知识转化为能力，升华智慧）；⑥终生性（形成习惯、后劲充足、终生受用）。并把它们细化为具体的评价指标。

二、"研学后导"的五环节高效课堂导学模式与"文化立教"的主要理论依据

（一）合作探究理论

合作探究是20世纪70年代初兴起于美国，并在20世纪70年代中期至80年代中期取得实质性进展的一种教学理论与策略。美国明尼苏达大学"合作学习中心"的约翰兄弟认为："合作探究就是在教学中采用小组的方式以使学生之间能协同努力，充分地发挥自身及其同伴的学习优势。"我国台湾地区的教育学者林生传先生在论及合作探究时指出："合作探究是一种创新的教学设计，目的在于使学习活动成为共同的活动，其成效关系到团体的荣辱。"合作探究的另一位重要代表人杰克布斯则认为："合作探究是帮助学生最有效地协同努力的原理和方法。"虽然国内外专家学者对于合作探究定义的表述不大一致，但从中可以领悟到合作探究的内涵。教育专家把它表述为：

合作探究是指在教师的指导下，学生根据不同层次，以4~6人异质同构编成小组，在一种积极互助的情境中，为达成共同的目标，分工合作，相互帮助，彼此指导，并以集体的成功为评价依据，最终促进个人的学习策略。在合作探究中，只有当小组合作成功时，组员才能达到各自的目标。合作探究不仅能帮助学生发展与人沟通、合作的能力，而且能促使学生以开放式的合作方法去学习新的知识，运用新的知识，提高个人的学习能力。

基于上述的学习与理解，我们建构了我校的"研学后导"三维高效课

堂的"合学"探究环节，并作为教学模式的主体部分和关键所在，成为学生自主学习、多元交流、深入探究与教师点拨相结合的主要环节。

（二）生命性教学理论

生命性教学理论是华东师范大学叶澜教授在总结我国改革开放以来教学改革研究成果的基础上，基于"课堂教学是师生的生命过程"提升的生命性教学理论。其基本理念所坚持的是"四个还给"和"三个转换"。

"四个还给"即：把课堂还给学生，让课堂焕发出生命的活力；把班级还给学生，让班级充满成长的气息；把创新还给老师，让教育充满智慧的挑战；把精神发展的主动权还给学生，让学校充满勃勃生机。"三个转换"即：以生命为核心的教育观念转换、实践层面的转换以及师生生命在生存意义上的转换。教学与生命的关系阐释如下：

（1）生命价值是教育的基础性价值，教学中对生命潜能的开发和发展需要的满足，教育具有不可代替的重要责任。

（2）生命的精神能量是教育转换的基础性构成。教育活动就其过程的本质来看，是人类精神能量通过教与学的活动，在师生之间、学生之间实现转换和新的精神能量的生成过程。

（3）师生主动积极地投入到教学活动和教育实践之中，是学校教育成效的基础性保证，也是师生的生命特征的本真体现。

因此，我们南村侨联中学的"三学联动、展示互补、测评强化、形成生态"的新课改教学模式，就是通过课堂教学来进行生命性教育的实践过程。而且，我们要求全体教师努力做到三个共同：经历课堂教学改革中的共同成长（经历实践教学模式的全过程），师生共同建构知识（三学过程），共同交流互动。

三、"研学后导"的五环节高效课堂基本模式的内涵与具体操作

（一）研学

是指课前教师的"研学"与学生在课堂学习开始环节的"研学"。教师研学要求"三个读懂"和"两个协助"。学生的"研学"是完成导学案相应的自学部分与要求。

三个读懂：①读懂教材、课标。②读懂教材课标的基础上，把教材变为学材（即转化为问题）。③更关键的是要读懂学生，了解学生的知识基础实

际，关注学生的兴趣点，研究学生的学习方法，帮助学生进行文本导读等。

两个协助：我们特别关注教师的协作预学，即集体备课。集体备课应以年级学科组为单位，由预先确定的主备课人依据新课程标准，针对自己所备的教学内容，对照本学校的学生的实际，合理预设导学案。而后由备课组长带领组员认真讨论教学案。形成"一人主讲、众人补充、质疑、解难、整体突破"的团队协作精神。

（二）导学

在这个教学环节中，强调教师发挥关键的主导作用，精讲、点拨、引导，促进预设的生成。教师的精讲原则是讲在关键之处，学生能自主解决的问题坚决不讲；教师的点拨把握在"点到即止"，留有较大的思维空间，让学生自主学习，生成规律性知识，主动开发学习的资源。点拨的把握：①揭示"疑点"，引发思考；②架起"支点"，让思维循序渐进，甚至跳跃突破；③多角度点拨，挖掘思维点；④难点之处点拨，使学生思维更深刻。⑤赏识处点拨，使交流展评更精彩。点拨时注意：①"精彩处"的点拨，注重激起学生学习的高昂情绪；②"瓶颈处"的点拨，注重引领教学流程的顺畅；③"疑问处"的点拨，注重设疑、生疑、顿悟；④"缺漏处"的点拨，注重课堂教学的发现、创新、让学生多长一双"心眼"。

"导学"阶段也可以为学生在下一阶段的合学探究中，完成有一定难度的"举一反三"学习服务。在"举一反三"的合学探究中，使学生能进行创造性学习。教师的引导就是主导，教师要主导攻坚方案，帮助学生确立攻坚策略，主导合作技巧，帮助学习小组发挥各个角色的不同作用，实施行之有效的自主学习。

这一环节的课堂教学绝不是教师的课前设计和教案的展示过程，而是教师不断思考、不断调节、不断更新的一个生成过程，这个过程也就是师生富有个性化的创造过程。为了有效地促进和把握生成，教师要不断地捕捉、判断、重组课堂教学中从学生那里涌现出来的各种各样的信息，把有价值的新信息和新问题纳入教学过程，使之成为教学的亮点。

（三）合学

主要是学生小组合作学习，这个教学环节包括"合学生成"与"深入探究"两个部分，并作为我们学校研学后导的三维教学模式的主体部分和关键所在，成为学生合作学习、多元交流、深入探究与教师点拨相结合的主要环节。

"合学生成"的组织因素有五个。

1. 积极互助

积极互助要求学生知道他们不仅要为自己的学习负责,而且要为其所在小组其他同伴的学习负责。小组成员之间是同舟共济、荣辱与共的关系。帮助学生建立积极互助氛围的方法主要有:目标积极互助、奖励积极互助、角色积极互助、资料积极互助、身份积极互助。

(1) 目标积极互助,即全组有一个或多个共同目标,例如,以合作学习小组为单位完成一篇宣读论文,共同完成一份答题单。

(2) 奖励积极互助,即小组的成绩取决于小组内每个成员的成绩。奖励可以是内在的奖励,如学习的乐趣或他人合作而带来的乐趣;也可以是外在的奖励,如分数、教师和学生的认可等。

(3) 角色积极互助,即为完成某一任务,组员分别承担互补的、有内在关联的角色。这些角色可以包括总结人、检查者、裁判、联络员、记录员、观察者。角色积极互助可以激发学生的兴趣,鼓励他们个人的责任感。在合作探究中小组成员要进行角色分工,明确各自的任务,以保证活动能够有序开展。根据所学内容的不同,教师在学生小组活动时,可以设置不同的角色。但是有几个基本角色,如组长、主持人、记录员、检查员等在小组活动中是不可或缺的。如学习"自然环境与自然资源"一节时,教师可安排合作小组进行专题讨论会,讨论自然环境与自然资源特点及季风对人们日常生活的影响。

(4) 资料积极互助,即每个成员只占有完成任务所需的一部分信息或资料。要想成功,就必须要与其他成员分享、共享资料。比如,在分组实验中,每个学生占有独特的信息,他们必须分享这个信息才能完成某项任务。

(5) 身份积极互助,即小组成员有一个共同的身份和标志,比如,火箭组、理想组、科技组等,共同的身份有助于激发大家对所有小组的归属感,增强小组凝聚力。

2. 个人责任

个人责任是指小组中的每个成员都必须承担一定的任务,小组的成功取决于所有组员的共同努力。只有每个人都为小组的利益着想,尽职做好自己的工作,整个小组才能出色地完成任务。如果每个组员都觉得自己的力量微不足道,对小组的成功没什么贡献,于是不履行作为组员应有的责任,这样的小组合作是不会有成效的。

3. 混合编组

混合编组首先要考虑这样几个因素:应尽量保证一个小组内的学生各具

特色，能够相互取长补短，即小组成员是异质的、互补的；保证将那些具有不同能力优势的学生组合在一起；保证小组内既有男同学也有女同学，因为不同性别的个体的认知风格、能力、性格等方面都存在差异；保证同一个小组内的学生家庭背景是不一样的，因为儿童的行为习惯、思维方式和性格特点等往往带有家庭的烙印，而学生的家庭可能属于不同的社会群体或阶层，与来自不同家庭背景的同学合作的经验将有助于学生应对真实的社会生活。

4. 社交技能

学生的社交技能如何既是合作探究的结果，又是合作探究的前提。在合作探究教学中，导致合作探究小组解体或不能顺利进行的最主要因素就是小组成员不会合作，而导致学生不会合作的原因往往不是学生缺乏合作的愿望，而是学生缺乏合作的能力——社交技能。

教师在传授专业知识的同时要求学生掌握必要的社交技能，这些技能包括，怎样向他人打招呼、问候，怎样进行自我介绍和介绍别人，怎样注意听他人说话（学会聆听），如何表达自己的意见，当别人提出不同意见时，如何阐述自己的观点，如何有礼貌地表示不赞成，等等。可以说，合作探究学习就是合作技能、技巧的培养过程。

5. 小组自评

小组自评，又叫"团体反思"。孔子曰："吾日三省吾身。"一个小组也需要"反思"，在小组自评的支撑下，小组才能不断地发展和进步。比如，总结小组活动中的有益经验，总结存在的问题及原因，明确小组今后的发展方向和目标，等等。而在实际教学中，由于时间紧迫，教师很容易忽视自评这个环节。

"合学生成"指的是小组合作学习与课堂生成的有机结合，即学生围绕着具体问题展开合作学习，在合作学习中诱导和捕捉课堂生成。基本环节包括：①宣布合作规则；②布置学习任务；③通过自学进行合作讨论；④展示、评价、交流；⑤难点详解、当堂训练；⑥总结学习体会。

"深入探究"一般指的是理科教学的五步流程：

（1）选择一个问题（情景）引入探究；

（2）引导观察、试行概括；

（3）对照定理法则深入研究；

（4）练习应用、及时反馈；

（5）展示评价、小结巩固。

文科教学的小组合作学习中的探究则注重强化学习探究的意识，主要是抓住关键词语探究事物的内在关系，深究事物丰富的内涵；抓住因果关系探究事情的来龙去脉；抓住情感线索深入探究角色人物的内心世界；抓住行为模式深入探索人的行为背后的心理秘密。具体的操作模式十分灵活、变式甚多，但有几个关键的"创设导入"：创设情景导入、捕捉特征导入、以果索因导入、洞察微情导入。

（四）展示

课堂展示能够激发学生参与课堂学习的欲望，展现学生自我价值，是解决学生学习内驱力的"金钥匙"。课堂教学效果也需要通过学生的学习和探究成果的课堂展示去考量。展示，从字义的解释是表达、暴露、呈现的意思。我们鼓励学生通过多种形式的展示，表达自己对事物的认识、知识的理解、观点的差异，从而让"旁观者"发现问题，点拨、诱发，因此，展示是激发潜能，唤醒课堂；拓挖思悟，举一反三；关注难点，了解学情。评价，可以促进学生学业发展，师生共同成长。展示的形式多种多样，一般可分以下几种形式：头脑风暴、诗歌朗诵、成果发布会、现场辩论、综合演绎、艺术表演、论坛跟帖、知识竞赛等。

教师作为课堂教学的组织者，作为一出戏的导演，重要职责就是如何组织引导学生自主合作探究学习，组织学生展示自己的学习和探究成果，并做好适当的评价。

（1）鲜花与掌声。通过各种形式，利用各种手段激发学生自我展示的欲望和积极性。

（2）适度的评价。对正确的、做得好的要表扬，甚至可以给予适当的奖励，对不正确的也要给予必要地语言鼓励，保护好学生的积极性。

（3）让评价变为习惯。学生学习知识的过程是主动构建知识的过程。促进学生主动发展，必须注重培养学生的评价意识。因为主动评价的意识，决定了他们主体性发展的水平。学生对所学知识的自评和互评，体验到自己是学习活动的主人。我们把评价变为学生的良好的学习习惯的有效方法，就是将评价的重心转向更多地关注学生探求知识的过程和努力的过程。

（4）分层把握评价。教师把握好两个标准，一是本节课的学习中，不同层次的学生是否掌握了提高一个层次的知识目标，即优者更优，同时中等学生和薄弱学生都获得提升，实现了本课程的知识目标；二是学生的各种能力是否得到了不同层次的提高，即是否实现了本节课程的能力目标。

（五）测评

测评是指测试与评价，通过测试检验"知识的应用"和"能力的形成",以及"能力目标"训练过程中的"方法""情感、态度与价值观"的目标元素;通过评价进行强化教学的效果。依据本课程的三维教学目标,设计符合学情的测试题目进行学习效果的验收,也可以选取相应的练习题进行小测,评估本课程学习目标的到达程度,还可以采用其他的方式方法进行测试,检验效果。归纳总结本课程的知识要点形成网络,解决前四个学习环节中还存在的具有普遍性的疑难问题,对引申拓展的知识进一步熟练、巩固、升华、提高。

四、"研学后导五环节"高效课堂的辅助策略与技术

1. 学科资料袋

每一位学生为每一个学科配备一个资料袋,把该学科的教材、学习资料、练习本、纠错本以及相关的学习工具分类装好,以便在上课时使用,形成习惯、提高效率。

2. 指导教学书

由每学科教师以"研学后导的五环节"的学科教学需要,根据学科的学习目标、学习内容、典型例题、中考考点、学习策略为学生提供,学生在《指导教学书》的引领下开展课前、课内、课后的学习。

3. 异质同构制

全班按照学习水平分为六个层次,分为若干个小组,每组 5~6 人,均衡配搭,每组水平相当。小组合作学习过程中,由于是"捆绑式"学习,"荣辱与共"的评价,"集体归属"养成,于是产生了小组合作学习的三个环节——"自我学习""互助共进""知者提速"。

4. 学习沟通牌

为了有效监控"自我学习""互助共进""知者提速",确保学习进度与效果,学校使用"学习沟通牌",绿色表示"本人正在学习之中",黄色表示"本人学习有困难,请求帮助",紫色表示"本人学习完成任务,进入提速阶段"。三色牌有利于同组沟通,师生沟通,把握教学进度。

5. 交流展示板

这种可视式展板,应用于各个展示、发表、交流时段,每组配一块,悬挂于学习小组附近,重点难点问题的探究交流可在展板上进行,讨论结束后,由小组代表利用展板将成果进行全班交流与讲评。

6. 互批纠错本

在堂上检测与练习之后,以小组与互帮对象为单位,互相批改,互相辅

导、组长把关。对做错的题目相互标上记号，以利于教师评价反馈。

7. 课堂绩效表

把小组合作学习的专注度、学习进度、全组学习参与度、组长表现，分别制定评分细则，堂上及时评分，班里由学科代表记录、统计公布，坚持科科评、天天评、周周结，并且经过学科协调，统一评分标准，防止学生学习偏科现象。

8. 座位调整制

班级实施"马蹄式"座位时，组内一周一次"自转"，班级内每月一次实施大组座位有规律地调整，称之为"公转"。学生坐椅一般不要靠背，使用方形木凳为宜。

9. 评分激励法

首先，合作学习小组内根据学生的学习程度分组，组内也按程度从后面编号，每一次的学习评分，尽可能让后进生展示评分，促进"捆绑式"学习，"荣辱与共"的评价，"集体归属"养成，学习共同体形成。其次，通过评分激励优等生提速——通过帮助组内同学从而达到学习提速、提升。最后，利用评分，激励合作学习小组之间的竞争。

10. 组长轮训制

采取集中培训、项目培训、跟班培训、组长互相培训、案例培训、互动训练、体验式培训，提高组长思想水平、工作能力、执行能力、学习能力。

五、结语

新课改绝对不是一次仅仅是为了提高教学质量的改革，它是以课堂教学改革为主阵地的学校教育全方位的重大改革。

（1）在学校管理的层面上：对于学校来说，关键是校长，因为新课程改革是"一把手工程"。对于校长来说，关键在于"责任与使命"主导下的新课改理念。对于教师来说，关键在于"实施"与"评价"。对于学生来说，关键在于"唤醒与激励"，改变学习的方式方法。

（2）在操作层面上：统一思想、加强领导、强化培训、分步推进、纳入考评、专业指导、及时检查、总结提升。我们一定会不负教育的责任与使命，走出坚定的步伐，走出自己的辉煌。

社会主义核心价值观视野下的中学校园诚信教育体系构建的实践研究

广州市番禺区毓贤学校　周振蜀

摘要：社会主义核心价值观是建设中国特色社会主义事业的价值目标。其中，诚信就是社会主义核心价值观基本理念在公民个人行为层面的凝练。诚信作为中华民族的传统美德，它既是一个国家文明进步的标志，也是我们每个人立足于社会的基本道德支柱，然而，我国当前的诚信状况不容乐观，令人担忧。本文通过分析当前中学校园学生诚信问题，进而提出从编制诚信教育的校本课程、打造诚信教育的校园文化、构建校园诚信体系的制度建设、中学校园诚信体系的评价等方面探讨社会主义核心价值观视野下中学校园诚信教育体系建设。

关键词：社会主义核心价值观；中学校园；诚信

一、问题的提出

当前我国正处于社会转型的关键时期，社会的转型不仅改变了人们的生活方式、提高了人们的生活水平，也使人们的价值观呈现多元化趋势。正是受这种社会文化环境的影响下，目前社会上的诚信缺失现象屡见不鲜，社会诚信危机也严重影响到了校园。当前，中学校园的诚信缺失现象令人担忧。中学生肩负着振兴中华的历史使命，是中国梦的实现者，他们的诚信状况关系着我国未来社会的公信力，以及社会主义事业良性运行，因而必须重视青年学生的诚信建设，并且将之当作社会主义事业的重点工程来实施。

二、中学校园建构诚信教育体系的现实意义

1. 中学校园加强诚信教育是核心价值观不可缺少的部分

社会主义核心价值观是引导"中国力量"树立正确价值取向的"向

导"，人无信不立，每个人只有经过诚信价值观的"洗礼"，才能成为实现中国梦的中坚力量；少了诚信的核心价值观存在着明显的瑕疵，是不完美、不全面的，从而也不可能将智慧、力量发挥到极致。因此，作为个体元素的诚信是核心价值观的必要组成部分。

2. 中学校园加强诚信教育能够推进核心价值观的建设

诚信是衔接价值观个人层面的关键环节，也是支撑整个价值观建设的支柱，它能有效推进核心价值观建设的进程。从个人层面讲，诚信是个人安身、立世之本，一个人只有树立诚信价值观，其内心才会有诚信意识，本人才会做出诚信的行为；当个人的诚信意识内化为个人的品质，与他人的交往时就会得到他人的认可、信任。从国家层面来看，诚信是国家向富强目标发展的关键点，如果没有诚信，国家经济发展就会陷入混乱，国家富强的目标就难以实现。

3. 中学校园加强诚信教育是实现"中国梦"的客观要求

中学生诚信建设是我国建设创新型社会、实现中国梦的主力军，是知识的主要传播者和应用者，也是知识创新的缔造者。知识的创新是一个艰苦而漫长的过程，任何急功近利的思想都可能会诱发研究者弄虚作假、学术剽窃的行为。因此，建设创新型社会需要青年学生以诚信建设为基础。诚信是学术创新者应该具备的基本道德素质，青年学生如果没有诚信，创新的源头终将枯竭，又何谈建设创新型国家。

三、当前中学校园诚信缺失的现状

在市场经济的冲击下，社会上诚信缺失的现象普遍存在。而这股不良风气已蔓延到校园，影响到了中学生的人生观和价值观。中学生诚信缺失现象表现在学习、生活、交友的各个方面，考试作弊、交往中的欺骗、同学间的攀比等现象侵蚀着中学生的内心。造成这种恶劣现象的原因是多方面的：社会大环境的影响、家庭和学校教育的影响。中学生要塑造诚信的良好品德，需要学校、社会、家庭共同努力，只有做到诚信，才能处理好人际关系，形成健康的心理、成为社会需要的人才。

"立身处世，诚信为本"。我国自古就有"礼义之邦"的美誉。然而，近年来，由于市场经济的冲击，在利益的驱使下，弄虚作假、言而无信、不践成约的现象时有发生，诚信缺失的现象普遍存在。这些不良的社会现象也悄悄地侵入校园，影响着中学生的人生观、价值观的形成。加强中学生的诚信教育是摆在教育工作者面前的重要任务。中学生缺乏诚信的主要表现有以下三方面。

（一）学业方面

在学业方面，表现为作业抄袭、考试作弊、涂改试卷作假等现象。许多学生平时学习时做作业互相抄袭，一个班几十份作业有时仅是几个"版本"的现象时有出现，他们往往会把自习课时间用来手机短信聊天、看小说等，到交作业时，只好借其他人的作业花一二十分钟"拷贝"过来就算完事。到了考试时也选择作弊手段来应付考试，而且作弊手段层出不穷，令老师管理起来也力不从心。一旦考试不及格，还通过涂改试卷的方法欺骗老师、骗取分数。

（二）交往方面

在交往方面，表现为日常交往不诚信。诚实守信是人际交往的行为准则，但是，不少学生不论是在校内与老师、同学交往，还是在社会上与其他人交往，甚至包括在与自己的家人交往中都言行不一，为了躲避责任而撒谎，欺骗他人。有些学生在交往过程中往往因对对方缺乏足够的信任感和安全感，而互相猜忌、说谎欺骗等，从而造成了人际关系的紧张，影响了正常的交往，也使自己处于孤立的境地，影响了自己健康人格的形成。同时，在网络交往中，一些学生往往会发表不负责任的帖子言论，甚至相互漫骂攻击，以匿名身份进行撒谎、欺骗甚至参与犯罪活动等，这些也是中学生诚信缺失的一个重要表现。

（三）经济方面

在经济方面，表现为爱慕虚荣、攀比成风。为了让孩子能够在学校学习、生活顺利，家长对他们的要求通常是有求必应，即使在家庭条件并不富裕的情况下也会尽力满足。往往会有一些学生家庭条件并不宽裕，但出于虚荣心，或是掩盖自己的自卑感，他们会向父母提出超越实际能力的生活要求，这也是不诚信的表现。当父母无法满足其要求时，在虚荣心的驱使下，他们有可能会通过偷盗、诈骗来达到目的。

四、核心价值观视野下中学校园诚信教育体系构建策略

1. 编制诚信教育的校本课程

由于学校的诚信教育属于德育的范畴，所以传统观念上诚信教育都是放

在政治课上或教育活动中进行的，然而这些教育往往是不系统的，随意性较大。因此，学生对诚信的认识也是零星的、散乱的、无序的，有的甚至是片面的，很难从整体的高度来认识和理解诚信教育的意义，也就不利于学生养成诚信的行为和品质。要改变这种状况，就必须构建诚信教育的校本课程，编写一本适合中学生的"以诚为荣"教育校本教材。对学生进行比较系统的"以诚为荣"的教育，不仅使学生理解诚信教育的目的、意义，诚信的具体表现，更重要的是使学生掌握养成诚信行为的一般方法，使他们在提高认知水平的基础上，自觉地指导自己的行为，自觉地养成诚信的行为和品质。笔者认为，"以诚为荣"教育校本课程共开设8讲，分别是：什么是"以诚为荣"？为什么要"以诚为荣"？什么是行为诚信？塑造诚信行为、家庭生活中以诚为荣、社会生活以诚为荣、日常学习的以诚为荣和考试以诚为荣。教学内容既贴近学生实际，又富有时代性；既有理论，又有生动的事例；教学方法贴近学生实际，采用小品、讨论、调查等形式，运用多媒体进行教学，尽量发挥学生主体的作用，使"以诚为荣"教育走进学生心里，使学生真正懂得为什么要养成诚信的品质和怎么培养诚信的品质。

"以诚为荣"教育校本课程的开设，是诚信教育形式上的一种创新，是对传统教育观念和教育方法的一种冲击，它有利于学校对学生进行比较规范的、系统的"以诚为荣"教育，有利于学校在师资、教学时间、教学内容、教学方法等方面给予措施上的保证，有利于提高学生"以诚为荣"教育的认知和践行水平，使"以诚为荣"教育更具实效性。因此，"以诚为荣"教育校本课程的建设是构建校园诚信体系的重要途径。

"以诚为荣"教育的基本程序是：确定课程的目标、内容—编写教材—实施教学—检查、反馈教育效果。

例如，在进行"行为诚信"一课的教学中，教师根据"提高诚信认知水平"这一课程目标，从为什么要讲行为诚信（意义）、中学生行为诚信的具体内容和怎么做到行为诚信（方法）三个方面来编写教材。教学时，教师首先从当时最关注的"三鹿奶粉"事件这一案例入手，说明在市场经济中行为诚信是企业的生命，自然引出"行为诚信是个人立身之本"。其次，通过讨论，归纳出中学生行为诚信的具体内容。最后，学生交流做到行为诚信的好方法，教师概括出主要的三种：①学会自我约束，可以写备忘录，用电脑、手机提醒，也可以在制订计划时设计一张自我监督表等；②主动接受他人的监督；③制订出适合自己的奖惩措施。通过教学，学生对行为诚信的认知水平提高了，知识面拓宽了，又掌握了做到行为诚信的方法。之后经过一段时间的观察，该班学生的行为诚信明显好于其他班级的学生。

2. 打造诚信教育的校园文化

诚信文化，主要指培养中学生的诚信品质，并且把中学生的诚信意识转化为诚信行动的校园文化。

首先，在办学理念和特色方面要有所创新。例如，校训要体现学校诚信办校的思想，起到传承文化、引导方向、统一思想的作用。在校风、教风、学风建设上，突出崇尚科学、诚实守信、善于创新的特征，通过诚信精神文化的建设，使诚实守信成为校园文化的重要组成部分，发挥其激发和凝聚作用，从全方位、多角度对师生员工的思维方式、价值观念和行为规范产生积极的影响。

其次，开展诚信文化活动。通过开展形式多样以诚信为主题的校园活动，促进中学生诚信品质的形成。通过诚信文化活动，吸引广大学生积极参与，扩大诚信教育的群众基础，增强诚信对学生的吸引力和感染力，纠正不诚信的思想观念和行为习惯，注意用诚信道德准则约束自己，提高诚信自制力。同时，校园文化活动中要实行以教师为主导、学生为主体的模式。在以诚信为主题的文化活动开始前，教师要对本次活动的诚信价值导向、诚信价值目标做出明确的指示，保障本次活动的价值实现。另外，对校园文化活动中失信行为要及时提出批评和教育，以保证校园文化活动正常有序地开展。

最后，营造诚信的校园舆论氛围。利用学校的校报、广播、宣传栏、校园网络等舆论宣传工具，围绕诚信主题，发挥各自优势，开展多层次的舆论宣传工作，使校园媒体成为宣传诚信的有力工具。诚信宣传要注重舆论的亲和力，宣传要贴近学生的实际生活，联系中学生的生活实际，这样可以使中学生从身边小事中感悟到诚信的道理，把经常发生的行为变成诚信教育的典型事例，从而引起学生的兴趣，使诚信教育更有说服力。

总之，通过形成践行诚信道德的校园文化氛围，使中学生不能不诚信。加大诚信文化的宣传力度，使诚信道德深入人心，成为整个校园的集体认同；加强诚信道德模范的宣传，建立鼓励诚信、弘扬诚信的文化制度，通过举办诚信文化仪式，把诚信道德具象化、仪式化；加大诚信道德的正面引导和公益宣传，形成崇尚诚信、践行诚信的社会氛围，使诚信道德成为人们的生存生活方式的内在因子。

3. 构建校园诚信体系的制度建设

教育部办公厅下发的《关于进一步加强中小学诚信教育的通知》中指出，要"建立健全诚信教育的各项制度"。这就说明，学校的诚信教育需要一套健全的制度作为保障。正如奥苏伯尔所说："教育是入心的，它潜移默化的特征，有时需要强制性的规章制度来作保障。"因此，制度建设是构建校园诚信体系的一条最重要的途径。

校园诚信制度是规范中学生在学习、人际交往等方面中行为表现的重要保证，它不仅约束着中学生在学习生活中的失信行为，同时，它还提供了一个正确的行为准则，规定如何表现诚信行为，禁止哪些失信行为，使中学生对自己日常生活中的行为表现有更清楚的认知，这样就能更好地形成诚信行为习惯。校园诚信体系的制度要围绕"学校以诚兴校、教师以诚立教、学生以诚养德"这一目标来进行建设，包括学校管理的诚信制度，教师诚信制度，班级诚信制度，学生诚信制度，以及诚信记录、监督评价制度等。学校在组织制订这些制度时，应广泛发动师生积极参与。通过制度建设，为广大师生提供一套约定俗成的、人人皆知的诚信规则，为学校营造良好的诚信氛围。

4. 构建中学校园诚信体系的评价

在构建中学校园诚信体系中，评价是主要的一环，也是学校德育工作成效整体评价的重要组成部分。首先，确定中学生信用评价体系的分类指标，主要包括：学习诚信评价体系、经济诚信评价体系、生活评价体系、择业诚信评价体系。学校要对中学生在学习、经济、生活、择业等各个方面的行为进行跟踪、评价，并记入学生诚信档案。

对学生的评价结合"诚信记录"进行，结合学生参加诚信教育活动的表现，例如日常讲诚信或不讲诚信的典型事例等。对诚信记录做评价时，一般把记录中的每人次定为"1"，"诚信"行为与"非诚信"行为正负相抵，总计数值越大，诚信水平越高，反之则越低。每周或每学期班级诚信水平前10%的学生评为周或学期的"诚信之星"。每学期进行品德评定时，该记录作为重要依据之一，统计数值前20%的学生评定为优秀，前21%～50%为良，其他为中或合格。学校在评选三好学生和推荐优秀学生干部的时候，改变过去以学习成绩为主的标准，把"诚实守信"作为评选推荐的重要条件。对学生诚信的评价记入学籍档案中，作为评优、升留级等的依据之一。评优时实行对某些不诚信记录的一票否决制，如恶意破坏、考试舞弊等。每学期年级组对评选出的"诚信之星"进行表彰。

五、结语

"爱国、敬业、诚信、友善"，集中体现了社会主义核心价值观在个人层面的基本规范和要求。习近平总书记在讲到培育和弘扬社会主义核心价值观的时候，特别强调要继承和创新发展中华民族的优秀道德文化传统，并把"讲诚信"作为中华民族优秀文化的重要内容之一给予高度重视。在中华民族优秀传统文化体系中，诚信既是个人修养和人格完善的核心要求，也是社会道德和价值追求的内在基础。诚信道德在当今时代获得了新的意义，成为社会主义核心价值观的重要组成部分。中学校园诚信教育建设目的在于构建一个校园诚信体系，当然，单靠学校一方是难以解决当前诚信缺失的问题的，它需要政府、社会、家庭等方面形成一个合力，诚信之树才能扎根于广大学子的信仰里面。

参考文献

[1] 张耀灿. 思想政治教育的特点和规律探析 [J]. 思想理论教育，2005.

[2] 羿福生. 加强诚信教育，打好做人基础 [J]. 成才之路，2009 (10).

[3] 陈萍. 中学生诚信教育迫在眉睫 [J]. 科学咨询（科技·管理），2011 (9).

[4] 张克文. 为学生铺垫诚信基石 [J]. 中小学心理健康教育，2011 (14).

[5] 赵艺. 当代中学生诚信现状调查与分析——以江苏省两所异质中学为例 [J]. 现代教育管理，2009 (7).

[7] 李金艳. 如何加强中学生的诚信教育 [J]. 新课程学习（下），2011 (4).

[8] 李娟. 浅谈中学生的诚信教育 [J]. 长春教育学院学报，2007 (4).

[9] 范雪梅. 关于社会主义核心价值观问题的理论思考 [J]. 新校园（中旬刊），2014 (2).

[10] 毕雪莹，王秀梅. 当代青年践行社会主义核心价值观的路径研究 [J] 青少年研究，2015 (2).

广州市番禺区工商职业技术学校
专业建设方案

广州市番禺区工商职业技术学校　张丽丽

一、调研分析情况

（一）国家和地方政策

职业教育具有服务区域经济和产业发展的功能，同时也具有改善民生的作用。党的十八届三中全会审议通过《中共中央关于全面深化改革若干重大问题的决定》中提出"加快现代职业教育体系建设，深化产教融合、校企合作，培养高素质劳动者和技能人才"。至今，国务院、教育部、各省市都针对职业教育发布了一系列突破性的政策和指导意见，政府对职业教育发展的高度重视和大力推进，为职业教育带来了旺盛的社会效应，同时也推动了职业教育需求和层次的攀升。

在专业建设规划方面，《国务院关于加快发展现代职业教育的决定》（以下简称《决定》）提出"加快发展现代职业教育，深化产教融合、校企合作"，"政府推动、市场引导；加强统筹、分类指导；服务需求、就业导向；产教融合，特色办学和系统培养，多样成才"的总体要求，《现代职业教育体系建设规划（2014—2020年）》则将《决定》进行细化、量化，规划了现代职教体系的基本架构和重点任务。在中等职业教育板块，提出"巩固提高中等职业教育。将普及高中阶段教育重点放在中等职业教育，坚持以就业为导向办好中等职业教育……调整优化中等职业教育布局，各地要根据本地产业、人口、教育实际和城镇化进程提出中等职业教育规划布局指导意见，提出"要"建立产业结构调整驱动专业改革机制。办好特色专业，压缩供过于求的专业……建立面向市场，优胜劣汰的专业设置机制"。这预示着专业设置跟随产业进行动态调整将成为常态。

在广东省政府层面，《广东省人民政府关于创建现代职业教育综合改革试点省的意见》（以下称《意见》）中提出"到2018年，建成在国内外有较大影响力的现代职业教育综合改革先进省，形成具有广东特色、适应发展需要、基本达到世界水平的现代职业教育体系"的总体目标。在专业建设上，"职业院校区域布局和专业设置更加科学合理，与现代产业发展匹配程度明显提高。总体保持普通教育和职业教育规模大体相当。到 2018 年，中等职业学校学生升入高等职业院校的比例以及高等职业院校学生升入本科高等学校的比例均比 2014 年翻一番"。同时，"深化中等职业教育'五统一'管理体制改革（即统一发展规划、招生平台、经费投入、资源配置、人才培养评价标准）"。

具体到珠三角地区，《意见》指出"高起点改造提升一批中等职业学校，通过中高职衔接机制等途径，参与高等职业教育人才培养，多种形式发展高等职业教育"，"有条件的县（市）要集中力量建设一所集中等职业教育、继续教育、社区教育和社会培训'四位一体'的职教中心"。

我校所在的番禺地区，区教育局早在 2010 年就发布了《广州市番禺区中等职业教育专业布局调整实施意见》，"根据番禺发展定位、产业结构调整、经济增长方式转变、科技进步和人力资源市场的供求关系等特点，结合重点产业、新兴产业和特色产业的发展需要"，对区内 3 所中职学校进行专业定位，"将广州市番禺区职业技术学校定位为综合型中职学校，重点发展园林与建筑、电子、机电、制造、交运、商贸、服务七个专业群。广州市番禺区新造职业技术学校定位为以现代服务业专业为主的中职学校，重点发展财经、商务、美术设计三个专业群。工商职校定位为以社区教育为主的学校，重点发展公共服务相关专业"。构建了定位准确、错位竞争、优势互补、各有所长、有序发展的专业建设格局。

（二）产业行业发展

职业教育的一项重要职能是为经济社会和产业发展输送技术技能人才。产业转型升级是近几年经济发展的主旋律。2012 年 9 月，广州市政府发布的《广州市战略性新兴产业发展规划》选择了六大产业作为广州市战略性新兴产业，"从提升发展、培育突破两个层面推进：一是提升发展新一代信息技术、生物与健康、新材料与高端制造产业，形成千亿级新兴产业群。二是培育突破时尚创意、新能源与节能环保、新能源汽车产业，形成百亿级新兴产业群"。

同年，番禺区提出了建设宜业宜居、现代文明、价值凸显的广州时尚创意都会区的目标定位。《2015 年番禺区政府工作报告》提出"着力推动转型升级，切实提高经济发展质量"的要求，以着力"实施现代服务业和先进制造业相协调。主动适应工业 4.0 时代的新趋势，充分利用现代信息技术，实施传统制造业新一轮技术改造，积极打造现代服务业和先进制造业'双轮驱动'发展模式"，"积极发展信息文化服务、民生金融、现代物流、工业设计、检验检测等新业态。"

随着社区教育的发展，全民终身学习活动的深入，番禺区的社区教育发展迅猛，根据2011年广东省教育厅印发《关于申报评估广东省社区教育实验区的通知》要求，番禺区已成功申报广东省社区教育实验区，社区教育正如火如荼发展。

（三）人才需求

"十二五"期间，广州地区技术技能人才需求占劳动力总量的30%，按照广州地区约800万的劳动力总量计算大约是240万人，而目前登记的技术技能人才总量仅为200万人左右，技术技能人才缺口仍有将近50万人左右。

广州的职业教育目前有9所高等职业院校，在校生9.63万人，中等职业技术学校54所，在校生13.11万人，各类技工院校28所，在校生13.32万人。按照广州市职业院校的整体规模，每年大约能为社会输送6万名技术技能型人才，其中以中职及技能学校毕业生为主，无论从数量和质量上都较难满足经济发展对技术技能型人才的需求。

（四）就读需求

据预测，从2011年开始的10年，将是我国人口自然变动对教育冲击最大的时期，学龄人口规模将保持每年860万的平均降幅。(《教育蓝皮书：中国教育发展报告》，2011)

具体到番禺区，初中毕业生也呈现逐年减少的态势。可以预见，职业教育将迅速从规模扩张阶段进入内涵发展阶段，职业教育加快转型升级，层次不断提升，构建现代职业教育体系加快进行。

除此之外，还有大量的就读需求来自企业在职员工的继续教育和再培训，企业的转型升级需要建立起技能型人才的服务管理体系，城市化发展进程也需要通过终身教育培训，提升职业人群的综合素养和技术技能，更好地为社会经济发展服务，如农村劳动力转移培训等。《决定》指出"企业要按照职工工资总额的1.5%足额提取教育培训经费，其中用于一线职工教育培训的比例不低于60%"。目前，仅依赖于现有的劳动局就业培训和几十所职业院校难以满足这类需求，这也是我校社区教育、社会培训和继续教育的可为之处。

(五) 京、津、沪、渝四市职业学校专业设置情况

北京职业学校的专业设置情况：按北京市首都城市功能定位和四大功能发展区的区域规划调整专业布局，首都功能核心区重点发展与金融、文化创意、旅游会展、中介咨询等现代服务业密切相关的专业，以及传统服务业改造升级所需专业；城市功能拓展区重点发展与体育休闲、商务服务、信息服务等现代服务业和高新技术产业密切相关的专业；城市发展新区重点发展与现代制造业、为生产生活配套的服务业、发展高端农产品和都市型农业密切相关的专业；生态涵养区重点发展与生态农业、特殊林果、花卉种植、旅游休闲和都市型工业等环境友好型产业密切相关的专业。

天津中职学校以园区为主要平台，园区搭建起资源共享、校企合作、就业创业以及安全管理"四大运行平台"。近年来，天津市累计投入300亿元，整合全市优质职教资源，建设海河教育园区。"十二五"期间，天津进一步调整中等职业学校布局结构，将中职校调整到50所以内，校均规模达到2000~2500人。并且，天津将重点支持建设40所天津市中等职业教育示范学校和20个优势特色专业。

上海深化中高职贯通、5年一贯制人才培养模式。探索高职教育专科、本科与专业硕士各个学段衔接的培养模式。中高职教育贯通培养模式试点2015年新增15个专业点。加快构建"纵向贯通、横向融通"的职业教育系统，"纵向贯通"就是要打破制约学生成长的"天花板"，建立从中职到高职、到应用本科、到专业硕士的培养通道。"横向融通"就是要打造职业教育与就业的"旋转门"，建立"学习—就业—再学习"的培训通道。

重庆根据五大功能区域发展战略和建设重点，立足现有院校，通过改造、整合、提升等方式，优化存量，强化基础能力建设，推进均衡布局，不断提高职业教育办学水平。原则上不新建职教城、不新增中职学校。根据主体功能区产业布局，支持都市功能核心区和都市功能拓展区重点发展面向现代服务业、高端制造、信息技术、现代物流等领域的职业教育，支持城市发展新区重点发展面向先进制造、化工医药、材料、能源等领域的职业教育，支持渝东北生态涵养发展区和渝东南生态保护发展区特色发展面向生态农业、生态旅游、消费品等领域的职业教育。促进区域之间职业院校错位发展。推动国家级农村职业教育和成人教育示范县建设。围绕"6+1"支柱产业、十大战略性新兴产业集群设置职业院校相关专业和专业群，优先发展电子信息、汽车、装备、化工、材料、能源与消费品等类别相关专业，积极发展云计算、工业机器人及3D打印、航空制造、物流配送、电子商务、健

康服务、文化创意与民族工艺等专业，巩固发展学前教育、商贸、旅游、金融等相关专业，加强现代农业相关专业建设。

（六）广州地区同类学校办学情况

广州地区共有中职学校54所，其中国家级重点学校22所，省示范性中职学校5所，合计在校生人数为24万多人。就读人数最多的专业类别为财经商贸类，其次是信息技术类和医药卫生类。

具体到番禺地区，另外两所区属公办职业技术学校，以番禺职业技术学校（国示范校）为龙头，该校在校生人数为5000人，开办园林、电子、机电、数控等16个专业，是一所综合性中职学校。新造职业技术学校（国家重点）在校生人数2300人，开设工艺美术、商务英语等8个专业，目前正在进行扩校工程，预计3年内建成5000人以上的国家示范校。

（七）本校专业建设SWOT态势分析

综合以上调研，我们对专业建设发展展开SWOT分析。

（1）优势（strengths）。我校2012年加挂"广州社区学院番禺分院"校牌，兼具有社区教育和社会培训功能。作为区内唯一开办学前教育专业的职业学校，该专业在区域具有一定影响力，并成功带动学校文化艺术氛围的形成。

（2）劣势（weaknesses）。作为一所合并校，我校仍处于建设阶段，专业建设水平较弱，师资队伍、实训室场配备不足，规模和办学质量不高。

（3）机会（opportunities）。国家出台一系列扶持政策，职教行业和社区教育前景向好。新校区的投入使用为学校新一轮发展提供支持。

（4）威胁（threats）。中职教育板块师资及设施设备未能支撑专业发展，同区域的两间国家级重点职校持续扩张，挤压学校生存和发展空间。

二、办学定位

综合调研及SWOT分析结果，结合我校自身实际，将我校办学定位为：将学校建设成以文化艺术、公共管理与服务专业群为主体，集中等职业教育、成人教育、社区教育、社会培训"四位一体"的精品职校。

三、专业定位

重点建设学前教育、社区公共事务管理、社会文化艺术、形象设计专业；辅助建设会计、国际商务（连锁经营与管理方向）、计算机应用（数字媒体方向）专业；逐步淘汰物业管理专业、机电技术应用、电子电器应用与维修专业。

四、专业建设规划

（一）办学规模

年份	拟开发的重点专业	拟开发的辅助专业	拟淘汰调整的专业	整体规模
2017年	形象设计	—	淘汰物业管理，文秘调整为商务助理方向	在校生规模稳定在1300人
2018年	珠宝玉石加工与营销	商务助理	淘汰机电技术应用专业	在校生规模稳定在1400人
2019年	连锁经营与管理	—	淘汰电子电器应用与维修专业	在校生规模稳定在1500人

（二）加强内涵建设，完善专业人才培养方案，提升办学质量和社会效益规划

（1）改革培养模式，完善课程体系，深化教产对接和校企合作。积极探索现代学徒制、校店合一、工学结合的人才培养模式改革，打造专业特色，深化产教融合，校企对接。各专业群组严格按照《教育部办公厅关于制定中等职业学校专业教学标准的意见》等文件精神，坚持教育与产业、学校与企业、专业设置与职业岗位、课程教材内容与职业标准、教学过程与生产过程的深度对接，以职业资格标准为重要依据，加强对专业标准和课程标准制订、修订及实施管理；积极参与市级专业教学标准研制计划和执行新出台的市级专业教学标准规划。

（2）深化教学改革，健全专业（或专业类）指导委员会；做好专业带头人引进和培养工作；根据专业发展趋势与专业定位，面向市场，走入行业企业，优化调整专业结构，改革课程设置，调整教学基本内容。

（3）继续以精品课程建设为抓手，立项建设市校两级精品课程，完善课程开发设计与实施、开发教材、完善教学质量检查和评价体系。

（4）继续拓宽学生升学就业双通道，探索"中高职三二分段"，"业余大专"学历进修与就业双轨并行，提高生源质量、专业对口就业和升学率、双证毕业率、毕业生就业满意度、薪酬起点，拓宽学生职业生涯发展空间。

（5）积极承办各类竞赛和培训，在参与原市赛的基础上，提高师生竞赛成绩和层次，冲刺省级、国家级技能竞赛；积极参与国家、省、市中职行指委、教指委、专指委工作。

（三）实训中心建设和设备采购规划

1. 加大对实训中心建设的投入

建设南校区综合大楼，加快北校区装修工程进度，充分发挥北校区地域优势，积极引企入校，促进校企深度合作。探索前店后校模式，力争到2019年，每个专业群至少配备一个设备齐全、技术先进，集实训教学、技能考核、师资及企业职工培训、技能竞赛、教产研发服务"五位一体"的校内综合实训中心，学前教育专业建成番禺区示范性实训基地，面向社区开展活动，带动社区教育发展。

2. 推进信息化平台建设，助力学校改革发展

①建立信息化应用平台，实现服务中职信息化教学中心和社区数字化学习中心两大功能，推动慕课平台在中职领域和社区教育的推广延伸；②建立信息化资源平台，包括数字图书馆、精品课程、网络课程等优质教学资源；③建立信息化管理平台，包括学生综合素质评价系统，以及集学校专业设置、教师队伍、学籍管理、学生资助等为一体的管理平台。

（四）教师队伍建设规划

（1）促进教师的学历与专业技术职称达标。目前，专任教师基本已达到本科学历，到2019年，45岁以下青年教师群体中，具有硕士学位或中级以上职称的教师占80%以上，学校重点建设专业有2名以上的教师具有高级职称。

（2）促进"双师型"教师队伍的建设，到2019年各专业"双师型"教师达80%以上，重点建设专业达85%以上。加大专业教师下企业社会实践

力度，提升"双师型"教师的内涵。

（3）制定教师队伍建设3年规划，做好年度教师培训计划，围绕学校教师专业化发展及教育教学改革的重点、难点问题，开展针对性培训。加强专业带头人和骨干教师的培养，每年按一定比例选送专业教师参加市级以上骨干教师培训，各专业（学科）培养一名以上专业（学科）带头人。

（4）实施"信息化教学力提升计划"，开展中职教育信息化应用能力培训，提高教师教育技术应用能力和信息化教学水平，全体任课教师均能熟练掌握多媒体教学设备及软件的使用，具备制作微课的能力。

（5）提高教师教学改革能力及科研水平，大力建设精品课程，鼓励教师开展基于教学一线的课题研究。

（五）健全校内专业建设动态调整和与行业对接并协同发展机制

（1）加强专业调研，重视专业结构调整和新增专业的管理。每年4—6月配备专项资金以开展专业调研，依据区域经济发展和产业结构调整对人才的需求情况，调整优化专业结构。进一步拓宽专业口径，灵活设置专业方向。在加强应用型专业的建设和改革上下功夫，大力培养适应番禺地区支柱产业、服务业发展需要的各类应用型人才。

（2）建立专业建设的评估与检查制度。建立、健全专业建设的系列规章制度，制定专业建设评估指标体系。每年对专业建设情况进行一次全面检查，对于专业内容陈旧、改革成效不明显、招生差或者初次就业率低于90%的专业，进行整改、调整，直至撤销该专业。

（3）建立人才需求预测信息交流机制。认真做好毕业生跟踪调查工作，组织专业带头人做好人才需求预测分析工作并定期交流，建立数据平台，逐步形成人才需求预测信息交流机制。充分发挥专业建设指导委员会的作用，加强与人才中心及劳动部门的联系，定期针对不同职业、工种、层次的人才进行预测分析。

（4）在结合社会需求分析的基础上，及时了解对口"三二"分段的高职院校专业设置和同一区域内中职学校的专业设置，错位开设新专业。2017—2019年计划新设形象设计、珠宝玉石加工与营销、连锁经营与管理专业。

通过有效激励，建设高素质教师队伍

广州市番禺区工商职业技术学校　余久宏

摘要：建立有效的激励机制，是深化学校内部改革的重要一环，是促进职业学校在新形势下快速发展的重要内因。本文探讨了在校内建立有效激励机制的前提，结合本校的实践，提出了一系列建立有效激励机制的原则和方法。提出将教师培训纳入激励范畴和教师与学校共成长的观点，指出建设高素质的教师队伍，其前提是学校内应具备一套有效的激励机制。

关键词：职业学校；有效激励；高素质教师队伍

任何一个学校都有激励机制，但激励存在有效和无效之分。有的学校教职工精神焕发，有强烈的进取精神，大家在各自工作岗位上奋发有为；有的学校暮气沉沉，教职工按部就班、得过且过。造成这种差别的原因，依笔者认为，主要在于前者建立起了有效的激励机制，这个机制公开、公平、公正，激励的内容和教职工切身利益紧密相连，因此每一位教职工都能找到自己在团队中的位置和努力的方向；而后者的激励机制虚有其表，激励机制的设计欠缺合理性，激励的对象基本固定或轮流坐庄，激励的内容无足轻重，最终造成教职工在团队中没有位置感和方向感，选择随波逐流也就不足为怪了。

建立一套有效的激励机制，对于职业学校而言，具有特别重要的意义。当前，大力发展职业教育已经成为国策，职业教育面临前所未有的发展机遇，可以说是形势一片大好。但外部环境的"转暖"和具体某个职业学校的成长壮大并不一定成正比，外因还要通过内因才会起作用。在当前学校普遍实行绩效工资的前提下，学校在建立有效激励机制方面的自由度不高，面临重重困难，但这又是深化学校内部改革的重要一环，是促进职业学校在新形势下快速发展的重要内因，如果因为困难而畏缩不前，我们将丧失学校发展的历史性战略机遇。但是，在学校内建立有效的激励机制又是有前提的。

学校领导者的治校理念和管理风格。学校领导者如果开明、正直、奋发有为，以对职业教育的高度责任感和推动学校发展的强烈事业心来从事自己的工作，那么他（她）肯定会主动思考如何建立一套科学的激励机制来激发活力，调动全体教职工的积极性，此其一；其二，实事求是地说，在目前学校普遍实行绩效工资的前提下，设计一套科学的激励机制本身就是对学校管理层经验和智慧的一项考验；其三，权力容易是让人贪恋，在设计激励机制时如何克服一言堂、随意性和暗箱操作，则是对学校管理层自我约束力的一项考验。

学校在奖惩方面其实还是具有比较大的可操作空间和调配资源的能力。如果学校做出的奖惩都是无关痛痒的，或者实施起来困难重重、阻力很大，学校领导层就会逐渐失去建立激励机制的热情，而选择较为消极的一团和气的做法，如轮流坐庄；作为一般的教职工，当然也就不会在意所谓的奖或罚了。

番禺区工商职业技术学校基本具备上述建立学校内部有效激励机制的条件，它首先源于番禺区政府及各部门对番禺区职业教育的认识，通过科学的制度设计，使学校在绩效工资的大环境下，仍拥有较大的分配和激励自主权。通过多年的实践，我校基本建立了一套科学、公正的激励机制。主要的做法及其特点如下。

一、构建全方位的激励机制

只有将全体教职工都纳入激励的范畴，让每一位教职工都能找到在集体中的位置和努力的目标，才能最大范围、最大程度地激发大家的积极性和创造性。为了贯彻这一思想，我校建立起了几类激励机制。

（一）建立校内优秀竞评制度

针对教师的，有学校每年一次的优秀教师评选，每学期一次的教学质量奖竞评，建立、完善骨干教师和学科带头人竞评制度。特别是我们建立的骨干教师和学科带头人竞评制度，有效地打破了优秀教师行政化的趋势。教学有特色、课程改革有创新有成效的教师，可以竞评骨干教师（享受月津贴300元），教学有示范作用、对专业建设做出巨大贡献的教师，可以竞评学科带头人（享受月津贴500元）。骨干教师和学科带头人每3年一评，既是树立榜样，也是明确目标，可使优秀教师安心教书，不需要把精力花在谋取行政职位方面。

（二）建立班工作评优制度

针对班主任，有学校每年一次的优秀班主任评选，每月一次的红旗班、每学期一次的先进班集体评选。

（三）面向全体聘用教师实行低职高聘和高职低聘制度

职业学校的核心工作是职业技能教学和学生管理，而不是做学术研究，因此，我校对工作业绩明显、对学校贡献巨大的不带编制的教职工（占我校教职工总数的将近60%）实行低职高聘，准备对部分职称高但工作不够认真、绩效不够理想的教师实行高职低聘。班主任工作在职业学校中具有突出的重要性，为了激励教师从事班主任工作，我校规定，低职高聘的一个必备指标就是担任班主任至少3年。

（四）面向全体教职工实行年度评优制度

"十佳教师"由优秀教师、优秀班主任、优秀实验员、优秀行政后勤人员四部分组成，通过公开推选和公开投票产生。职业学校与社会的联系非常频繁，需要各方面有特殊才能的人才能办成事、办好事。为此，我校将实验员、行政后勤人员也纳入了"十佳教职工"的评选之中，并给予固定的名额。

二、激励机制灵活，程序公开公平公正

激励机制是否有效，最关键的一点是公开、公平、公正，只有大家对激励机制本身没有怀疑，才有可能调动大家的参与热情，也才有可能真正起到激励的作用。为了做到激励的公开、公平、公正，我校采取了以下措施。

（一）坚守公开原则，确保考核公平

激励方案公开，程序公开，公开讨论，公开投票。以"十佳教职工"评选为例，其程序如下：①学校教研室制订评选的参考方案；②校务委员会讨论、修改；③召开全校教职工大会，评选方案人手一份，由校长解释说明，同时评选方案在校园网（内网）公开，所有人均可发表意见，提出修改建议；④各组分别推荐候选人（9个教研组推荐优秀教师候选人，学生科推荐优秀班主任候选人，实验组、行政后勤组推荐相应的候选人，在符合推选基本条件的基础上，原则上每5人推荐1名）；⑤对照评选标准，由校务委员会对候选人资格进行审查（除非有特殊情况，校务会不能推翻各组的推荐名单）；⑥召开全校教职工大会，依次介绍每位候选人竞评资质，进行第一轮投票，产生正式候选人；⑦进行第二轮全校教职工投票，产生各候选人的第一个得票数，占70%的权重，为保证人数较小的组候选人的利益，校务委员会成员单独投票，占30%的权重，两者相加即是每位候选人的最终得票数。为了在细节上做到无懈可击，学校要求唱票、计票、监票等工作人员在非候选人的教职工中随机抽选。另外，每位候选人的最终得票数当场公布，当场产生年度"十佳教师"。本年度学校选派15位教师赴我国台湾地区考察，我们也是采用这种全校公开选拔的形式，达到了激励的效果。

（二）坚持量化考核，做到奖惩有据

激励的基础数据来源于量化考核。我校已经实行量化考核的有：教学、教研业绩考核（每学期）、班主任工作业绩考核（每月）、班级课堂教学情况日报（通过校园网实现）。有了这些基础数据，评定教学质量奖、教研成果奖，评选先进班级、优秀班主任一目了然，方便快捷。同时，量化考核提供的基础数据，也是实行低职高聘，评选"十佳"教师的主要依据，评上和没有评上的教职工都心服口服。

（三）坚持议事制度，不搞一言堂

重大奖惩事项必须经过校务委员会讨论，通过后才能实行。这样做可以有效地将领导的个人好恶和"一言堂"情况排除掉，从而在制度上避免了奖惩的片面性和狭隘性。暗箱操作、内部制定是不被允许的。

（四）坚持全体参评，平等评议

全校所有教职工都被平等地纳入激励机制的范畴，平等参与评议。学校以此努力做到一视同仁。由于历史原因，我校还存在在编和聘任两类教师，毋庸讳言，两类教师在工资福利上确实存在差距，但在人格尊严、参与竞争的权利、得到激励的机会等诸多方面是完全一致的。这是我校在目前聘任教师占多数（将近60%）的情况下，仍能够形成较强凝聚力、战斗力的重要原因。

（五）坚持结果公示，接受民主监督

学校所有的考核结果均进行公开、实行公示，任何人都有权利提出异议，并对收到的异议予以复核。

三、奖惩结合，一视同仁

没有惩罚的激励是片面的，在我校的行政考核、教学管理量化考核、班级管理量化考核等制度中，在学校大型活动、监考工作、后勤服务等各方面均明确规定了扣分事项，对重大责任事故实行问责制。凡有违规，不管是谁，一律扣分并给予相应的惩罚。给全校教职工印象最深的是，有一次考试的监考出了差错，被上级有关部门指出，我校对相关试室的监考老师、联络员、主考、副主考全部实行了扣除相关绩效的处理，并在全体教职工大会上进行公布，以警示全体教职工。

四、将对教师的培养纳入激励的范畴

学校是育人的场所，不但要培育高素质的学生，还应当培养高素质的教师，教师在学校中得到成长和锻炼，是对教师最好的激励。

（一）全面评价教职工的能力，给予每位教职工施展才华的平台

我们认为，人的能力是多向度的，学校要发展，应当为老师们提供激情发挥的"表演"空间，比如安排班主任工作，就应当从教师的性格、工作经验出发，让老师感受和班级共成长的乐趣。又或者，一名上课效果很好的教师，不一定是一个管理班级的能手，反之亦然；一个教师可能上课效果不好，管理能力也一般，但交际能力强，社会经验丰富，对学校而言同样是一笔宝贵的财富。评价教师不一棍子打死、不求全责备，才能让每位教师最大限度地发挥专长。在我校每年评选十佳"教师"的过程中就非常鲜明地体现了这一点。学校的意图是：不管从事什么岗位的工作，只要成绩突出，都应当给予表彰。

（二）根据学校发展的需要和教职工自身的特点进行有针对性的培育

我们认为，使教师在学校中得到成长，受益的不只是教师，而是教师和学校双方，教师与学校共成长，这是学校的核心价值观之一。

（1）学校关注教师的成长，一方面是对教师进行专业技能和教学能力的培养。职业教育正处在观念激荡、模式转型的特殊时期，教师的教育理念

应当及时更新，专业技能和教学方法应当适应以就业为导向的新职业教育要求。近几年，我校用于教师培训方面的资金累计将近100万元，体现了学校急于改变教学现状的决心。这些教师全部为一线骨干教师，有的甚至是到校不足2年的年轻教师。这充分证明了学校在教师培训方面的务实、远见和不拘一格。

（2）学校关注教师成长的另一方面是重视对教师能力的锻炼。我们认为，教师在服务学校的过程中，能够更懂社会、更会处事、更会做人，从长远看，这是对教师个人的一种责任，特别对年轻教师更是如此。因此，学校大胆任用青年教师担任班主任、级长、教研组长和中层干部。因事设岗，因岗用人，唯才是举，不搞论资排辈，这极大地调动了教师特别是青年教师的工作热情。教师得到成长，学校也能从中受益。

五、探索绩效管理，改革管理方式

由于政策原因，我校针对编制教师和聘用教师，制定了《教师劳动分配制度》，其中明确规定："根据学校的办学收益确定绩效奖励总量，按上级规定提取相应资金对学校教职员工进行奖励。具体奖励额度根据学校经费整体预算情况，提交班子研究确定。"尤其是近年来，中职招生激烈竞争，由于职业市场变化快，导致学校专业调整难度加大，进而影响了学校收入。如物业管理专业因不适应市场需要便很快被淘汰；而学前教育专业由于国家二胎政策的影响，市场供不应求，生源因此增加很快。此消彼长之间，需要的聘任教师也增多了，同时也涉及教师的转型。如果不改进绩效管理方法，就难以实现队伍的稳定与优化。

1. 绩效管理有统一的准则

我校一直有一套针对各类人员的管理体系，并且教师认为该考核评价体系易量化、易操作，较为明确。标准建立后，我们严格按照标准操作，并根据执行过程中出现的问题及时做出有效的调整和修补。

2. 绩效管理指标要体现教师特征

教师的发展具有个体的、动态的、终身的性质，而且其发展是一个连续的、动态的、纵贯整个职业生涯的过程。由于这些特点，我校教师绩效管理基于教师劳动特征进行改革，做好岗位劳动分析，树立尊重教师劳动的绩效考核管理原则，优化教师绩效考核，体现多劳多得的原则；对教师绩效考核通过非量化与量化多种手段来综合衡量，使之更加合理。

3. 设定考核主体

健全管理组织是确保考核效果的重要基础。学校在考核时需要管理者做好相关的工作。考核主体主要包括考核组织和相关工作人员，主要包括领导、学校内设部门、教师互评及个人意见等，各主体有机结合，并严格依据考核原则和指标，保证考核结果公正合理。学校在2016年的方案中，对考核的程序做了新的规定，分层考核，成立专门班子并抽调校务监督委员会成员参与统计核算，最后由校长负责审查。这样，评价由与被考核岗位多方相关的人员共同组成，克服了单凭某一方面的反馈进行评价的不足，其考核结果是比较客观的。

4. 选择考核办法

在教师考核时，我们采用了关键业绩指标。在学校教师及中层管理人员中找出关键业务领域里的关键业绩指标，再来建立部门及个人的关键业绩指标。在学校内部组织比较清晰，教学各部门分工明确、目标管理清楚的条件下，在2016年的聘任教师绩效考核管理中，采用了360度绩效考核方法。考评结束后，对相关数据进行总结、分析，并写出分析报告，让管理部门对具体结果采取相应的措施；在对个人绩效进行评估的基础上，使个人能够了解自身存在的问题与不足，从而更明确自己的方向。

学校管理核心在于教师，绩效考核的关键在于教师工作能力和工作态度，这也是人才培养战略强调的重点。通过考核可了解他们的发展状况、存在的问题及责任感、工作的进展等。因此，建立绩效管理机制，对学校的发展和教师的成长而言，都是不可缺少的一环。

建立有效的激励机制，不是一朝一夕能完成的任务，更不可能一时冲动就能毕其功于一役。智慧、果敢、慎重、虚心，这些都是必不可少的要素，不断地总结经验教训，耐心地稳步推进，也是不可或缺的方面。无论道路多曲折多漫长，打造一支高素质的教师队伍，建立一套有效的激励机制都是学校发展所必需的。

中职学校教学诊断与改进的探索与实践

番禺区新造职业技术学校　李永亮

摘要：按照国家、省市文件要求，中职学校全面开展教学工作诊断与改进，笔者所在学校努力争取成了广州市首批试点学校，在上级主管部门的指导下积极开展了诊改的探索与实践，取得了一定的成效，同时也发现了许多问题，因此我们要总结经验，诊改问题，努力打造好学校内部质量保障体系。

关键词：教学诊断与改进；探索；实践；存在的问题；改进

当前，国家、省市发布了系列文件：《教育部办公厅关于建立职业院校教学工作诊断与改进制度的通知》（教职成厅〔2015〕2号）《关于做好中等职业学校教学诊断与改进工作的通知》（教职成司函〔2016〕37号）《广东省教育厅关于启动广东省中等职业学校教学工作诊断与改进工作的通知》（粤教职函〔2016〕75号），决定推进建立教学工作诊断与改进制度，全面开展教学诊断与改进工作，从而提高人才培养质量。我校积极响应，主动申请成为广州市中职学校教学诊断与改进的首批试点学校，开始了教学诊断与改进的探索与实践。在上级主管部门与专家的引领和指导下，我校严格按照相关文件指南认真进行了2015学年的教学诊改与2016学年的教学诊断，结合学校自身实际情况，积极探索，实践具有自我特色的诊改工作体系与措施，取得了一定的成效，同时也发现了不少的问题。

一、教学工作诊断与改进的意义

中等职业教育是现代职业教育的基础，加快发展现代职业教育必须巩固提高中等职业教育的发展水平，特别是要尽快提高作为中等职业教育主体的中等职业学校的办学质量。作为办学质量决定性因素的教学工作无疑处于举足轻重的地位，亟须强化和提高。这是因为教学工作是中等职业学校工作的重中之重，事关人才培养质量和职业教育的吸引力。教学工作诊改无疑对提高中等职业学校办学质量具有深远的历史意义。诊断本是医学术语，最早将诊断原理运用于社会科学作为内部管理重要手段的是企业，并形成了企业诊断理论。21世纪前后诊断作为一个重要理念，逐渐被引入教育领域，成为一种新型的应用教育技术，在引领学校建构反思意识、强化发展动力、提高管理效能，促进学校自主发展方面发挥了重要作用。因此，教育行政部门将其作为中等职业学校提升教学质量的重要抓手。

（一）教学工作诊改有利于提升中等职业学校教学工作的地位，促进学校领导班子共同关注、支持、强化教学工作

从理论上讲，教学工作是学校的中心工作，学校一切工作都必须围绕教学而展开。但由于多种因素的影响，不少中等职业学校的教学工作成为分管教学工作副校长的个人工作，成为学校少数人的事务，成为学校校长都可以不太关注的工作。这种情况的出现，原因是多方面的。以我校为例，一是学校地处偏僻，基本办学条件差，实践教学条件薄弱，校长的主要精力不得不放在经费的争取上，放在项目的游说上，实在难以顾及教学工作，导致教学工作没有得到应有的重视。二是由于传统观念的影响，加之职业学校办学条件的制约、师资水平与人才培养要求的不匹配，导致学校招生困难，而招生决定着学校的生死存亡，因此学校领导不得不将主要资源、主要精力放在招生上，从而弱化了教学工作。三是教学工作是常规的基础性工作，其质量高低相对来说是隐性的，对短时间内提高学校知名度、影响力作用不大，为改变学校处境、扩大生源、争取经费，学校领导不得不将主要精力放在面子工程上，使得教学工作在事实上的被忽视。而且，真正搞好教学又是一件非常困难的事情，因为直接面对的是教师管理，要求全体教师高标准、高质量地完成教学工作，恰恰与现行的绩效工资方案所带来的积弊严重冲突，按绩效方案，做得多与做得好应该是要多劳多得、优质多得，但在许多学校很难实现。开展常态化周期性的教学诊断，激励学校关注教学工作，必将稳定教学工作在学校工作中的中心地位。

（二）教学工作诊改有助于建构促进教学质量提升的内生机制，增强学校发展软实力

一般来说，职业学校教学质量的高低大都通过学生的就业率、就业质量来显示。虽然技能大赛在一定程度上反映了学校的教学质量，但因其有多方面的局限性，并不能充分证明学校教学质量，从而使就业在事实上成为学校

教学质量高低的主要显示器。由于中国产业结构长期在低端运作，对员工的素质、技术要求并没有很高，加之就业门槛较低，对新进员工的受教育年限并没有强制要求，人才质量高低并没有成为就业的决定性因素，由此带来教学质量被淡化甚至被忽视的问题。在这种情况下，促进教学质量提升的内生机制就无从谈起了。随着产业结构的转型升级，培养高素质、技术技能型劳动者的要求越来越高，学校必须改变传统的人才培养模式，建构办学质量自我提升的内生机制。教学诊改作为一项制度性工作，必然能促进学校主动建构诊改的工作流程，从而形成学校发展的内生机制。

（三）教学工作诊改有益于提高师资队伍、教学管理队伍建设水平，奠定中等职业教育高水平发展的基础

合格师资是提高教学质量的保证。教学管理人员是教学资源的组织者，也是教学质量提升的保障者。由于长期以来教学工作事实上的被忽视，导致不少地区、不少学校并没有重视师资队伍建设；教学管理人员因没有得到应有的尊重，工作也处于应付状态。不少地区将中等职业学校视为政府机关，遵循所谓不扩大编制原则，严加限制中等职业学校人事工作，导致师资短缺，编制不足，生师比居高不下。不仅如此，不少地区人事部门按普教的要求配置职教师资，过分强调学历，而对有无技能或技能高低不加以考虑，导致技能教学与现有师资不匹配，这也成为制约中等职业学校教学水平提高的重要因素。开展教学工作诊改，特别是教育行政部门的抽样复核，必将进一步突破师资队伍建设上的种种障碍，增强师资队伍、教学管理队伍的建设力度。

二、构建学校内部质量保障体系，常态化、规范化开展诊改工作

学校以教学工作诊断与改进作为重点工作，围绕国家、广东省教育厅、广州市教育局的诊改文件精神及要求，做好顶层设计，用机制和制度保障诊改工作常态化、规范化。

（一）建立机构、健全制度

建立、完善工作组织机构，设立学校诊改工作领导小组统领诊改工作，设立诊改质量办公室落实具体工作，校内信息技术服务中心提供技术支持，校本诊改专家组提供理论帮助。

依据教学诊断与改进的工作目标及要求，构建并完善学校了内部质量监控体系：认真落实了《教师到企业实践制度》，2017年3月份安排张丽、陈宏镜、陈顺等教师到企业实践一个学期；拟定并实施了《广州市番禺区新造职业技术学校教学质量监控制度》（巡课制度、听课制度、教学督导制度、质量检查制度）。

（二）宏观部署、专家引领

通过定期召开全体行政例会、教学诊改专题会议等举措进一步细化及部署教学诊改工作，并聘请陈春梅教授、林韶春主任等教育专家为校本诊改专家，把脉学校诊改实施方案，明确诊改工作方向，保障诊改规范、严谨、有序。

组织中层干部、全体教师学习文件，更新理念，深刻理解和认识教学诊改对促进学校可持续发展的积极作用。

（三）全员参与、合理分工

从校长室、职能科室、科组、教师各层面着手开展不同层次、不同对象、不同类型的专题培训，包括外出培训6场次，校内专题培训6场次，各种专题研讨会8次，深刻理解诊改的意义与组织程序，强化全体教师对诊改工作的认知和学校全面质量管理观。根据诊改有关工作安排落实分工、明确责任，要求各层级相关人员结合部门自身工作实际围绕诊改目标按计划开展各项活动，实现诊改全员参与。

（四）微观落实、切实推进

1. 严格按照实施方案的工作进度部署落实工作

围绕诊改实施方案的工作进度及要求部署相关工作，并进行阶段性专题研讨，包括围绕诊断目标要素开展各职能科室专题研讨，研制学校"十三五"规划、诊断要素目标规划、重点诊改目标等。诊改工作组定期向领导小组汇报诊改工作过程中出现的有关问题以及诊改工作进度，并组织科组、级组、科室有关人员开展专题研讨，商议解决办法。

2. 组织教师全过程参与诊改，开展源头数据采集工作

为贯彻落实诊改工作全员参与，诊改工作小组联同质量办编印《诊改工作指南》发给每一位老师，确保每一位教师能够清晰诊改工作有关文件、学校诊改工作思路，准确理解数据采集的定义项，并按时填写人才培养状态数据系统。

（五）开展源头数据采集

完成数据平台安装及使用培训后，由专人专职负责督导采集源头数据，并制定数据采集管理办法，按照平台要求采集周期进行实时数据采集上传，及时依据数据进行诊改。

第一阶段分析研究数据平台定义，组织全体人员认真学习人才培养工作状态数据采集系统平台的操作，仔细研读《广东省中等职业学校教学工作诊断项目表》《广东省中等职业学校教学诊断与改进试点工作数据采集工作指南》等有关文件，并根据学校实际需要编制《数据采集结构详细的操作手册》《平台填报视频指引》《数据采集结构说明书》《编码说明书》等资料，确保教师清晰理解数据定义事项。

第二阶段组织数据采集填报，质量办公室组织各部门围绕数据平台填报的各项指标开展三个层面的审核"各项目负责人—业务归口主管部门—质量办"。质量办公室负责对学校层面数据进行整理、汇总，提交校本诊断与改进专家组审核后，经诊改领导小组审定、上报。

（六）进行数据分析与校验

诊断与改进工作小组根据数据平台反馈情况，整理并提交数据分析报告。质量办根据各部门的数据分析报告汇总形成"学校数据分析报告"，提交诊断与改进领导小组审核，诊断与改进领导小组根据"学校数据分析报告"重新审视和调整本校发展规划、教学工作目标和质量标准，进一步明确下一阶段学校的工作目标、工作措施和工作内容，规范和健全学校办学与教学管理工作。

（七）撰写质量年报

质量办牵头，召集各职能科室对采集数据进行分析，运用诊断6个要素项目有关内容结合学校教学实际，形成初步年度质量报告；交学校诊改领导小组审核，通过反复斟酌与提炼，形成学校年度质量报告，按时在学校官网向社会各界公布。

（八）撰写诊断报告

校本诊断与改进专家组审核"学校数据分析报告"，帮助学校分析办学条件、教学管理、专业建设、校企合作等方面的情况，提交"学校自主诊断报告"并提出初步诊断与改进意见。

（九）组织专题汇报

2015 学年教学诊断与改进工作过程基本结束，为了更好地梳理前一阶段工作情况，总结经验，质量办组织了全校性的教学诊断与改进工作专题汇报，向全校教职员工汇报学校过去一年开展诊改工作情况以及工作成效，并部署下一阶段的诊改工作。

（十）开展自我总结

质量办围绕学校诊改目标，认真总结学校诊改工作过程中的问题与不足，进一步思考如何继续利用诊改工作契机为提高学校办学质量服务。

三、存在的问题

（一）自我内诊问题

1. 师资队伍建设困难重重

我校受番禺区中职学校编制管理办法严重制约，根据番禺区人社局、编委办的核编文件，中职学校教师在核定的基础上按 70% 定编，我校近 3000 名学生，正常核定编制应该有 141 名教师，但是按 70% 核定，只有 99 名教师，其他缺口用编外教师解决；同时，编外教师的资金来源又是按整体核定的，不按职业学校实际情况配给，所以我校编外教师待遇较低，难以招聘到教师，更难招聘到好的师资，导致学校总体师生比偏低，外聘教师、实践教学专职指导教师数量配备不足，人员配置未能完全满足专业教学需要。

2. 专业建设顶层设计未搭建，专业教师参与专业建设的意识有待加强

学校尚未制定各专业专业建设规划方案，专业教师着眼于课程教学。随着番禺区产业结构调整，我们应该组织各专业制定本专业建设规划，进一步完善和构建专业动态调整机制，进一步优化人才培养方案。

3. 课程建设主体单一，社会参与力度不够

校企合作开发课程资源数量和比例较低，社会、企业、家长参与教学评价比例低。

（二）数据采集问题

（1）我们虽然坚持数据源头采集，但时效性影响了数据采集的质量和效率，其主要原因是学校的离退人员数据难以全面、准确、及时采集完整。

（2）学校管理机构设置与数据采集管理不对接，影响数据采集的质量。

学校管理架构是教师、科组、部门、学校四级，而数据信息采集只能三级管理（教师、审核部门、学校），学校管理部门缺乏对有关数据的核查权限。

（3）部分指标理解不够深刻，导致采集数据结果不合理，例如，本校学生发展有就业与升学方向，但是数据采集结果显示就业率仅有47.19%。

四、改进措施

（一）紧跟诊改进度，落实常规诊改工作要求

学校认真组织撰写2015学年诊改工作报告，同时启动2016学年度数据采集工作，经过一轮的诊改后，认真总结经验，吸取教训，在数据分析的基础上，客观科学的诊断教学工作中存在的问题，采取对应的措施着力改进。

（二）强化诊改全员培训，深化诊改核心认识

学校将继续通过请进来或走出去的方式安排各级各类诊改专题培训，同时加强校本培训，用诊改中的鲜活实例来加强对全校教师诊改的意义渗透与学习实践。同时，组织各部门重新修订诊断项目规划目标细化表，自上而下深入认识诊改工作核心，认真贯彻落实三全原则。

（三）建设全面合理的内部质量保障体系

学校将认真学习内部质量保障的内涵与结构，努力搭建五纵五横一平台的质量保障体系。

（四）建设日常、高效的质量链，将目标规划细化到每一阶段的工作计划，每一周的行事历，细化到具体的工作任务，具体的责任人

诊改之路任重道远，我们将举全校师生之力、用全校师生的智慧，落实构建学校内部质量保障体系，实现培育高质量人才的目标。

横沥中学"致善"教育发展方案

广州市南沙横沥中学　邹刚

一、学校文化、核心理念

(一)"善"文化

横沥中学位于珠江入海口处,蕉门水道、上横沥水道与下横沥水道勾画出灵山尖岛与横沥尖岛,三江六岸天然优越的地理位置成为国家新区南沙区的核心区域,即明珠湾启动区。"沥沥成流,止于至善",这里的原居民以农民和渔民为主,日出而作、日落而息,传承岭南水乡"诚朴笃实,言行兼善"的优良文化,在珠江流域传为美谈。这里的人们一直秉承圣人老子"上善若水,水善利万物而不争"的传统美德,即信奉最高境界的善行就像水一样,涓涓细流,流往低处,泽被万物,"崇善于心,扬善于行",全体教育工作者和教师,"以美德成就美德,以智慧启迪智慧","求真明善,成己达人"。

横沥中学是南沙教育局直管的一所广州市标准化初级中学,新学校于1978年落成,占地面积45600平方米,校舍、场室及设备配套完善,环境优美。

"善"是一个会意字,意为像羊一样说话,所以,我国优良传统文化告诉我们,做人要"日行三善",即语善、眼善和行善,用善意的话语与人沟通交流,用善良的眼光视人,用致善的行为待人。从"日行三善"开始,培养学生良好的言行习惯,奠基其人生的宏伟殿堂。

"善"在广义上是才能高明的、良好的表现,如"善于""善举""擅长""高明""良好"等。教育教学要致力于学生的德智"双善"以及体艺科"三善",即培养"德智体艺科"全面发展的学生。

(二)核心理念:聚纳上善成流　润育至善成林

基于做人如水的品性,"上善"拓展为优良的教育资源,可概括为优秀的教师团队、先进的教育思想和育人理念、高效的教育教学方式方法、完备的校舍和完善的设施。"聚纳上善成流"是一个"致善"的过程，需要教育工作者和教师团队持有坚定的信念、敬业的精神、高尚的情操、宽广的胸怀、渊博的学识、卓越的成就和强劲的能力，这个过程是一个充满教育情怀的过程，是一个具有高度责任感和使命感的过程，是一个玉汝于成、艰苦卓绝的过程。

拥有了优良的教育资源，才能够为"百年树人"打下良好的基础。"至善"是一种良好的愿望而不是结果。春风化雨，润物无声，由外及内叫压制，由内及外是生长，美好的成长都应是由内及外的，是一种内心的觉醒，是自主力量的催生，我们所做的事情是雨露滋润，是阳光普照，是静听生长的声音。一年又一年，润泽向上生长的万木成林。学生具备了阳光的心态，积极上进的习惯，才能做到"德智"双善与"体艺科"三善，成为一个全面发展的好学生，只有这样，日后才能够成为建设祖国的栋梁之材。

二、学校特色：致善教育

《大学》开篇说：大学之道，在明明德，在亲民，在止于至善。即博学多才的认可，在于弘扬光明正大的品德，在于从生活中不断地改变和超越自己，在于达到完美的境界。"止于至善"的关键在内驱力、过程和方法，这就是我校的致善教育。

创建致善教育特色学校，重在四个方面。

（一）在引领中成长

我校校长与教师践行"以美德成就美德，以智慧启迪智慧"的育人理念，遵奉原清华大学校长梅贻琦"从游论"理念，以达到"不求而至，不为而成"的效果。教师的工作，不是纯理论的简单说教，而是不断提升自身的道德素质和业务水平，教学与教研能力，树立自身良好的形象，做到潜移默化、言传身教；也不仅是传道授业解惑的业师，更是身教心教育人的智者。集美德与智慧于一身的老师，是一个榜样、一面旗帜、一座灯塔、一个活生生的人文载体。

（二）在自主中求知

爱因斯坦说，"兴趣是最好的老师"，与兴趣相关的是好奇心，是想象力，是创造力，学生的成长是自主的，是可持续的，是终其一生的。求知的动力来自欲望和需求，兴趣是由内向外的诉求，有如蛹的自主挣扎，破茧而出的彩蝶才能翩翩起舞,这是一种自我成长,是新生命的强健诞生;被好心敲破蛋壳"拯救"出来的小鸡,自始至终都不能站立,这是一种剥夺,是无谓的"善意"制造的毁灭。生命个体唯有经过自主挣扎,其神经才能不断被激活,血液才能流向全身,供给肢体飞翔或行走的能量。

(三) 在探究中发展

马斯洛关于人的成长需求论指出,探究是人成长过程中与生俱来的一种需求,人的本性中所蕴藏的潜能是无限的,这种潜能中大部分是探究学习的潜能。人要生存生活,就要认识自然、适应环境,甚或改造自然,在这个过程中就要不断地改变和发展自己。马斯洛的合作者罗嘉思有一个理念,即没有人能教会别人任何的东西,意思是说,知识不可以强加于人的身上,必须尊重求知的个体本身,并通过创造条件与寻找方法,引导个体通过探究,最终获取知识,发展自己。陶行知先生认为,社会即学校,生活即教育,教师改变灌输知识与机械训练的方法,在教学过程中,鼓励与引导学生动手、动脑、动口地探究式求知,才能使学生获得真正的发展。

(四) 在合作中创新

古希腊谚语说:一个人走得快,一群人走得远。人生旅途新奇而遥远,有白天也有黑夜,既有阳光灿烂也有阴雨连绵,有江河也有崇山峻岭相隔,一群人可相互鼓励,齐心协力,克服困难,携手共进,开辟未知的领域,认识全新的世界。"水尝无华,相荡乃成涟漪;石本无火,相击乃生灵光。"在教育教学过程中,师师合作、师生合作以及生生合作,可以很好地改变教师单打独斗、学生被动接受知识的现状;可以让学生成为教学的主体,畅所欲言,充分彰显自身的智慧才华,增强信心和勇气,培养与人沟通交流的能力及口头表达能力;也能让学生在合作中养成尊重他人、平等待人的习惯;并且,在学生的辩论中可培养其批判思维和发散思维能力,以形成探究学习的能力。总之,合作可实现学生的差异性发展,以达到培养学生想象力和创新能力的目的。

学校为创建"致善"教育特色学校,成立了特色学校创建领导小组,并且有计划推进创建工作:制定"致善"教育特色项目,建立德智"双善"的国家致善课程体系,与地域文化特色接轨的多样化的探究性致善课程体系以及体艺科"三善"的拓展性致善课程体系。学校对教师进行了多次培训,包括:①学校"善"文化与"致善"教育特色解读;②学校核心理念与学校精神解读;③学校顶层设计解读;④致善教育课堂教学可从"和谐互助"

开始；⑤致善教育与师德建设。从而努力打造一支素质高、能力强的上善教师队伍，落实"聚纳上善成流，润育至善成林"的办学理念。

三、致善教育的落实途径

（一）特色主题化——顶层设计推动致善教育特色学校建设

1. 顶层设计

学校文化："善"文化。

核心理念：聚纳上善成流，润育至善成林。

特色学校："致善"教育。

办学愿景：精神的高地，文化的园地，实践的基地，致善的圣地。

校训：沥沥成流，止于至善。

校风：崇善于心，扬善于行。

教风：求真明善，成己达人。

学风：诚朴笃实，言行兼善。

育人理念：用美德成就美德，用智慧启迪智慧。

学校精神：大爱无疆，大道无形，大贤无痕，大善无名。

育人目标：培养有胸怀、有抱负、有勇气、有毅力、有学识和有爱心的致善学子。

2. 实施策略

文化浸润：①物质环境；②人文环境。

多元致善特色课程：①德智双善的国家课程；②多样的校本探究课程；③体艺科三善的拓展社团课程。

致善教育教学方式：①以问题为导向的阅读活动；②和谐互助课堂；③小组合作学习；④学生的领导力培养。

项目个性化：①彰显个性激发民族自豪感；②感恩教育增强民族凝聚力；③创造机会培养致善能力；④树立榜样形成致善学风。

校园诗意化：①从游理念孕育良好育人氛围；②团结合作建设致善积极团队；③致善管理全面润泽学生个性。

（二）文化物象化——营造致善教育内涵的"善"文化氛围

1. 物质环境

（1）浮雕文化。

进入校门右侧，是学校精心设置的牌坊，右边是校名和校徽，中间是"沥沥成流，止于至善"的校训，以及引用作为校训注释的《大学》开篇，左边墙壁浮雕是代表中国传统"善"文化的老子、孔子、孟子和曾子图像。曾子说,"大学之道,在明明德,在亲民,在止于至善",至善的过程是致善,是"格物、致知、诚意、正心、修身、齐家、治国、平天下"。意即通过对自然和社会的实践探究才能获得知识和规律,获得真知和规律后意念才能真诚,意念真诚后心思才会端正,心思端正才能修养品性,修养品性后才能管理好家庭和团队,管理好家庭和团队后才能治理好国家,治理好国家后天下才能太平。"止于至善"必先"沥沥成流",怀负治国平天下的理想,必先从探究求知开始,从小事情开头,从细微处入手,从当下做起,勤勉务实,日积月累,这样才能涓涓细流、汇成江河,只有这样,才能使自己成为建设祖国的栋梁之材。

(2) 校徽文化。

校徽在整体上呈圆形,底部深蓝的三条粗线条,构成小半圆,形为珠江入海口处清澈湛蓝的横沥之水,意为知识的海洋。

之上是在大海中航行的帆船,船体为翻开的书本,书中的拼音为"致善",船上的风帆"HL"由横沥声母构成。意为横沥中学"致善"教育特色学校的创建是一个乘风破浪的过程,不为彼岸,只为海。

上部外围鲜黄的三条粗线条,构成大半圆,形为运动场环形跑道,也寓意三个年级的师生员工心心相印,携手奋进三年的旅程。

圆内上半部分的翠绿色,形为校园绿草茵茵,生机勃勃,意为横沥中学的学子,在绿色生态的"善"文化环境中,在引领中成长,在自主中求知,在探究中发展,在合作中创新。

(3) 走廊、校道、楼梯文化。

学校的走廊、校道、楼梯主要是营造"善"文化氛围以及宣传"致善教育"课堂教育教学。主要有师生书画墙,展示师生关于"善"的书画作品;有历年"感动中国十大人物";有学校文化、理念、特色学校、一训三风等的解读,有"致善教育"课堂教学模式;等等。让师生感受到浓厚的育人氛围,唤醒学生心灵,激发学生潜能,让学生在环境的熏陶下自主地生长。

(4) 楼名、路名、服装文化。

办公楼、东教学楼、西教学楼、综合楼楼名分别为致善楼、上善楼、崇善楼、扬善楼,校道分别为德善路、智善路、体善路、艺善路和科善路。校服全部印有体现"善"文化的校徽。从中体现学校"聚纳上善成流,润育至善成林"的核心理念及学校"沥沥成流,止于至善"的校训。培养学生德智"双善"与体艺科"三善",即培养"德智体艺科"全面发展的学生。

2. 人文环境

（1）学校精神：大爱无疆，大贤无痕，大道无形，大善无名。

推崇"上善若水"的师德风尚：老子说，上善若水，水善利万物而不争，处众人之所恶，故几于道。即做人的最高境界，就像水的品行一样，水滋润万物，但不与其相争名利，居于众人不愿意去的地方，所以水的行为最接近于做一个完人的真理。

大爱无疆：水利万物不争，最具爱心。一是包容性，即海纳百川，做一个完人就应如水，包容一切，不排斥异己，和而不同。二是渗透力，只要有空气的地方就会有水蒸气，任何的生物都离不开水分，水调五味、融五色，没有水就没有美味，就没有五彩缤纷的世界，做人如水，哪里需要我，我就去向哪里，让自己成为团队不可缺少的部分。三是奉献精神，水育禾禾壮，哺花花俏，做人如水，帮助需要帮助的人，成就可以成就的事。

大贤无痕：水无颜无色、清澈透明，做一个完人就应如水，光明磊落、无欲无求、淡泊名利、清正廉明；以水为镜，可以正衣冠，可以照出善恶美丑。

大道无形：水济万物生长从不理会自己，与土地融合便是土地的一部分，与生命融合便是生命的一部分。做人如水，不突出与夸耀自己，彰显自身的价值和伟大。水没有自身的形状，可盛入杯中，可盛入碗中，也可盛入壶里，特别是水在升温沸腾，即将功成名就之时，即化为汽，消失得无影无踪。

大善无名：水往低处流，彰显山峰之雄伟，掩饰淤泥之黯淡，做人如水，宁静与达观，这是一种"无为"的生命观，是对"小我"的"无为"，即在个人名利上的无为，而在"大我"上才"有为"，水的凝聚力极强，李白说"抽刀断水水更流"，水一旦融为一体，就荣辱与共，生死相依，向共同的目标义无反顾地流淌，汇聚而成江海，浩浩渺渺。

（2）学校校歌。

横沥中学校歌《沥沥成流，止于致善》：

"在珠江口岸，有一处鱼米之乡，我们在这出生，也在这里成长。在横沥水道旁，有我们理想学堂，聚纳上善成流，润育至善成林。沥沥成流，止于至善，崇善于心，扬善于行，诚朴笃实，言行兼善。啊，精神的高地，文化的园地，实践的基地，致善的圣地，致善的圣地。"歌曲悠扬、激昂，催人"崇善于心，扬善于行"。

（3）学校课题：农村城市化进程中薄弱中学师德建设的行动研究。

2016年6月13日下午，"广东省教育科学十二五规划课题报告会"在我校顺利进行，经过专家组的评估，刘克风校长主持的课题"农村城市化进程中薄弱中学师德建设的行动研究"顺利通过开题。

我校结合自身的实际情况，在南沙区基础教育国际化的大背景下，在师德建设上实施具体的行动，以学校"善"文化为底蕴，彰显"上善若水"的师德风尚，探索致善教育特色学校的发展之路，通过专家的把脉、校长引领、校本培训、国际化教育理念的培训、育人观念与教学方式的改变、校园文化的建设等，让教师对教育事业有深刻的感悟，增强教师的使命感与责任感，从而实现教师师德素质的提升，实现教师的专业发展，实现农村薄弱中学的转型升级。

（三）课程结构化——构建致善教育课程体系

学校成立致善教育课程教研室，以校长为主导、副校长为主管，新提拔一位年轻级长为教研室主任，各科组组建教研中心小组，建立德智双善国家课程、结合地域文化、特色的探究课程和体艺科三善的拓展课程，并建立课程监督与评价机制。

1. 多元的致善特色课程

（1）德智双善的国家课程。

学校坚定地执行国家课程，通过学校校本培训等渠道，形成教师德智双善的思想。德善是根基，是良好的品格，智善是目标，是过程，在课堂教学中反对死记硬背和机械性地训练，减轻学生负担，逃离应试教育。培养一支由名教师、学科带头人引领，青年骨干为梯队的多层次阶梯式的教师队伍，改变"师道尊严"的做法，倡导"面对面"的教育、"唤醒"教育、"生长"教育，"蹲下来和学生说话"，"围着学生转"。要求教师在成为一个专家学者型的教师之前，先做一个服务性的教师。要求教师适应素质教育与课程教学改革的新要求，满足学生发展的需要，满足区域国际化教育的需求，形成有创新意识的"致善"师资队伍，让学生在引领中成长，在自主中求知，在探究中发展，在合作中创新，使广大教师"求真明善，成己达人"。

（2）多样的校本探究课程。

学校根植地域历史文化特色，充分利用校内外课程资源，编写"沥沥成流，止于至善"的校本课程，分年级实施校本课程计划，七年级六节，八年级五节，九年级五节，并进行作品评比和展示。特别是在环境教育和保护活动中，成立探究性学习小组，开展社会调查，动手制作环保宣传作品、进行资源回收利用宣传、开展环境保护倡议、开展分类行动等，善待生命，善待地球。50%以上的教师都参与开发校本课程，将致善教育理念融入学生的学习与生活之中，形成"崇善于心，扬善于行"的校风。

几年来，学校形成的校本教材有《沥水悠悠》《走进岭南水乡（理论篇）》《走进岭南水乡（实践篇）》《寻找家乡的故事》《致善之途径》等。

根据课题编写的校本教材有李桂尧书记的《向城市化转型地区学校环保教育课题研究成果集》、刘克风校长的《传承儒家思想，弘扬时代精神的行动研究》以及《教育国化背景下学校办学理念与培养目标的创新研究》，还有刘校长的由广东教育出版社出版的教育专著《跨文化的教育体验和反思——现代化进程与学校转型》等。

（3）丰富的体艺科三善拓展课程。

学校在德智双善课堂教学之外，大力开发社团课程，分为体育、艺术和科技三大方面，共有社团课程40多个。其中较为突出的有：一是由北京师范大学武术专业毕业的罗伟敏老师主持的武术队。武术队属学校"广州市南沙区纵横青少年体育俱乐部"管理，由郑智明老师总负责，其中还有足球、篮球、毽球为主要训练项目。二是由语文、英语、历史科组老师联合辅导的课本剧表演社。三是由物理、数学科组老师辅导的车模队。

较为突出的拓展社团课程还有纵横文学社、奇思科技社、明善思辨社和墨韵书法社等等。三善课程的顺利开展，有效地拓展了国家课程，既实现了学生的全面发展，又落实了国际化教育所强调的差异性发展。

2. 致善教育的教学方式

（1）以问题为导向的阅读活动。

学校结合实际定期开展各类读书活动，如"美文诵读赛""演讲赛""讲故事赛""古诗擂台赛""读书笔记展评"以及"读书手抄报展"等各类读书活动。

每班设立图书角并成立"小图书管理员"。各班每周可从学校图书室借阅100本图书，最可贵的是，同学们将自己家中的好书集中起来，建立班级图书角，与同学们一块分享。

（2）和谐互助课堂。

"和谐互助"亦即"师友互助"。和谐互助课堂落实了新课程"自主、探究、合作"的要求，两个学生为一个单元组，两人有明确的角色分工，优秀者为师傅，较弱者为学友，师友间帮教互助，师友共赢。它解决了课堂教学最难解决的一个问题，即优秀的学生不用听、学困的学生听不懂的问题，只有这样，教师才能真正做到"不歧视、不放弃、不抛弃"。

（3）小组合作学习模式。

开展"小班化"教育与"小组合作学习"的教学模式，全面与国际教学方式接轨。

(4) 培养学生的领导力。

一是对他人对团队的责任感，使其具有服务意识和服务能力。二是心态阳光、积极向上，不断超越自己，追求进步。三是诚信公正，有信念、有勇气、有毅力。四是沟通协作，勇于实践创新。

(四) 项目个性化

1. 彰显个性，激发民族自豪感

在"善"文化的引领下，我校贯彻"聚纳上善成流，润育至善成林"的办学理念，以重大节日和重大事件为契机，精心策划系列彰显个性、充满灵性的德育主题活动。如：3月5日——纪念雷锋日活动，端午节——弘善文化节，十一国庆节——爱国主义演讲，五四青年节——五四主题活动，中秋节——敬老尊师活动，等等。又如弘善文化节包括文艺汇演、科技小发明比赛、美丽横中绘画、摄影比赛、书法比赛等等。通过这些节日庆祝的主题活动，宣传中华民族的传统美德，激发民族自豪感，坚持坚定的信念：人生最大的作为就是服务与贡献，最大的成就就是责任与担当。

2. 感恩教育，增强民族凝聚力

学校每年都开展以"感恩·奉献"为主题的系列教育活动，如每年一次的献爱心活动；通过这些活动，使学生学会珍爱生命、懂得感恩，懂得感受亲情和友情，更好地理解和诠释生命的意义，感受对家的珍爱和对父母的尊敬，对左邻右舍关心，对乡里乡亲的嘘寒问暖，对民族文化的认同，对国家的认同，从而增强民族凝聚力。

3. 创造机会，培养致善能力

学校开展丰富多彩的活动，寓教于乐，学生在活动中主动积极地自我发展。同时，活动为每一个学生提供思考、创造、表现及成功的机会。让学生进行国旗下的讲话，定期召开主题班会，组织学生参加有益的社会活动，充分利用黑板报、表扬栏、展示栏等，让他们自己组织、自己管理，充分地彰显自己，以此培养其致善的能力。

4. 开展主题班会等活动，形成优良学风

月月开展学风"诚朴笃实，言行兼善"系列主题班会，结合"践行社会主义核心价值观"的时代需求和节日、纪念日的特殊意义，以"善"为核心，组织主题班会，从"为人之善""为学之善""言之善""行之善""崇善于心""扬善于行"等为主题展开，其中"为人之善"包括关爱自己、关爱他人、关爱社会、关爱环境、关爱世界等，以此来抒发自身的体验

与感悟，形成"诚朴笃实，言行兼善"的优良学风。

（五）校园诗意化

1. 致善的"从游论"奠基我校办学理念

学校领导做好引领，不唱高调，不做空洞说教，与全体教职员工在坦诚相待推心置腹中达成共识：教师的价值必须构建在奉献和服务之上，虽然教师职业从社会的热度来看，比不上公务员，从经济收入来看，又不如商人，但我们一致认为，教师能够作为未来人才雄伟宝库的奠基者，能够为造就实现中国梦的未来建设者而努力工作，是一种荣耀，是一种自豪。由校长引领老师，由老师引领学生，"从游论"理念，在学校形成了一种育人的诗意氛围。

2. 团结合作，建设致善教师团队

教师队伍建设得好，就能减少或避免内耗，整个集体就会提升战斗力；相反，教师队伍不团结，工作就难以开展。学校领导班子，应和而不同、互助互勉。

良好的风气自上而下，从中层到教师队伍，从级组到备课组，从大集体到小集体都团结融洽，充满了积极向上的力量，形成一种强大的合力，并映射到学校的每一个角落。只有"聚纳上善成流"，才能"润育至善成林"。

3. 人人参与，构建"诚朴笃实，言行兼善"班级文化

全体师生共同参与年级、班级文化建设。在老师的指导引导下，学生围绕"善"文化自主设计班级文化环境，课室的墙壁成了学生创造的天地。①漂流角：在课室的后面一角设置一个图书柜，选出一名图书管理员，对图书柜进行美化，对图书进行编册和借记管理，每学期竞选一次；②善言墙：在课室墙壁上贴上一些古人对善的言论和善人故事，形成"善"文化墙。③碧翠窗：在班级的每个窗台上种植盆栽，美化教室；④班级牌：每个班级围绕着"善"来设计自己的班级口号、班训、班徽、班歌、班级照片等，挂在门口的外墙；⑤荣誉墙：悬挂与张贴班级各项荣誉的锦旗与奖状；⑥彰显墙：用来张贴合作学习小组、师友互助小组的决心斗志、梦想理想、精神口号等。

4. 致善管理，全面润泽学生个性

学校德育处、团委隆重地组织学生会换届和选举活动，候选人在演讲中表明自己的责任与担当，态度与能力，勇毅与勤奋，诚朴与公正之后，通过获得同学们的认可和评委会的评议，成立新的学生会。同样，班级也通过类似程序成立班干部小组。在学生自愿参与的前提下将管理权力进行分配，实行自主管理。每位学生可以在自己的职权范围内对其他学生进行管理、监督、考核与评价，同时也相应地接受其他同学的管理、监督、考核与评价。通过自主管理，使每位学生都得到了锻炼，增强了自信心和各种能力，学会了平等互助、相互尊重，学会了自律、自主管理和公平、公正地处理问题，既彰显了个性，又促进了自身的全面发展。

物质与文化并重　共筑安全校园

广州市番禺区象贤中学　曾干贤

摘要： 校园安全关系到每一个孩子的成长，也关系到每一个家庭的幸福安宁，同时也关系到社会的稳定，因此，校园安全特别重要。校园安全问题可以说怎样强调都不过分。为了学校的长治久安，就需要师生从物质和文化两个方面入手，共筑一个安全和谐的校园。

关键词： 校园安全；校园建设；安全教育

安全无小事，说得更直白则是人命关天。人的生命只有一次，每个人都要重视自己的安全，作为社会中相对的净土——学校，对安全的要求更高，也应该更高。校园安全关系到每一个孩子的成长，关系到每一个家庭的幸福安宁，同时也关系到社会的稳定，因此，校园安全特别重要。

虽然当前人们对安全的认识都有一定的提高，但是不能说明校园安全就没有问题。如有一些学校存在片面重视教学成绩、轻视安全工作的倾向，还有的就是安全教育工作随机化严重，安全教育活动缺乏系统的计划和周密的安排，从而导致安全意识难以在师生们心中真正树立起来，往往是在宣传活动中知道安全的重要性，过后却抛在脑后。安全工作这根弦时紧时松，难以成为师生们的自觉行动，以致成为学校安全的一个隐患。

校园安全可以说怎样强调都不过分，为了学校的长治久安，需要从物质和文化两个方面入手，共筑一个安全和谐的校园。

一、物质安全建设是前提

校园是学生生活和学习的重要物质场所，因此，学校建筑设计要坚持"建筑安全、功能齐全、满足需要、环保节能、经济适用、美观大方"的原则，严格执行《城市普通中小学校舍建设标准》《中小学校建筑设计规范》等有关建设规范的各项规定和要求。

校舍建筑要有利于防灾和安全疏散，要重点做好廊道、楼梯、安全出口等关键部位的设计工作，也要提前考虑学生使用过程中可能出现安全管理问题。譬如为了防止学生的私拉乱接引发安全隐患，对学生公寓禁止设置插座；对寝室和厕所的照明分开设计，寝室的照明集中在生活老师值班室控制，而厕所的照明不用控制以方便学生晚上上厕所；如果学生公寓要设置空调，其空调也要集中在生活老师值班室控制。

校园设施设备安全达标——有满足教育教学活动需要且无安全隐患的体育场所和活动器材，有符合规范的消防设施（灭火器、消防水带、应急灯等）、防雷设施，有校园报警点等物防设施，有必要的技防设备。校园饮用水源、水质、供水设施达标。校园内门、窗、讲台、课桌凳、学生床铺等完好整洁、美观。

校园周边安全环境达标——临近公路的校门口有交通警示标志、标线和标牌，周边池塘、渠堰要有安全围栏和标识，校园周边200米范围内无营业性网吧、歌舞厅和危化物品仓库、经营站，无乱搭、乱建、乱堆现象，无无证经营的小摊点等，环境洁净，绿化美化状况良好。

校园这些建筑的安全，其实也是校园物质文化的营造。环境是一种教育力量。马克思说过："人创造了环境，同样，环境也创造了人。"校园环境对于学生教育的隐性熏陶的启迪作用是非常巨大的，它将直接影响学生个性的形成和发展，对学生道德行为有一定的控制和制约作用。

二、校园安全文化的建设是核心

校园安全文化通常是指在一所学校内部所形成，被全体成员所认可并自觉遵守有关安全问题的价值观、行为准则和思想作风的总和。它包括学校成员关于安全问题的价值观认识、行为准则、规章制度、教育活动、管理活动以及外在物质设施等有形或无形的东西，是在学校这一特定的范围内所呈现的一种特定的安全文化氛围。它是人们在教育和教学过程中对有关安全问题认识和实践中创造的精神财富和物质财富的总和，即学校的师生员工在安全教学、活动、安全设施建设等活动中形成和拥有的所有的物质和精神财富，以及安全观念和安全意识。它是以学生为主体，以保证师生安全为主要内容，以校园为主要空间，以校园精神为主要特征的一种群体文化。这种特定的文化是一种有着深刻内涵和丰富外延的独特的文化现象，校园安全文化和校园德育、智育、美育文化等一起构成了校园文化群，是校园文化中的亚文化。

校园安全文化是一种具有引导性的亚文化，也是一种特殊的社区文化。

从其构成上看，它是以物质条件为基础的载体文化和以人文为中心的人和社会精神文化的统一。校园安全文化活动的蓬勃开展应该从物质设施和精神文化两方面加以考虑。

1. 建立和完善校园安全制度，落实安全责任制，形成制度文化

无规矩不成方圆，秩序和规矩是保证安全所不可缺的，建立科学合理的安全管理制度，形成良好的制度文化，是校园安全文化的重要内容。用制度来约束，可以使师生们的行为远离危险。制度要立足于预防，在制度建立之前要科学研究校园安全应对机制，包括预警危机，进行预防危机发生的活动；学校的危机管理包含现象评估、制定策略、监控策略实施、追踪调查；全面考虑威胁学生安全校舍、消防、交通、饮食、传染性疾病以及校园周边治安秩序中的不安全因素，推出有针对性的措施。并在此基础上建立如安全应急制度、安全检查制度、门卫制度、食堂卫生制度、消防制度、实验室制度、上课点名制度、晚自修、晚就寝点名等制度。在制度规定中还要明确相关的责任人，并把各项制度贴在各种场所中，以便相关人员注意对照实施。制度建立后，对制度落实情况进行追踪评估，要对相关责任进行考核，这样才能避免制度流于形式。

2. 重视法律知识的普及和心理健康教育

法律知识可以为孩子的安全充当保护伞的作用。当今社会是法治社会，组织师生学习相关的法律，如《中华人民共和国民法典》《中华人民共和国义务教育法》《中华人民共和国未成年人保护法》《学生意外伤害事故处理办法》等法律法规不仅可以提高师生们的自我保护意识，还可以提高师生们的责任意识和安全意识。

心理健康教育有时是孩子成长的指明灯。学校应在校园中组织师生进行心理健康教育，建设好心理健康辅导室，对师生们的问题进行疏导、干预，及时解决师生们存在的心理问题，避免悲剧的发生。

3. 安全教育活动有计划、成系统，活动形式多样并形成系列

安全文化的形成需要一个较为长期的过程，同时安全文化又涉及学校生活的方方面面。因此，安全教育活动必须严格计划、精心组织，活动不仅要多种形式，并且要根据学校安全情况选择教育内容编排成系列，使学校师生在形式多样的活动中，全方位地受到教育，避免遗漏安全教育内容。学校应为活动提供各种平台，如每学期有"校园安全周"，每2个月举办一次安全讲座，不定期举办交通、消防和防溺水安全展，还有定期举行"安全教育黑板报竞赛"，等等，通过这些途径，可以把学校把计划中的安全教育内容落实到师生的实际生活中去。

4. 发扬管理民主、教育民主

安全不是一个人的事，而是全体师生的大事，因此，要调动师生参与安全文化建设的积极性，形成共同的安全观。校园文化的群体性目标特点，表明建设校园安全文化，必须要有教师和学生的自觉、自愿的参与。他们自觉的参与不仅能增强凝聚力和认同感，还有助于调动他们参与的积极性，发挥其创造性，为学校的安全工作献计献策，推动学校安全文化登上更高层次。同时，师生们参与活动也有助于他们实现自我教育，加深对安全问题的认识，提高他们的安全意识，形成共同的安全价值观。实践中让师生设计安全教育活动，或设计安全标语、公共场地警示语以及向学校提安全建议等等都是很好的形式。

5. 重视校园安全设施的维护和检查，尤其重视这些设施的安全细节

学生在校园中学习、生活，校舍、场所及其他教育设施、生活设施都与学生的学习生活安全息息相关，在许多学生校园伤害事故中，有相当多的事故发生在学校负有管理责任的上述设施中。教育部《学生伤害事故处理办法》（以下简称《办法》）第二条明确规定，在学校负有管理责任的校舍、场地、其他教育教学设施、生活设施内发生造成在校学生人身损害后果的事故属于学生伤害事故。根据《办法》和有关法律精神，学生在这些设施中进行活动，学校在设施上没有尽到责任，造成学生伤害的，学校要相应承担责任。法律的规定主要是通过强化学校的责任来保证未成年人健康成长。所以，学校重视学校教育、生活设施的安全，既是法律的要求，也是彰显安全第一、以人为本理念的需要。

人们常说"细节决定品质"，校园教育、生活设施的安全性往往在于细节，因为"细节决定成败"。为此，学校教育、生活设施在建设时要注意安全方面的细节，建设前要反复论证，多听取教师学生等的意见，建设好以后的维护也重在细节，如经常性的检查，及时发现房屋、楼梯其他设施的细微变化，甚至是一道细小的裂缝；注意了解食堂的卫生状况，小到一块案板、一只手套或蔬菜的摆放；经常检查楼梯灯、路灯和应急灯，发现坏了要及时更换，该亮时及时使这些灯亮起来，这样才可以防微杜渐，防止校园悲剧的发生。

6. 充分发挥学校墙报、黑板报、橱窗、标语牌的宣传教育作用，营造安全教育氛围

利用学校墙报、黑板报、橱窗、标语牌，宣传安全知识、安全制度，就会在学校群体中培养出与制度约束相适应的环境氛围。这种氛围一经形成，其理念、准则等精神因素会成为一种意识和氛围弥漫于学校之中，渗透到学

校成员的一切活动中去，使人们时时感受到它的作用和约束力。实践证明，这种力量比制度的硬约束往往更有力。

总之，安全文化作为校园文化的亚文化自然会体现学校精神。在一个盛行安全文化的校园中，把师生的人身安全提到至高无上的地位，本身就是对生命尊严的尊重，在校园的安全设施、安全制度和活动中处处彰显出以人为本、以生为本的理念，闪耀着人性的光芒。在此氛围下，人文思想的种子便自然而然地在学生心灵中播下。校园处处是课堂，校园文化作为学校师生共有的精神环境、文化观念和行为方式，必须加大其建设力度，使其向着健康向上的方向创新发展，全面体现学校的教育功能，把学校建成师生最向往的地方，像家园那样充满亲情，像花园那样美丽，像文化殿堂那样时时吸引家长和学生。扎扎实实地开展安全校园文化建设，从建立物态文化、制度文化、精神文化和管理文化入手，采取有效措施，积极克服困难，从而更好地促进学校的校园安全文化建设，让学生的安全工作提升到人人安全、个个快乐成长的新境界。

注重体艺强基础　攻坚克难促发展

——浅谈打造农村初级中学体艺特色的策略

广州市从化区良口中学　曾汝光

摘要：本文对农村初级中学体艺特色的建设有一定的思考、研究与实践，通过发挥教育的基础性作用和学校的资源优势，促进体育、艺术课程改革，努力将我校打造成参与面广、水平较高、设施完备的体育、艺术特色学校，为学生终生发展打下坚实的基础。

关键词：农村中学；体艺特色；有效策略

目前，农村学校教育现状基本都是以"应试教育"为主，"千校一面，万生共相"。我们深知，无论城区或农村，经过教育培养的学生最终都会走上就业市场，投入社会经济发展的大潮中，但同质化教育培养下的学生没有个性特长，难以适应社会多样发展需要的现状。其实，早在1993年，《中国教育改革与发展纲要》便指出："中小学要由应试转向全面提高国民素质的轨道，面向全体学生，全面提高学生的思想道德、文化科学、劳动技能和身体心理素质，促进学生生动活泼地发展。办出各自的特色。"2010年《国家长期教育改革和发展规划纲要（2010—2020）》中提出："树立以提高质量为核心的教育发展观，注重教育内涵发展，鼓励学校办出特色、办出水平。"跨越近20年，在国家层面重新强调要鼓励学校办出特色。上述两个发展纲要具有导向性功能，同时也反映出学校特色建设是未来教育改革发展的必然趋势。因此，我校也在探讨农村学校体艺特色的有效方法、模式、途径、原则和规律，以顺应社会多样化发展的需要，为学校的可持续发展提供了保障。

我校是一所农村中学，有着70多年的校史，然而生源基础相当薄弱，年年中考成绩在区同类学校中排名倒数。学校近几年建好了运动场、舞蹈室、音乐室、美术室、书法室，学生有事可做，兴趣有发展，德育纪律也越来越好，体艺兴致高的同学成绩也相应得到了提高。学生们在体艺方面取得了不少的成果。2014年，我校被确定为广州市校园足球推广学校，并逐步形成了特色。2016年，我校被认定为全国校园足球特色学校。2015年11

月，我校"四叶草陶笛社"到佛山参加广东省第二届中小学生行进管乐、行进打击乐暨首届行进课堂乐展演决赛展演获得广东省二等奖。2016 年 7 月，"四叶草陶笛社"被邀请参加第四届亚洲陶笛艺术节，到我国台湾地区的嘉义市参加表演，并取得"最佳演奏奖"。学生在体艺方面获得了成就感，同时也给农村的孩子增加了一个作为艺术特长生考入重点高中的机会。我校打造学校的体艺特色为学生搭建了更多施展才能的舞台，使学生的多元智能得到发展，实现了学生综合素质的提高。

那么，根据现状，我们要如何打造适宜农村初级中学发展的体艺特色呢？下面，笔者将从"三项保障""四个途径""五种评价"三方面浅谈打造农村初级中学体艺特色的策略。

一、学校体艺特色建设的三项保障

我校以"攻坚克难，立德树人"的校训为切入点创新学校办学理念，从提高认识、创建队伍、完善设备三个方面来为打造适宜于农村初级中学的体艺特色提供保障。

（一）提高认识，加强领导

学校领导、全体师生高度重视创建工作，切实加强领导，把创建体育、艺术特色学校活动作为推进素质教育，创建校园文化，促进学风、班风、校风建设，全面建设学校体艺特色教育工作的一项长期重要任务来抓。把创建活动纳入学校管理之中，把活动开展情况作为评选先进班级的重要参考内容。通过开展创建活动，全面开创学校有特色、学生有特长、竞赛有成绩、社会有影响的学校体艺工作新局面。学校校长办公室负责牵头、教务处、德育处、团委、总务处协调分工落实；实行行政领导包级负责制，将特色项目纳入常规教学计划和管理中；体艺科组教师各尽其责，认真开展特色项目的训练与辅导；总务处尽力做好服务和各类设施设备保障工作，确保创建活动顺利实施。

（二）强化教师培训，建设优秀特色教师队伍

以学校体艺特色学校创建为契机，建设一支有创造性，具备较高科学文化素质和艺术修养的教师队伍。组织青年教师认真学习创建实施方案和有关教育理论；选派部分体艺教师外出参加足球、陶笛、街舞、书画等专题培训和交流学习，提高体艺教师的专业知识的能力水平；逐步壮大形成一支具有

较高专业水平的体艺教育骨干教师队伍。

（三）完善设施设备

完善的设施设备、充足的器材是实现学校体育、艺术教育目标的物质基础，也是创建体艺特色学校的基本保证。通过充分利用和合理配置教育资源，依托教育现代化建设、信息化建设、校园足球示范校建设、体艺2+1建设等契机，不断改善场地和各专用室场的设施设备，合理安排学校的资金，尽力添置配备必要的器材，从而确保创建活动的正常开展。

二、打造学校体艺特色的四个实施途径

（一）以学校社团推动学校体艺特色建设

成立学校体育、艺术类的社团，各班成立体育、艺术等兴趣小组，因地制宜积极开展丰富多彩的体艺活动，组织学生自主选择活动项目。努力做到校有特色、班有特点、生有特长。

创建良好的育人环境。优化艺术教育与课堂教学、课外活动、校外活动的整合，以学校现有体育艺术方面的优势，开展好体育艺术兴趣小组活动，培养体艺特色学生，以兴趣小组带动其他学生进步，努力打造"体艺教育"品牌。

（二）以学校德育"一特长双爱好"学生个性发展模式辅助学校体艺特色建设

"一特长双爱好"指的是挖掘发展学生的一个优势特长，培育学生体育、艺术"双爱好"。通过"一特长"挖掘培育，使学生先对一门学科产生浓厚的学习兴趣，以此为突破口，也对其他学科产生学习兴趣，从而促进学生学习兴趣和能力。通过"双爱好"的培育，探索学生对体育和艺术产生浓厚的兴趣爱好，养成良好的体育锻炼习惯和艺术修养，促进学生独特个性的充分发展。

初一新生根据学生兴趣爱好和小学所展现的某种优势科以及闪光的智能部分，充分尊重学生，让学生自愿报名，进行个性化特色分班。我校学生对各学科有特长优势的比例达到30%以上，针对学校的特色班级，还要相对应地开展各类课外的特长班、兴趣班、各类社团和各类竞赛活动等等，与特色班级相辅相成，为学生提供激活与展现各种优势特长机会和舞台。到了初二，对体育艺术有"双爱好"的学生比例争取达到50%以上。

"一特长双爱好"学生个性发展模式,从社会及学生多样化需求出发,倡导人的个性发展,突显特色办学理念,顺应人的大脑、天赋和日新月异的时代发展要求,既挖掘发展了学生的优势特长,又培养出学生体育、艺术"双爱好";达到人人都能充分发展自己的兴趣、爱好、特长,实现个个极具鲜明个性,人人能成社会各行各业的栋梁之材,使学生的个性得到充分发展的同时,也使学校走上特色办学之路。

(三) 以体艺校本课程形成学校体艺特色

按照国家标准,开足开齐体育与艺术类课程。在完成教育部安排的教学内容的同时,结合实际将学校特色项目纳入课堂教学中。同时,开发校本课程,在原有活动课、书法课的基础上,充分挖掘并发挥学校体艺教育优势,积极开发体育、艺术校本必修课课程、选修课程,做到专时专用,讲究实效。

首先,构建体、艺校本课程体系。结合我校现有体育艺术特色项目,将体育课、音乐课和美术与大课间、文娱活课相结合,构建课堂教学和课外活动相互配合、突出主题,学校教育和社会教育相互融通的体育、艺术校本课程体系。

其次,让学生自主选择体艺活动项目,让每一个学生都参与活动项目,培养学生良好的体育锻炼习惯和健康的生活方式,加强学生体育、艺术素养修炼,培养学生审美意识,陶冶学生艺术、体育情操,促进学生的个性发展。

再次,在此基础上形成学校的体艺特色项目。传承足球、陶笛、街舞、书画等的体育艺术特色,让全校学生参与练习足球、陶笛、街舞项目,在学校大课间和文娱活动课中进行整体推进、普及。

最后,注重把审美教育渗透于其他各学科教学之中,利用大课间跑操的团体活动,进行团队精神、集体主义、纪律的教育。鼓励学生人人参与,引导学生互帮互学,相互合作,相互促进,共同提高,共同发展。坚持面向全体,兼顾个体差异,分层分类辅导,力求学生人人有项目,个个有特长,让每个学生都有所发展,在活动中学习,在活动中进步,在活动中充满快乐。

(四) 以丰富多彩的校园文化体育活动落实学校体艺特色建设

发展校园文化,活跃校园生活,为学生搭建展示艺术才华的舞台。坚持参加市、区举办的各类体艺类竞赛,让学生走出校园展示自我;同时,校内通过举办运动会、艺术节、班制足球赛、书画展、文艺晚会等多种形式和途径，让学生有更多的机会参与展示自我的平台。通过开展游戏、竞赛，发展学生的综合素质，培养学生健体审美和创新能力。

同时，将体艺教育与社会教育相结合，带学生走出校门、走向社会，开辟展室向社会展示、汇报体育、艺术教育成果，参加地方组织的体育文娱旅游节等活动，把学校体育艺术教育推向社会。

三、学校实施体艺特色的五种评价制度

学校作为个体教育和社会人力资源提升的场所，时刻面临来自各方面的评价。学校发展既可能会因为合理的评价而获得有益的发展路向和策略，也可能因不合理的评价而不知所措、陷入困境。这就需要学校在评价观念、标准、方法等方面进行新的改革。

（一）对学校实行具有弹性的评价制度

注意评价标准的弹性，可以协调好统一标准与办学特色的关系。我校是一所农村薄弱学校，弹性的评价标准更有利于一些薄弱学校的发展。同一化的标准往往是一些薄弱学校所不能达到的。然而，在硬性的标准要求下，薄弱学校又没有另辟蹊径的制度安排。一种弹性的标准则可以使薄弱学校摆脱一贯的学校发展思路。因此，我们已经找到一个符合自己实际情况的、具有特色的发展突破点，就是利用农村孩子好动、肯吃苦、渴望音乐的特点开展足球、陶笛特色项目，以此来带动学校的整体发展，从而达到赶超其他学校的目的，实现学校持续发展。

（二）对学科实行具有过程性的校本评价制度

对学校课程的评价，应重视过程性评价，具体看"做了什么，怎样去做"，而不是只看"结果怎么样"，应旨在提高教师的业务水平及学生的参与学习能力。对于参加学校课程开发的教师，学校将给予适当的支持和鼓励，适当时加以必要的奖励。

（三）对老师实行具有多样性的评价制度

教师的评价更具多样性，除常规评价外，教师组织、指导、参与课外文体活动表现出来的能动性和成效性纳入教师的发展性评价范畴，纳入评先评优工作中，将对教师的参与活动的评价与发展性评价中有关教学态度、教学的评价结合起来。

（四）对学生实行具有全面性的评价制度

对每个学生的评价要全面，不再以学习成绩论英雄。各任课教师每学期需对学生的学习情况采用不同的方式进行评价，了解学生对该学科学习的兴趣爱好、学习效果等。学生参加课外文体活动表现出来的能动性和成效性亦纳入学生的发展性评价范畴，把学生的评价与其发展性评价结合起来，对其进行全面评价。

（五）对社团实行具有开放性的评价制度

社团也是我校打造体艺特色的阵地之一，对其合理的评价有助于社团的发展壮大。对于社团，选择权在学生，学生喜欢，有助于学生发展，社团的发展方能长久。对社团的评价实行学生"网络投票"的评价方式。开放性能使评价活动中的各主体对评价保持谨慎的审视态度，既培养评价者和被评者的批判反思能力，也使社团在批判反思中能够得到不断的修正，逐渐走向完善。

从学校体艺特色建设的保障落实，寻求适合农村中学体艺特色建设的有效策略，并收集实践中的案例，进行提升与概括，试图构建具有农村学校体艺特色的框架。通过实践，验证以学校社团推动学校体艺特色建设，以学校德育"一特长双爱好"学生个性发展模式辅助学校体艺特色建设，以体艺校本课程形成学校体艺特色，以丰富多彩的校园文化体育活动落实学校体艺特色建设，并建立弹性、过程性、多样性、全面性和开放性的评价制度，形成自己学校的体艺特色。由此解决学校所存在的问题，丰富学校发展内涵的内容，转变学校发展理论的视野，努力打造学校"品牌"，形成独有的办学特色，为学校拓展更大的生存空间，使学校能够持续性发展。

参考文献

[1] 孙孔彭. 学校特色论 [M]. 北京：人民教育出版社，1998.
[2] 朱正义，张士华. 中小学特色化多样化的理论与操作 [M]. 济南：山东教育出版社，2001.
[3] 林静，沈曙虹. 用项目研究引领学校特色发展 [J]. 中国教育学刊，2010（8）.
[4] 霍力岩，莎莉. 美国"多元智能理论实验学校研究项目"及启示 [J]. 中小学教育，2007（4）.
[5] 李静. 学校特色建设思考与实践 [M]. 北京：光明日报出版社，2012.

"心桥文化"的实践与思考

——广州市番禺区市桥桥兴中学特色办学的发展之路

郭敏玲

摘要：市桥桥兴中学与桥结缘，从"桥"出发衍生出了"心桥文化"。学校以"心桥文化"作为文化建设的主线，在长期的实践中形成了独特的办学理念和教育特色，在课程建设改革、德育工作、师资团队建设和校园环境建设中真正促进"心桥文化"的落地，打造出富有桥兴特色的优质教育生态，为桥兴人的成长成才提供了具有现代意义的广阔平台。

关键词：心桥文化；特色学校

学校文化是学校的灵魂，它影响着学校的办学思想、教育理念和人才培养，引领着师生教与学的行为，凝聚着全校力量。它是继承和创新的统一，经过学校师生长期的教育实践活动积淀而成，又在积淀的基础上与时俱进，不断创新。市桥桥兴中学立足于学校传统，根据时代的要求和新的形势提炼并形成了具有学校特色的文化品牌，并在文化品牌的引领下不断探索实践路径。

一、"心桥文化"的缘起

市桥桥兴中学地处河网纵横、涌渠交错的番禺，作为岭南水乡之城的番禺，自古处处可见石桥的踪影。学校依桥而建，坐落于市桥河南岸，东有德兴桥，西有市桥大桥。历史悠久的桥群滋润着校园、孕育了学校独特的文化。栖居于桥群之中，师生们感受着桥的品质，从而搭建了一座座智慧之桥、合作之桥，体现了师生之间的团结合作、互相包容。学校积极开展"幸福"公开课、"知心姐姐信箱"等活动，充分完善校内外心理辅导网络体系，为孩子们搭建起一座与自我、与他人、与外界沟通的桥梁，"心灵之桥"逐渐萌生。而"桥兴"的命名更是让学校与"心桥"结下了深厚的渊源。学校自创办以来，秉承合作、创新的原则，积极开展科技创新、小组合作，顺应社会趋势，采用"互联网＋教育"的思维模式，进行电子书包课程改革等尝试；师生们积极融入社会，走进社区、服务他人，促进与他人的心灵沟通，建构与社会联通的桥梁。在与他人、与社会、与世界的合作、沟通与交流中，"心桥"也由此衍生。基于此，桥兴中学提出并积极践行"心桥"文化品牌，学校选择从"桥"出发衍生与分析"心桥"的内涵及其在教育中的意蕴，充分挖掘"心桥文化"在教育中的作用和价值，引领师生共同发展。

二、"心桥文化"的价值体系

（一）"心桥"的内涵

"心，人心也，在身之中"，是引领人获得生命高度提升的器官，亦指一个人的精神世界与情感表达；心桥即"心灵之桥"。于个人而言，心桥是指生命个体在自我成长过程中，通过丰富自己的内心世界、抒发自我情感、提升生命质量，架起一座无形的心智成长之桥；心桥，又架设于心灵之间，是人与人之间、人与社会、人与世界进行心灵沟通、寄托情感的桥梁。

（二）"心桥文化"的内涵及主张

"心桥文化"是在充分认识"心桥"的基础上赋予无形的"桥"丰富的教育内涵，使之成为一种具有特殊教育意蕴的文化形态，其中包含了四个层次的内容和与之对应的主张。一是明本心，搭建与自我对话的智慧之桥。心乃人之根本，倾听自己内心的声音，顺应本然、培养智慧，塑造独特的自我心灵，是心桥架设的根基。二是怀诚心，筑起与他人对话的合作之桥。廊桥让古今对话，心桥使情感充分交流，分享自己、倾听他人，以诚相待、相互理解，真挚情感的联结是心桥稳固的重要保障。三是立善心，架设与社会对话的担当之桥。人，是社会的人，学会看见自己的社会价值，积极融入社会、勇于承担责任、乐于传递爱心是心桥的重要支柱。四是存虚心，构建与世界对话的文化之桥。随着全球化日益加深，不同族群、不同区域的文化不期而遇，文化相互碰撞、交流融合。文明也因此多彩而丰富、流动而开放，以开放、包容的心态与世界对话是构建心桥的必要前提。立足于生命个体的健康成长，市桥桥兴中学为师生们架设了连通他人、社会乃至世界的桥梁，为生命成长奠定了厚实的基础。

（三）"心桥文化"理念体系

理念体系是学校教育智慧的高度概括，体现了市桥桥兴中学独特的办学文化风尚。从"心桥文化"出发，桥兴中学以"为生命立心，为成长搭桥"为办学理念，以培育身心和谐发展、合作包容的学子为目的，注重学生内在精神的培养，让学生自我之心挺立丰美，感受生命的价值与意义。并提出一训三风，将"心桥文化"延伸至学校教育的不同方面。（见图1）

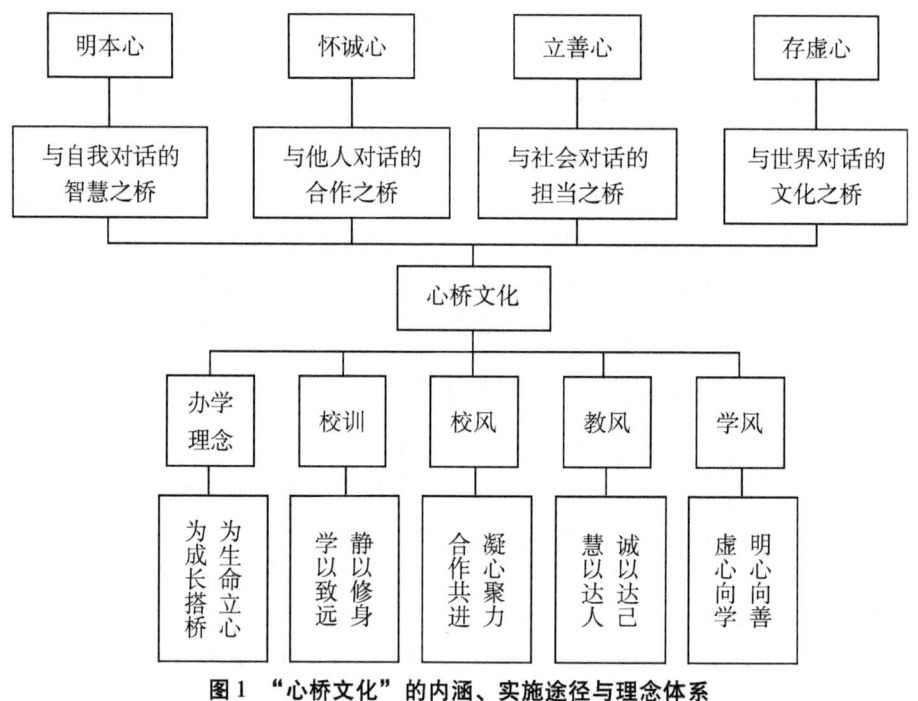

图1 "心桥文化"的内涵、实施途径与理念体系

三、"心桥文化"的落实平台

桥兴中学以"心桥"为切入点，创设了一套独具特色的理念体系。在理念的渗透与落实的过程中，学校从"心桥文化"的内涵及主张出发构建了盈心课程、润心德育、育心教师和怡心环境等系统工程，旨在通过课程、德育、环境等不同方面将心桥文化理念渗透在师生们的日常生活中，使其成为师生共有的价值观，以真正促进"心桥文化"的落地。

（一）丰盈心灵的多元化课程

课程文化作为学校文化建设的重要组成部分，是学校文化建设内涵和品质的拓展，是学校文化建设的重点与核心。为促进桥兴学子身心健康、和谐发展，学校立足于"心"的培养，构建了多元化的"盈心"课程体系，力求使学生通过课程的学习来达到丰盈内心的目的。"盈心"课程体系分别围绕"心桥文化"的教育主张"明本心""怀诚心""立善心"和"存虚心"四个方面而展开，在实施国家课程的基础上，分别开设了与主题相契合的拓展课程。例如，在"明本心"模块中，以学科为单位开设兴趣培养系列课程和健体健心系列课程，如语文学科开设经典阅读课、数学学科开设思维风暴课、体育学科开设游泳健体课、心理学科开设户外团体心理游戏课等，融合体验式教学、社团活动、班会活动、户外体验等形式为课程的学习创设特定情境，让学生立足于学识的同时，兼顾多种能力的发展，最后得以个性而全面地成长。在"立善心"模块，学校则基于思想品德课，开设了时事政治、公益实践系列课程。前者以学生喜闻乐见的社会重大事件和民生时事为主要内容，以渗透式、主题式的形式将其与基础课相结合，让学生在课堂上就时事新闻展开自由评论与学习；后者则包括从"变废为宝"环保公益课、爱心义卖捐赠、志愿者讲坛等公益实践活动方面进行学习。时事政治和公益实践课程作为思想品德课的补充，培养了学生"乐于担当社会责任、热心社会公益、服务与奉献他人"的美好人格。整个课程体系让国家基础课程与拓展课程相结合，相互补充，共同促进了学生自我智慧的发展、沟通能力的培养、良好品德的养成以及包容之心的形成，达到了明本心、怀诚心、立善心、存虚心的教育目标。

（二）润泽心灵的特色化德育

德育作为学校的首要工作，体现了师生们一定的价值追求和相应的校园生活方式。在"心桥文化"引领下，学校以"让文明成为桥兴人的名片"为德育宗旨，进行了民族精神教育、文明礼貌教育、法制安全教育、心理健康教育、养成教育等多方面素质教育，逐步推动学校德育工作的全面发展。结合特色课程的实施，学校在德育活动方面设计了四个特色活动，分别是"明心书香节""暖心礼仪节""爱心公益节"和"美心文化艺术节"。针对不同年级学生的特点，设计不同的活动主题与内容，以适应学生不同阶段的身心发展需要。"明心书香节"中，初一学生在活动中学会读、写，初二学生集中于说、演的训练，初三学生则开展评书与好书推介、时政大讲坛等活动以培养良好的思辨能力，不同年级的不同主题与形式激发了学生阅读的兴趣，搭建起与自我沟通的智慧之桥，给心灵一份诗意的栖居；在"暖心礼仪节"中，通过评选"美丽女生"和"魅力男生"，让学生了解自己，塑造良好形象，尊重他人，学会和他人共处，从而搭建真诚的合作之桥。一系列的德育活动滋润着师生们的心灵，为心灵之桥的构建提供了重要的稳固的力量。

（三）培育心灵的规范化教师团队

为建设一支业务精湛的师资团队，学校从专业知识、专业技能和人文关怀等，为教师构建了一个多维的成长空间。学校积极开展校本教研，通过学科小组备课和新手成长课、名师观摩课、教学研究课和成果展示课等促进教师们共同研究、共同成长。同时，学校积极创设条件进行校际交流，努力实行"一季一访"或"一学期一访"，为教师们外出学习和考察创设机会，加强学校与市内各兄弟学校、省外名校的交流，建立校际学习共同体，促进学校之间资源共享、互补发展。学校还将仪式感融入教育中，定期举行入职礼、答谢礼、生日礼、晋升礼、退休礼，为教师们日复一日的教学生活注入新鲜感，同时给教师以尊重感、成就感和幸福感。在专业知识与师德建设方面，学校提倡教师积极阅读并举办师德专题活动以涵养教师美德。除此之外，学校还通过教师心理保健和特色工会活动，把教师从繁忙的教育教学工作中释放出来，让教师彼此的心靠得更近，以更加饱满积极的心态投身于教学事业中。

（四）怡情悦性的艺术化环境

文化是通过载体传播的，任何一种文化都有其独特的物质载体或精神载体，如建筑物、雕塑和口号等。市桥桥兴中学因地制宜，将"心桥文化"融入校园的规划和布局中，使学校建筑、景观、花卉、草坪有机地融为一体，塑造出桥兴中学独特的校园文化氛围，以潜移默化地感化、熏陶每一个桥兴人。走进校门就能看到大气的日升广场、精致的校训石、内涵丰富的理念墙和充满书香气息的园地、长廊等，处处展现了学校的哲思及其指导下的教育模式，昭示着文化育人的思路。除此之外，学校也设计了独特的文化标识，为校园中的每一处命名并赋予其内涵，充分利用学校中的每一处空间，突显"心桥文化"的核心内涵，让师生们无时无刻不受到精神上的熏陶。

学校文化建设和特色学校建设是一个漫长的过程，是全校师生长期教育实践的结果。"心桥文化"的构思及实施落地，让桥兴中学发生质的变化：

校本课程体系不断得以完善、优化，师生的文化生活更为多元、精彩，校园环境变得更加优美、雅致；展望未来，文化建设需要细心培养与落地，成长阶段的桥兴中学仍有较大的进步空间，学校将进一步深化文化建设，把学校的潜在优势转化为显性优势，树立起桥兴中学特有的品牌形象，从而真正实现跨越式发展。

参考文献

［1］陈树生，李建军. 课程文化：学校文化建设的核心［J］. 教育发展研究，2010（2）：84–87.

［2］顾明远. 论学校文化建设［J］. 西南大学学报（社会科学版），2006，32（5）：67–70.

［3］彭钢. 在学校文化建设中形成学校特色［J］. 教育发展研究，2008（2）：25–29.

特色学校个性化校园环境文化构建思考

广州市南沙珠江中学　郭兆棠

内容摘要：特色学校就是具有个性化特征的学校，其中校园环境的个性化是其重要特征。笔者认为，学校环境作为学校文化内涵和文化底蕴的重要承载者，具有重要的育人功能，学校环境建设是一种文化建设，是一种美学建树，是一个完整的、立体的艺术品，它反映了学校的文化品位和审美水准。本文就如何打造个性化校园环境文化进行了探索。

关键词：特色学校；个性化校园；文化构建

在推进学校均衡化教育过程中，特色学校建设使得教育的公平性和个性化更加突出，而个性化的校园环境文化又为特色学校增添了无穷的活力与色彩。

特色学校就是具有个性化特征的学校，其中，校园环境的个性化是其重要特征。校园环境文化是包括学校的校园建筑、场地设施等物质环境，景观布局、主题色彩、校园艺术景点、走廊文化、楼梯文化、班级文化、宿舍文化、餐厅文化等人文环境，以及环境的装饰点缀，如学校的绿化、净化、美化，具有教育含义的教育和教学场所设计与布置等，它是校园环境的整体格局，是学校文化的重要组成部分。

笔者认为，学校环境作为学校文化内涵和文化底蕴的重要承载者，具有重要的育人功能，学校环境建设是一种文化建设，是一种美学建树，是一个完整的、立体的艺术品，它反映了学校的文化品位和审美水准。一所名校，总会在学校环境方面给人以鲜明独特的标志，有独特魅力的校园环境成为人们选择它的重要元素。在特色学校建设中，如何让学校不仅有建筑美，布局美、艺术美，把传统文化和现代文化，文学和艺术，使人和自然有机地结合，实现人文、自然的和谐统一，是学校静态环境建设的一项重要课题。

那么，在特色学校建设过程中，如何打造有个性特质的校园静态环境呢？结合我校特色学校创建过程，笔者认为在构建个性化的校园环境文化过程中，要把握三大特征，遵循四大原则，实施五大策略，使校园环境文化真正成为特色学校的一张名片。

一、个性化校园环境文化的三大特征

个性化的校园环境是学校根据特色文化创建需要进行创建，经过学校师生长期自觉努力建设所形成的独特的校园风貌。独特性是个性化校园环境的核心特征，这种个性特质总是体现着时代的精神，总是凝结着学校科学的智慧，散发着师生创造的火花，同时，也是学校文化建设诸要素中最容易看得见、摸得着的重要环节。个性化校园所提供的优质教育不仅表现在校园风貌上的"优"，而且体现在活动内容上的"特"，即通过多样化的教育活动来满足不同的学生的兴趣、爱好、特长及潜能的需要。具体来说，个性化校园环境的主要特征表现为独特性、优质性和创新性。

（一）独特魅力的校园环境文化

所谓校园环境文化的独特性，就是指具有自己鲜明的文化烙印和标志，从而区别于其他学校的文化。我们经常强调，独特就是与众不同，就是无法复制。首先他表现为办学理念的独特性，一所优秀学校一定要有自己鲜明的办学理念，它凝聚了这所学校的个性风格、文化品位和人才培养等特色。适合本校特点的鲜明的办学理念一经确立，并成为全校师生共同追求的奋斗目标，学校就有了自我超越、追求特色的可能，学校的凝聚力、吸引力、向心力、感召力也会得以增强。

南沙珠江中学根据学校特点，提出了"以德载育、以美育人"的办学理念及"珠玉为品，江海为学"的校训，这是基于学校区域文化、学校校名及办学历史提出的办学理念，在此基础上形成了"珠江水韵"的特色文化。在校园环境构建中个，突出了如"珠江大道、珠江水系图、珠江乐园、珠江大舞台"等诸多具有独特意义的景观，来彰显办学理念。

（二）优质高效的校园环境文化

一所特色学校，它的校园环境一定是最能代表学校特色文化的。我们说，个性化就是个体的优质化，它是个性化的基础和保障，是个性化形成和发展的环境和土壤，优质决定着校园环境文化的档次和质量，离开优质性，个性化就成了无源之水、无本之木，就缺乏生命力。个性化是优质性的外显，它是优质性这块肥沃土地上结出的硕果，进而又不断激活优质性使之保持活力，点面结合，整体优化。个性化校园环境的优质性主要表现在三个方面：一是校园环境设计布局本身的先进性和科学性，二是校园环境具有不可代替的教育功能，三是活动整体水平的丰富高效。

南沙珠江中学在整个校园文化设计过程中，紧紧围绕这三大功能进行，学校重点打造的环境景观，如"珠江水系图""珠江大道""珠江之航"等，成为水文化最好的彰显，亦成为无声的教育课堂。

（三）与时俱进的校园环境文化

既要弘扬，又要重创新，让校园环境文化能够不断适应学校文化的发展，不断为培养更多优秀的时代人才发挥作用。许多名校的校园环境风貌因为具有极强的生命力、丰富的文化底蕴而长期保留、沿袭下来，有的可能会因不合时宜、不能体现时代精神而被淘汰，有的则因为教育改革与发展的需要而被赋予新的时代精神和内容。南沙珠江中学水文化特色的不断创建过程，就是学校文化不断丰满的过程，也就是校园环境不断调整布局的过程，师生在这个过程中不断受到其影响和熏陶。

二、个性化校园环境文化构建的原则

校园静态环境构建是为教育教学服务的，是为培养学生服务的，在具体的设计和规划过程中，其规划和设计必须遵循特色文化创建的原则，遵循美育的原则。

1. 融合于理念文化

学校的办学理念文化是学校环境文化的核心与灵魂，环境文化建设必须依托学校理念展开，并丰富和彰显办学理念，因此，学校环境文化规划必须遵循与理念相统一的原则。如南沙珠江中学的"珠江大道"是一进门的主干道，道路右边四个宣传栏的造型像海水波浪，颜色为蓝色，宣传的内容为珠江水文化，这与学校的办学理念相互融合。

2. 注重实际实效

校园环境是学校文化的一部分，任何模仿、复制他校的做法皆不可取，环境文化建设必须根据地区特点与学校的实际情况，注重地域文化和学校实际的有机结合，注重实用、有效和持续性，有效地利用人力、物力和财力，扬长避短，因地制宜，突出特色，发挥师生智慧，充分体现学校环境建设的多样性和特色性，从而全面提升学校环境文化的品质。南沙珠江中学根据学校特点与优势，打造水文化特色，校园环境构建围绕水文化特点进行构建。

3. 服务于教育教学

在学校环境的构建中，我们感到，好的校园环境，必须服务于教育功能，能为学校教育教学营造最好的氛围，透射出来的独特的感染力、凝聚力和震撼力。教育环境文化的建设要紧紧围绕教育功能而设计，体现教育的特点，以适合育人、利于育人、科学育人的原则进行，为学校的教育教学的目标服务。注重探析学校的含义、教育的隐喻、场所的精神和学校的风格，学校的空间、建筑、庭园和设施所构成的物质文化，因为这会影响师生的思想、人格、学习态度和价值观。如学校在操场的一边围墙，以经典成语故事进行装饰，彰显德育；教学楼楼梯以名人名言进行点缀，让学生通过通俗易懂的字画受到教育和启发。

4. 体现以人为本的思想

学校环境文化建设要突出"环境育人"的重点，体现人本原则，对师生产生正面的影响。学校环境规划首先是要为人服务，让人在繁杂的学习间隙享受到怡人的文化环境，使身心得到休养。因此，可以通过园景小区、广场文化、道路文化、文化墙等提升学校的文化品位，达到良好的视觉效果和环境效果，营造人性化的空间，体现"以人为本"的设计思想。

学校是教育的场所，学校文化因学校的不同而不同，尤其是独特的学校环境，对青少年的成长与发展具有重要的作用和意义。学校环境文化建设需要个性化的规划方案，从而体现学校自身独有的特色文化，继而形成环境文化品牌。在进行具体环境文化建设时，需要考虑学校的理念文化、办学思想、办学特色、教育思想、面积大小、功能分区及地域文化等诸多因素，规划文化主题，借助各种表现形式进行文化渲染，从而让学校的环境文化呈现出鲜明的风格特色。

三、个性化校园环境文化构建的策略

1. 校园环境建设要充分彰显办学思想

办学思想决定了一所学校办学方向、办学思路和办学目标。特色学校的校园文化环境建设，首先要充分凸显学校的办学理念，要集中体现学校主体思想，它是办学思想的物化。如中国人民大学附属小学（以下简称人大附小）把校园文化建设与办学思想高度融合，学校提出了"七彩教育"的理念，提出了"创造适合于儿童发展的教育环境"口号，学校力求通过"七彩德育、七彩课程、七彩社团、七彩环境、七彩评价、七彩培训、七彩同盟"等方面去打造学校"七彩教育"特色。为此，学校对此做了整体规划。

弧形的七色彩虹大门，鲜艳夺目；学校大堂的显眼处用红色水晶字写上"丰富七彩教育内涵，创新七彩教育特色，打造七彩教育同盟，实现七彩教育真理"的醒目标语；不管是老师、学生、家长，一走进校园，都会感到一股浓郁的文化气息扑鼻而来。

2. 校园环境建设要真正做到浑然一体

规划是战略性问题，布局是战术性问题。规划的立足点是"整体"，布局的关键是"有序"。只有做到整体有序规划，才不会"乱"，不会"散"，才会尽力体现出学校的思想和精神，个性和风格。学校是育人的场所，在校园文化环境建设的规划和布局中，要严格遵循整体性原则，统一性原则，全局性原则。每一个布局，都能反映出学校独特的文化品质和审美情趣。"让墙壁边也会说话"，不等于乱张贴，无章可循，而是有规划、有序列，有教育的主题。使其既达到内容丰富，主题突出，又达到色彩怡人，美观大方。很多学校在校园环境建设过程中，想到一点做一点，一年一个样，一任校长一个想法，主题模糊、色彩零乱，这样便失去了校园环境文化的育人功能。

人大附小充分利用了空间作用，每个楼层对"七彩教育"做了逐一的阐述和展示，既有温馨提醒，又有行为规范，既有古今故事介绍，又有现代时尚的要求，内容多姿多彩、包罗万象。即便这样，也给人多而不乱，和谐有序的感觉。一个楼层是一个整体，一条走廊又是一个内容。学校的 10 间美术室、科技室布置各不相同，内容丰富、各具特色，成为学生向往的学习圣地，成为培养学生创新发展和动手操作的好场所。为培养全面发展，个性发展的学生提供了"七彩"的阳光大道。

南沙珠江中学在校园环境设计中，也特别注意其整体性、全局性，校园中的几个主要景观都用"珠江"作为冠名，如"珠江水系图""珠江大道""珠江之韵""珠江之航""珠江大舞台""珠江乐园"等，从而使它们之间有机地连在了一起。

3. 校园环境建设要全面展示个性气质

成功的特色学校校园景观打造，一定是自然美、和谐美、个性美的有机结合。它本身就是学校气质的一种最直观的外显，也是能在最短的时间内打动人的地方。因此，校园环境文化建设要充分考虑学校特色和个性，突出学校的气质，也就是学校的风格。在校园文化环境建设中，不同的办学者，就有不同的办学风格，能把学校办成不同的气质。我们强调要尊重个性，重视个性的价值，善于利用一切有利的个性因素和个性化方法，去营造个性化的环境，使学校富有个性化的魅力和功能。如果一味照搬模式或经常改变，校园文化自然就会大众化，既没有传承也没有创新，缺了历史之根、文化之根。

近年来，佛山市南海区大沥实验小学提出了创办"气质教育"特色品牌学校的目标。其核心思想，就是要通过实施"气质教育"，把学校打造成有梦可想、有梦可圆的摇篮，情感丰富、体验成长的精神家园，领悟知识、发展能力的学习乐园，生态雅致、健康向上的魅力校园。为了进一步配合开展"气质教育"，学校对校园文化重新进行了整合和规划，邀请校园文化专家进行精心设计，使学生时时处处沉浸在"气质教育"浓郁的氛围中，使学校"气质教育"呈现出由内而外，由外而内的丰富的教育内涵，充分凸显了大沥实验小学的独有个性和气质。

4. 校园环境建设要善于渗透美学元素

特色学校校园景观本身就是一道风景，一种美，美的元素在校园环境建设中显得尤为重要。学生在优美的校园环境中受到感染和熏陶，触景生情，因美生爱，从而激发学生热爱学校，进而热爱家乡、热爱祖国的高尚品德和道德情操。如在鲜花绽放的自然环境中，学生心情就会变得愉悦；在一尘不染的环境中，学生自然就不会乱扔纸屑；在假山流水旁，学生的心态自然就变得平和；在科学家的雕像旁，学生就自然会受到科学的启迪，引起强烈的向往，点燃创造的火花。多彩的校园文化适应了学生精神需求的多样化、个性化的特点，避免了对学生人格塑造单一化的倾向。引导学生真正懂得并体验到诸如"大方""优雅""气质""风度"等这些描述美的有关词汇的含义，从而把这些词汇的内涵变成他们自觉的行为，使追求美、享受美、创造美成为他们生活的需要。

我们一走进南沙珠江中学的大门，便迎来了"珠江大道"，大道两边按照"生态、雅致、人文"的要求进行布置。这里四季常青、丹桂飘香、鲜花盛开，帆船造型的宣传栏成为一道最美丽的风景，走在"珠江大道"上，可以欣赏珠江文化、熏陶中华国学，享受绿草花香。这里总能彰显出学校热情阳光、开放创新、昂扬向上的气势和精神，总能看到一种浸透着浓郁馨香的艺术之美，一种到处充满绿色的环境之美。通过美丽校园的建设，全力缔造校园魅力文化，让校园充满独特的气质，整个校园呈现生态、雅致、人文的品位，让广大师生自始至终得到美的熏陶。在校园文化建设中，学校始终将学生审美能力的培养作为校园文化建设的核心内容，使校园文化成为学生创造美和享受美的文化过程。

5. 校园环境建设要重视精品和细节

细节是特色学校校园环境构建成功与否的关键，打造个性化的校园环境赢在细节。在管理学中强调"细节决定成败"，细节的差别，就是个性的差别，把校园建设得最好，就是让校园环境建设的细节做到位。决定细节成败，关键看文化元素有无体现在每一个细节中。所以，我们必须千方百计为校园环境增添浓郁的文化色彩和教育意识，增强环境育人的功能，在环境建设中，应从整体布局、建筑造型、色彩、视野入手，延伸到室内美化，校园净化。正如一位教育家所说："一所学校，走进去布局合理，到处有绿化，校园优美，使人感到愉快；到处干干净净、整整齐齐，使人感到精神振奋，然而这种心理效应使人产生一种无形的约束力，不具有强制性，却能引发主体感情上的共鸣。"

  细节设计体现了校园文化建设的品质和档次。而在学校的文化环境建设中，往往最被人忽略的也是一些细节，如楼梯底、洗手间、垃圾桶等。这些地方既是育德的重要场所，也是美育教育的重要场所。我们可以通过让学生描画一些小幽默画挂在洗手间里、让学生动手在楼梯底摆放一些观赏性的作品、让美术老师在垃圾桶上粘贴绿色环保标语等来达到教育的目的。总之，目之所及都能让学生感受美学教育，彰显学校的个性特质。如我们其中的一座教学楼，楼的表面是用经典的岭南风格的花窗进行装饰，在设计过程中，我们把这个特色文化保留了下来，我们认为，这本身就是一种文化的彰显。

  南沙珠江中学的教学楼环境装饰设计别出心裁，如教学楼板块我们定位为"珠江之航"，意为"读书·成长·起航"，左边的教学楼是整版浮雕，浮雕画面丰富多彩，洋溢着学生崇尚科学、崇尚艺术、崇尚读书、崇尚礼仪的氛围，右边教学楼整版是岭南风格的花格雕窗，简约大方，充满了雅致和灵气。

  精品是校园环境的画龙点睛之处，是学校的标识和记忆。校园文化建设又存在整体和局部的关系。整体的主题容易突出，但鉴于学校的财力等因素，不可能处处打造精品。因此，在布局上，就要有点精之处，又要有独特之美，让每一个留足之人眼前一亮。如设计一堵留影墙，一个刻有名言警句的石头等，都能表现出一种积极的、乐观向上的精神，体现出那种独特的校园感染力、凝聚力和震撼力。

参考文献

[1] 陈丽萍. 论校园文化建设 [J]. 经营管理者，2010 (21).
[2] 刘圣维. 结合校园文化的中学校园室外环境设计初探 [D]. 北京：北京林业大学，2013.
[3] 顾明远. 论学校文化建设 [J]. 西南大学学报（人文社会科学版），2006 (5).
[4] 何长平. 现代中小学学校文化建设研究 [D]. 南昌：江西师范大学，2006.

以人文关怀为载体，构建校园和谐管理模式

广东第二师范学院广州南站附属学校　黎艳冰

内容提要：学校要可持续发展，必须由人治走向法治和德治。校长要以德治校，最有效的方法是以人文关怀为载体，构建和谐校园管理模式。要构建和谐校园管理模式，按照马斯洛的需要理论，不能把人文关怀简单化。要把人文关怀落到实处，必须施行民主管理，尊重教师的情感体验，给予教师最真诚的认同和肯定，构建以尊重为基点的和谐管理模式；要把人文关怀落到实处，必须注重硬环境和软环境的优化，构建以营造优质人文环境为铺垫的和谐管理模式；要把人文关怀落到实处，必须建立培养机制，创设展现平台，促进教师专业成长，构建以教师发展为核心的和谐管理模式。这样，学校的管理必能最终走向和谐，学校得以可持续发展。

关键词：人文关怀；尊重；环境；发展；和谐

学校要可持续发展，必须由人治走向法治和德治。从管理的角度来说，笔者认为法治和德治的核心应该是制度建设和人文关怀。

先说制度建设。根据有关的法律、法规，结合学校的实际，建立有效、可操作的规章制度，这是治理学校的基础。校长是学校制度的建立者和推动者，学校的各行政领导，从校长到中层干部层层推动、层层遵守、层层实施。学校的制度建设好了，学校的运作就井然有序，就不会事无巨细都依赖校长一人。好的制度使二、三流的人成为一流的人，坏的制度则相反。好的制度，才能转化成可持续发展的资源。

但如果一所学校只是依靠制度建设去管理学校，校长没有自身的人格魅力和才华魅力去感染教师和学生，那么，教师也只是一具教书机器，学生在离开校园时，带走的也仅仅是升学的分数。校长要以德治校，校长以高尚的品德征服师生，以独特的魅力感染师生。"法治"与"德治"有机结合，学校的管理定能井然有序，生机盎然。

而在德治中，人文关怀是一个关键要素。

法国作家拉封丹写的寓言故事，北风和南风比威力，看谁能把行人的大衣脱掉。北风认为力气大，呼啸而来。寒风凛冽，行人为了抵御北风侵袭，把大衣裹得紧紧的。南风则徐徐吹动，顿时风和日丽。行人觉得春暖上身，开始解开纽扣，继而脱掉大衣，南风获胜。著名的南风效应告诉我们：管理的最佳境界是使管理对象自动自觉地行动。而能让整个团队自动自觉地、创造性地完成本职工作的最佳方法是，以人文关怀为载体，构建校园和谐的管理模式。

古人云："感人心者莫先乎情。""善治必达情，达情必近人。"对教师多一点人文关怀，有助于整体人际关系的和谐与平衡，使学校的发展充满动力和活力。有人把人文关怀单纯理解为嘘寒问暖，为老师的生活排忧解难，这只是把人文关怀简单化、表面化了。这只是最浅层次的人文关怀。真正的人文关怀应该是以尊重为基点，以人文环境为铺垫，以发展为核心，构建和谐的管理模式，以达学校可持续发展之目的。

一、落实人文关怀，构建以尊重为基点的和谐管理模式

按照马斯洛的需求层次理论，尊重需要是一个人的基本需求，每个人都有自尊心，都有被尊重、被理解、被肯定的需要。所以，管理者首先必须在管理中学会尊重，尊重教师的人格、尊重教师的工作、尊重教师的合理需要。

（一）民主管理，是对教师的最大的尊重

学校管理应提倡"参与"管理。管理心理学的研究表明，让普通成员参与管理的活动，对于工作的推进，士气的提高，组织的巩固，心理气氛的改善都有莫大的作用。

通过民主途径，让教师参与学校各种重要的工作决策，从而调动并激发其积极性。学校制定管理制度、职称评定、评优评先时，应与教师沟通，在教代会充分酝酿，达成共识后，再确定。学校的发展蓝图，让老师们一起规划，大家共同分析学校的现状和设计规划学校的将来，让教师看见学校的未来，让普通教师树立"主人翁"的心态，一起为学校的未来拼搏。学校的大小事务，让教职工有知情权，管理者以坦诚的方式公开学校的事务，让教职工真切地感受到自己是学校的主人。老师们一旦参与了管理，就等于给自己施加了压力，不但说明领导尊重信任教师，也可发挥广大教师的才能，使

教师产生强烈的自主感和主人翁意识，同时，通过参与，让教职工体会到了领导在组织管理中决策的不易，从而达到与领导的情感沟通，促进相互理解，营造了和谐的管理氛围。

（二）要学会尊重教师的情感体验

情感体验是教师工作的内在驱动力，关注教师的情感体验是尊重教师人格和尊严的体现。学校除了要求教职工服从学校目标和安排外，还需要更多地顾及教职工的利益，满足教职工的合理需要，做到关心每一个人，关心每一个人的个人价值和奉献，让他们有一个良好的情感体验，他们才会最大限度地与学校融为一体，把自己看作学校的一个元素，与学校同呼吸、共命运。

有鉴于此，管理者首先要为教师建立广泛交流渠道。例如，召开教代会、民主生活会、座谈会，开设校长信箱、网上电邮等，主动了解教师的诉求。管理者还要善于倾听，做教师的知心朋友。倾听是一种良好的沟通方式。在和教师交谈时，通过倾听，可以了解教师的思想动态、工作困惑，甚至家庭的烦恼，加深彼此的感情；可以及时发现管理中存在的问题和不足，并迅速做出判断和调整；可以减少误解，消除摩擦；可以获得更多的信息，更好地了解情况、促进工作。

良好的交流和沟通，尊重教师的情感体验，提高了教师的自信心和自尊心，增强了教师对学校的归属感，同时也让教师了解领导的内心世界，这样，必能减少学校发展的摩擦力，增强学校的凝聚力。

（三）给予教师最真诚的认同和肯定是高层次的尊重

威廉·詹姆士说过，"人类本质中最殷切的需求就是渴望被肯定"。要使教师自身价值实现最大化，学校管理者在管理过程中要懂得赏识教师，认同并欣赏教师的进步，给予最真诚的认同和肯定，使每一位教师获得成就感和教育的愉悦。

有这样的一个管理案例：美国有一位著名的校长罗格，他曾获得美国国家校长协会的"超级苹果"奖。每当他看到创造性的教学方案时，他都会给教职人员写出一条又一条的短信，而同时，给每一名老师写的纸条内容都是不同的，因为他要确保能够表扬到每一位教师的具体行为。

在工作中，如果老师们时时感受到领导的重视、得到领导的肯定，他们会由衷地喜爱他们的工作，焕发出努力工作的无穷动力。

每所学校都有能力相对薄弱的教师，对于他们的优点和长处，更需要得到领导的认同和肯定。让每个教师去做最擅长的事情，是管理的最高境界。特别对于有着明显弱点的教师，作为学校管理者不能轻视、歧视他们，而应关心他们的感受，在理解、宽容的前提下，适时帮助他们纠正缺点，进而找到相应的坐标，实现他们的价值。管理者应按学校教育工作的需要设岗，让全体教职工认识每一个岗位都同等重要。分配工作时，尽可能照顾每位教师的特长。班级科任教师的搭配，尽可能优势互补。让每位教师都能发挥他们的长处，最大限度地在本岗位上发挥其最大的价值。

二、彰显人文关怀，建设以优质人文环境为铺垫的和谐管理模式

良好环境，有利于提高人的生活质量，有利于人的健康成长。作为一名管理者，要善于通过人文关怀，注重硬环境和软环境的优化，创设一种高洁、明丽、健康、和谐的校园环境文化，使学校变得更和谐、更有吸引力。

（一）美化硬环境

笔者认为，在硬环境中，要注意精品意识和主题意识，形成学校自己的特色和独特的风格。通过走廊墙壁的利用，橱窗、名人挂像、指示牌的规范，教师办公室的装饰与布置，各专用教室的内部陈设，以及学校里的花、草、树、木等办学资源，来规范师生行为，净化师生的心灵。为老师精心创设一个幽雅、明丽的工作环境，烘托一种浓厚的人文氛围，让学校的每一个角落都洋溢着管理者的无微不至的人文关怀。

（二）优化软环境

给教师创设一个和谐、宽松的成长环境，精心营造一个良好的人文环境，创造一种健康向上的精神文化氛围，能使教师感受到集体的温情，产生对学校强烈的归属感，在充满人文关怀的校园文化中，怀着快乐的心情为学校工作，努力实现人生价值。

1. 要创造优质的软环境，管理者要发挥表率作用

古人云："其身正，不令而行，其身不正，虽令不从。"苏联教育家苏霍姆林斯基反复强调："学校领导人只有不断完善自己既作为教师又作为教育者的技艺，才能充当教师和学生的优秀而有威信的指导者。一个好校长，首先应当是一个好的组织者、好教育者和好教师。校长肩负的重大责任对他的精神世界——他的道德情操、智力素养、意志品质——提出了许多要

求。"因此，学校领导必须严于律己，凡要求教师做到的，自己必先身体力行、克己奉公、廉洁自律，当好老师的表率。

2. 要创造优质的软环境，管理者要注意给每一位教职工提供一个自由、广阔的工作空间

①注意在制度文化中渗透人文精神，在管理中强调"将心比心"，注意制度执行的原则性和灵活性有机结合，使教师在工作与生活之间找到和谐的平衡点。②发挥教师的创造性，允许教师在遵循教学的基本规律的基础上，不要硬性规定教师的教育手段和教学方法，"八仙过海，各显神通"，形成各自的教学特点和风格。③综合评定教师的工作成绩，不单纯以学生成绩的优劣来评价教师工作的好坏，要建立一整套的发展性评价制度，以师德、师风的建设配合规章制度的管理，对教师付出的辛勤劳动一个公正、合理的评价。④给教师以充实的图书资料和宽阔的网络环境，以供汲取新的知识营养，给他们充分的时间，以便保证备课和业务学习。

3. 要创造优质的软环境，管理者要注意给每一位教职工创设宽松、民主的人际环境

①从学习、工作、生活和思想上关心每一位教师，一心一意为教师办实事，使教师安居乐业。积极主动为教师排忧解难，让他们体会到浓浓的人文关怀，时刻感受到学校大家庭的温暖。只有时刻沐浴在校长的人文关怀下，教师的工作积极性才会十分高涨。②开展丰富多彩课余生活，如鼓励教师课间参加体育锻炼、集体旅游、举办晚会（联欢会、联谊会）、开展读书活动等，愉悦心情，陶冶情操。③创设良好和谐的教师人际关系。管理者要处事公正，协调好教师间的关系，引导教师加强自身的修养，做到严以律己，宽以待人，通情达理，顾全大局。教师间保持友好、合作的态度，在集体中每个人都能受到他人的尊重和信任。

在这样充满人文关怀的校园环境中生活和工作，教师必定会充盈着幸福感和愉悦感。

三、凸显人文关怀，构建以教师发展为核心的和谐管理

人文关怀的核心是关注人的发展。关注自我的专业成长是当代教师最重要的特征，也是教师最迫切的情感需求，一所学校管理者的使命就是最大限度地引领教师发展，真正把"以教师的发展为主"的思想落到实处，学校的管理才能最终走向和谐，学校才能可持续地发展。

(一)建立培养机制,促进教师素养提升

真正的人文关怀应该是,给教师学习和培训的机会,让教师看见自己与时代共同进步。教师的发展是教师自身幸福感的源泉。教师的发展,离不开学校有计划的培养。

1. 开展校本培训,提高教师的综合素养

①定期开展理论学习和业务培训。管理者组织开展每周的学习培训,学习最新的教育教学理论,更新教育教学观念,提高教师理论素养和业务水平。②采取"走出去、请进来"的方法。邀请有关的教育教学专家和名师来学校传授经验;组织教学骨干教师参加各类的教学教研活动;鼓励教师参加专业学术研究,启迪教师的专业智慧。③校内同伴互促。学校组织中层领导、年级负责人、科组负责人进行"地毯式"的全员听课、评课活动,以及经常性的教育反思交流活动,强化教师的专业情意。④发挥本校名师效应。通过本校名师引领,提升教师的专业精神。⑤书香熏陶。学校组织教师进行读书活动,举办读书沙龙,营造浓郁的读书氛围和研究氛围,提高教师的理论水平和人文素养。

2. 落实继续教育工作,提升教师的专业能力

组织全体教师积极参与教育部门举办的各学科的继续教育课程,提升教师的业务水平和专业素养。

总之,给每位教师创造学习、进修和提高的机会,使培训制度化、常态化,以满足教师可持续发展的需要,从而可以更好地适应教育改革和社会发展对教师提出的新挑战与新要求。

(二)创设展现平台,促进教师专业成长

真正的人文关怀应该是,给教师脱颖而出的机会,建立绩效考核机制,为渴望成长、希望承担更大责任的才俊提供事业平台。

1. 建设"三大工程",搭建教师专业发展的平台

根据教师"望生成才",渴望有所作为的心理特点,采取措施,营造氛围,鼓励教师成名成家。①实施以培养优秀青年教师为主的"青蓝工程"。学校组织所有青年教师参加"青蓝工程",给每一位青年教师都分派了专业导师,进行"师徒结对",把年轻教师推上第一线,通过上研讨课、观摩课等活动加速教师的成长,让优秀青年教师脱颖而出,成为教坛新秀。②实施以培养骨干教师为主的"栋梁工程"。中青年教师是学校发展的中坚力量,学校要制定中青年教师的发展规划和推进中青年教师快速成长的一系列规章

制度，给中青年教师提出明确的奋斗目标。③实施以培养知名教师为主的"名师工程"。积极培养中青年骨干教师，积极争取机会让名师参加各类培训和研讨，鼓励他们参加各级各类教育教学竞赛、学科大比武、教学公开课等活动，同时学校定期举行名师才艺展示活动，努力为中青年教师成长为各级名教师搭建平台。

2. 广开渠道，搭建教师施展才华的舞台

真正具备人文关怀的管理者，必然是个具有海纳百川的宽广胸襟的人。胸怀宽广的领导，能够接纳不同的教育思想，尊重不同教师的各种观点、各种想法，尊重教师的思想个性和教学个性。

朱永新教授说："高明的校长并不怕教师抢自己的'风头'，相反，他总是鼓励每个教师去追求卓越，鼓励教师进行教改探索，鼓励教师著书立说，成名成家。而且，这样的校长总是甘于为教师的成长做铺垫性工作，总是尽一切努力让教师站在自己的肩膀上看得更远，跳得更高，做得更棒！"这样的管理者，让学校充满希望和活力。

（1）让每位教师都能找到自己的舞台。教师存在着个体差异，有的活泼开朗，爱唱爱跳；有的内向腼腆，擅于写作；有的技能稍差，但敬业踏实；有的教学能力强，但工作欠勤恳；等等。管理者一方面要了解每位教师的需要，把握每一位教师的特长，从合理需要出发，营造机遇，知人善任，发挥每个教师的优势，使教师树立"天生我材必有用"的价值观，为每一位教师创设一个充分施展才华的舞台，让他们都可以找到属于自己的一方天地。

对于能力相对薄弱的教师，更要帮助他们纠正缺点，扶一把、带一程，为他们展示自我创造机会，使其获得自我效能感的提升，实现价值。在价值实现的同时，他们得到的是自身专业技能的成长、是心理成就感的最大满足。如果管理者真心实意地为教师人生价值实现搭建广阔舞台，那么，学校就一定成为教师最向往的地方。一旦形成良性循环，教师、学校就会健康和谐地发展。

（2）努力创设公平竞争的用人平台。然而，人文关怀并不是不要竞争，管理者应采取激励与引导相结合的办法，从教师职业的特点和自身发展需要出发，以"过程与绩效同等重要"为原则，通过自我剖析、审视，反思自己，让老师们找到优势、差距和努力方向，激发他们发展的自觉性和主动性。管理者可以通过建立健全晋升制度、表彰制度、奖励制度、选拔进修制度等以满足教师高尚情感需求，用人不论资历、不分亲疏，只讲工作实绩和管理水平，努力营造"能者上，庸者下"的良好氛围。建立良好的人才发展机制，创造机会，让有能力、有才华的人脱颖而出，使教师看到他们努力投入的价值和回报。

华东师范大学叶澜教授说："要把教师当成一个人，去感知，去读懂……只有把精神发展的主动权还给教师，才能让学校充满勃勃生机。"管理者以人文关怀为宗旨，构建和谐管理模式，营造宽松、团结、竞争、激励的和谐管理氛围，必定能引领全体师生共同开创一个合作协作、自主发展、全面发展、和谐发展的新格局。

"九年"容易,"一贯"难?
——谈九年一贯制学校如何"贯"起来

李巨荣

"贯",连贯也。所谓"九年一贯制"学校,通常是指该校的小学和初中施行一体化的教育,小学毕业后可直升本校初中。当下,全国不少地方都进入了"一贯制"学校发展的新时期。该模式把教育的功能定位在发展而不在选拔上,较好地诠释了义务教育的公平、均衡发展原则。有利于教育均衡和公平、有效缓解择校热、减少办学成本、利于课程改革的一体化、连续性好,有利于学生的个性特长发展和学校特色发展等,是九年一贯制学校公认的优点。但是,"一贯制"学校与单一的小学或中学相比,如果在其发展过程中所凸显出来的弊端没有得到及时的解决,将导致"九年"容易,"一贯"难。

一、为什么"一贯"不起来

九年一贯制学校办学的优势是显而易见的,但一些九年一贯制学校存在难以真正"一贯"起来的现实也是客观存在的。这不仅使九年一贯制的优势发挥不出来,还会在实际运行中出现理念不同、文化冲突、管理困难等诸多矛盾,一定程度上将阻碍学校的健康发展。九年一贯制学校在办学过程中需要破解的问题不少,但就目前而言,学校管理、课程衔接、师资融通三大方面的问题是制约学校发展的最大瓶颈。

1. 管理难度加大

一般而言,九年一贯制学校人多、事多、物多,加之中小学教育规律不同、教师层次不同,学校内部管理难度加大。这些学校共有9个年级,小学一年级(6岁)和初中毕业生(15岁)之间年龄有9岁之差,他们在一个校园里生活,这在生理上和心理上都是一个很大的跨越,虽然谈不上"代沟",但也没有"共同的语言",没有共同的喜好。再者,教育管理的量大、复杂又困难。中小学推进素质教育在要求的执行上有差异,特别是初中受中考制约，许多学校狠抓学生智育不敢有一丝懈怠，尽管在"一贯制"的教育生态下，但学校却很难用一把尺子衡量中、小学教师个体的教育教学工作，教育评价的难度反而增大。学校虽"一贯制"办学了，但教育行政部门对中小学仍分开核编、分开督导评估、分开核发奖励性绩效工资基数、分开教师职称评聘指标。在这种情况下，让老师们感觉一个学校里有两种不同身份的人，不利于教师的统一整合使用，严重影响了教师工作积极性的发挥。而且，还很容易导致以下情况的出现：学校中学教师没有一级教师名额，但是小学却空置了很多一级教师名额，又不能给中学用，中小学矛盾非常突出。这使得学校在管理过程中稍有不慎或处置不当就会影响教师的工作积极性。

许多九年一贯制学校都是"中途转制"的，大多是"一块牌子，两套班子"，校长大多是中学部校长兼任，对小学的管理不熟悉。其他管理干部又出现中小学比例失调，往往是初中管理干部多，小学干部管不了中学，中学干部又不懂或不愿去管小学的困境。有些学校只能采取"局部变革"策略，如后勤、党务、工会等一些非业务部门进行一体化管理，教学、德育业务部门仍分开管理。有些学校虽尝试完全的一体化管理，也因为缺乏实践经验，只能摸着石头过河，困难重重。

再加上教育主管部门并不重视对九年一贯制学校的研究，缺乏对九年一贯制学校发展中存在问题的重视。教育主管部门业务口是中小学分开的，所以上级业务口不管是不是九年一贯制学校，中学只管中学的，小学只管小学的。而教育主管部门的评价，大多数地方没有专门针对九年一贯制学校的督导和评价办法。一般情况下，主管部门还是将其作为独立的初中和小学与其他学校等同视之的。也就是说，一贯制的初中部，与其他初中学校一样看待；一贯制的小学部，和其他的中心小学或村庄小学没有什么两样。这样，九年一贯制学校在平时的工作中，就会出现一种"分别对外"和"各自对上"的局面，而不是作为一个整体出现。

因此，目前九年一贯制学校办学仍面临体制、机制变革的难点，在运行过程中依然存在学校管理、教师管理、学生管理、教学评价等方面的诸多困难，学校管理者文化认同和管理能力、教师教育教学能力和工作适应性等均受到挑战。

2. 课程难以衔接

九年一贯制学校在发展过程中难以真正"一贯"起来，其中最关键的原因是，一些学校的课程衔接、贯通不顺畅，难以实现一盘棋发展。中小学的课程计划与课程设置都有着差异。就课堂教学时间而言，小学一节课40

分钟，中学一节课 45 分钟。在九年一贯制学校，往往会出现这样的尴尬场面，操场上挤满了上体育课的学生，小学体育课没下课，中学体育课开始上课了，操场上上课的上课，玩的玩，尤其是上到球类课，小学生往往好奇，在操场上追逐观望，增加了中学教师教学安全管理的难度。现在，大部分的学校就课堂教学时间上的差异情况，通过中学统一 40 分钟，每天增加 1 课时的办法解决这个问题。

小学初中课程内容和教学要求也有着较大的差异。目前，国家课程的教材都是中小学分开独立编写的。小学到六年级有总复习与毕业会考，是一个相对独立的课程体系。比如数学，中小学都有，但在课程内容上并不是中小学无缝对接的，最为突出的是中学老师并不了解小学数学的教学要求，对教学的起点把握不准，无法体现九年一体化的衔接贯通的教学优势。另外，六年级、九年级为应对毕业或升学统考，有些学校会过早地结束毕业年级的课程，留出大段时间用于复习，这将会对学生的创造性和学习兴趣造成很大影响。与此同时，语数外等主科地位强势，非中考科目被边缘化，体艺课程又不能满足学生个性发展的需求。由于中小学课程及教学要求的不衔接与不贯通，从而影响了学校素质教育的真正实施。

3. 师资难以融通

大多数九年一贯制学校是"合并型"的，几乎都存在着管理上的磨合和文化间的冲突问题。教师虽同处一个校园，但一旦遇到事情，中小学教师之间相互扯皮的情况时有发生。一些由中小学合并而成的学校，尽管学校组建也有几年了，但仍有这样的现象，在食堂打饭，中学教师排一个队，小学教师排一个队，自动划清界限。窥一斑而见全豹，九年一贯制学校的教师要真正融合不是件易事。

中小学的教师在教学理念、工作氛围上也有着较大的差异。一般来说，小学教师上班比较晚，分数、质量压力不是很大，教科研氛围良好。而中学教师到校比较早，中考压力大，平时更多的时间花在批改作业上，教科研氛围一般。当前，初中教师相对宽裕，小学教师严重缺编，但由于中小教师是分类核编的，所以学校仍很难将中学教师调配到小学任教。教育行政部门对中小学教师岗位职级的配比也有差异，因而往往出现小学有一级或高级岗位，中学同职级岗位又特别紧张，但学校又不能将此调剂给中学用，中学教师又不愿流动到小学，中小学之间的矛盾非常突出。师资难以融通的困境，在短期内会在一定程度上制约学校的发展。

正因为有着诸多的差异，所以一般的九年一贯制学校都分为两个学部，给人的感觉如同是一个小学和一个初中的简单组合，给管理上带来了较大的麻烦，还不如单一学段好管理。如果不拆掉中小学之间那道天然存在的墙，不破除中小学教师之间的隔阂，不填补中小学课程设置、教学研究、德育活动、组织管理上的断裂，则中学依然是中学，小学依然是小学，面合而心远。这样一来，不仅不能发挥九年一贯制的优势，反而会成为相互攀比、相互指责、相互掣肘的两方。

二、如何"一贯"起来

实际上，九年一贯制学校的优势是可以从9年的时间跨度来布局学校的课程设置和教育教学的，九年一以贯之，那将爆发出多大的能量！但事实是，中学部和小学部互不相通以语文学科为例，小学有语文教研组，中学也有自己的语文教研组，两个教研组各干各的，毫无交流，甚至到了教师之间互相不认识的程度。

就学校层面而言，需要立足于一体化、连贯性、整体性的特点重新审视"6+3"九年一贯制学校的建设与管理。

1. 要实现学校管理目标的融合一体

要将不同阶段的教育融合在一起，科学管理是关键。因此，一贯制学校要将9年作为一个完整阶段来进行目标定位，形成具有指导性、操作性、持续性的"德育、课程、教师"发展的生态化项目建设规划。将形式上的小学部和初中部的育人目标指向设定为一致，就是实现教育的均衡与和谐发展，促进学生全面发展健康成长。

从一些成功"一贯"起来的学校，如江阴市敔山湾实验学校、成都高新滨河学校，其在管理上都有一个共同的特点，就是在一体化的育人目标统领下，采取"学段学部，交叉管理"的分部分段的管理模式。

敔山湾实验学校把学段设置为"三二二二"制，即一至三年级为一段，四至五年级为一段，六至七年级为一段，八至九年级为一段。分部分段管理能有效避免因学校规模大、级部多给管理带来的诸多不便；同时可以发挥各学段管理人员的长处，提高管理质量与效益；还可以既尊重各学段特性、保持分部的相对独立性，又兼顾各学段之间的衔接，坚持管理目标的一体化、统一性。

成都高新滨河学校按一、四、七年级为起始学段（简称147），二、五、八年级为分化学段（简称258），三、六、九年级为毕业学段（简称369）划分为"一贯制"的三个学段。我们将三个学段配置三个段长，在校长负责制的基础上，段长拟出相应的任职条件报校长批准聘用年级组长；年级组长根据段长的要求，拟出班主任工作要求报段长批准聘用班主任；班主任再根据学段内中小学衔接点要求聘用在学段内能完全胜任小学、初中同一学科课程的科任教师。由于校长将学校内部的行政人事权进行了合理的分解，使段长、年级组长、班主任拥有了一定的人事支配权、教育教学自主权，加上学段内教师的考核由学段内部自行确定，增强了内部管理的合理有效性及管理方法的适用性与灵活性。"横向管理、学段评价"，较好地实现了对"一贯制"学校的全方位管理、全过程管理和全员管理，达到了以低成本管理换来高质量办学效益的目的。

2. 要确保学校课程体系的连贯衔接

课程与教学的连贯衔接是九年一贯制学校的核心特征。九年一贯制的教育要进行改革，打破小学与初中的界限，就要从教育环境、课程设置、教学方法、教学管理、辅导形式等方面重新进行整体设计，以实现有效推进中小学教育的有机衔接。

其实，现在的初中和小学的课程是衔接的，因为课程标准把九年分为几个学段，有九年的总目标，有分段目标。这种衔接是比较合理的。但由于我们国家有中考的压力，小学升初中没有考试，中考成为衡量九年义务教育教学质量的重要指标之一，初中三年大部分学校是用两年半的时间学完课本，最后一个学期主要是专题复习和模拟中考。所以初中时间短、任务重、压力大。而小学由于时间长、知识相对浅和少，没有升学压力，所以比较轻松。

如果小学和初中分段办学，初中就没有办法借力小学，而九年一贯制学校则有了这种优势。依据九年一贯制办学的内生要求，可以进行大胆尝试，进行"五四制"教学改革。打破"六年小学、三年初中"的传统学制，将小学六年级的课程与初中课程整合，形成中小学一体化的课程实施要求。小学课程教学内容在 5 年中基本完成，6 年级用 2～3 个月时间对小学内容进行巩固，剩余时间教学 7 年级内容，对国家课程进行校本化实施。这样，就能减轻初中的压力。这是一种简单的做法。更为科学的做法是把九年的课程进行整合。

比如语文课，有些古诗词和文言文，可以让学生在小学阶段多读多背。春节期间中央电视台播放的《中国诗词大会》，有的小学生熟练背诵 1000 多首古诗词。小学生机械记忆力强，要多背多写，争取把初中的文言文和古诗词背过，有些暂时不理解没有关系，随着年龄的增长会理解。一些好的现代文和诗歌也要让学生背诵和默写。这几年有很多小学搞大阅读活动，有的小学生就已经阅读了 1000 多万字的课外读物，认识 3000 多个汉字，已经超出了九年义务教育的课程标准。

另外，有些语文知识可以分专题整合，如小学和初中的诗歌整合、散文整合、小说整合等。实际上，一方面学校可以把整合作为一项课题来研究，争取教育行政部门的同意；另一方面九年一贯制学校社会看的主要还是中考成绩，中考成绩好了，小学的影响也会好。

又如数学，有些知识会被人为地割裂和分段。如学生学习数学中的"方程"，在小学只学到简易方程，后边涉及初中知识就不敢讲了，现在通过知识整合后，可以分专题来讲，小学生能够接着学习一元二次方程和二元一次方程，知识就不会被人为割裂。

3. 要确保教学模式和学习方法上要九年一贯

现在不同小学的教学模式和学习方法不同，结果升入初中以后，初中还有自己的教学理念和教学模式，与小学不能衔接。结果有的小学搞得课堂教学很有成效，到了初中就中断了，还要适应初中新的教学模式和教学方法。就是在九年一贯制学校里，由于分为小学和初中两个学段，小学和初中各行其是，没有统一的教学模式和教学方法，小学生升入初中以后也要再适应初中的教学模式。

如有的小学搞"翻转课堂"，学生在课外要用大量时间进行自学，完成所谓的"预习单"，在课堂上展示表演，本来一课时能够完成的任务拖成了两课时、三课时；而到了初中任务重、学科多，由于中考的压力，原来的方法不行了，又要适应初中新的做法，对学生来说需要有较长时间的适应期。

作为九年一贯制学校就要在教学理念、教学模式、教学方法方面做到九年一贯。虽然小学生和初中生在年龄特点、知识基础方面不同，但教学理念可以一致。如让学生自学的问题，从小学一年级就要注重培养学生的自学能力。在小组合作方面，如果在小学形成了合作学习的习惯，学会合作学习的方法，到初中就不用从头培养，可以连续进行。

4. 要实现学校教师队伍的贯通使用

教师是教育教学的组织者和实施者，是课程的建设者和引领者，要实现中小学课程与教学的连贯衔接，就必须实现学校教师队伍的整体融合、贯通使用。所以，上至行政管理部门、下至学校都要积极搭建中小学段教师之间良性互动的平台，开发全方位、多层次、多形式的教学研讨活动。学校以学科为单位，开展大学科的主题研讨活动。如语文阅读教学研讨，中小学语文各开一节阅读教学课，中小学老师相互听课，相互评课，相互了解阅读教学的教学要求、教学方法，以利于中小学教师在各自的教学中更好地渗透与衔接。学校组织五、六、七年级的衔接专题研讨活动，五、六、七年级各学科教师在一起进行课堂教学研讨和会诊或开展主题德育活动，促进五、六、七年级教育教学的无缝对接。并且可以充分利用互联网技术，实现优质课程资源网络共享、有机衔接。

上面提到过，影响学校"一贯"难的因素之一是教师的评聘问题。因此，学校要建立纵横交织的教学促进机制，横向管理，学段评价，实现对"一贯制"学校教师的全程管理和全员考核评价，量化考核结果与教师的奖励性绩效工资发放有直接的联系。学校逐步建构起教师"能上能下、中小贯通使用、职称评审与岗位聘用结合"的"一贯制"学校师资贯通使用的机制。当然，这必须建立在教育行政部门对"一贯制"办学的政策支持和保障、适当的考核与评价。就政府层面而言，"6+3"九年一贯制办学打破了传统中小学教育的分隔，成为一种新的学校组织形态，需要建立新的管理机制。一方面，政府应当注重顶层制度设计，统一思想，达成共识，明确9年的总体教育目标和各学段教育的重点，形成制度化政策方案，给予九年一贯制学校更充分的政策性支持和保障。另一方面，需要建立适切的评价标准和考评机制，督促"6+3"一贯制学校实现真正的"融合"教育。与此同时，为促进学校管理者理念和教师意识的变革，对九年一贯制校长和教师们进行学校管理和教育教学方面的专题培训也是非常必要的，使广大管理者和教师对九年一贯制教育有充分的认识和理解，形成全局视野，这对九年一贯制学校科学、有序、健康发展是必不可少的。

教育是个系统工程，如果小学办不好，不能给初中提供优质生源，初中也难办好。所以，有的初中校长感叹：我们是用3年的时间完成九年义务教育的任务。初中办不好，不能给高中提供好的生源，高中也很难办好。这也是很多高中学校办初中班的目的，就是为自己培养好的学苗。从这个意义上来说，九年一贯制学校就有了自己的优势，即把自己的小学生教育好，为自己的初中提供好的生源，随着教育教学模式的改革，九年一贯制办学越发体现出重要的作用。九年一贯制办学有助于促进学生的身心健康成长，有助于共享教学资源，降低成本，有助于整合资源，提高办学效益，对于学校教学质量的提升和学生学习水平的提升都颇有成效。但九年一贯制的弊端也是明显的，在今后的发展中，如何打造科学合理的一贯制制度管理、课程管理和师资管理就显得至关重要，而这还需要教育行政管理部门与一贯制学校不断分析探究。

参考文献

[1] 吴颖惠. 一贯制有助破解基础教育改革难题 [N]. 中国教育报，

2014-11-12 (2).

[2] 柳春霞. 九年一贯制办学模式的若干思考 [J]. 教育科学研究, 2001 (10).

[3] 宋世云, 张纪元. 九年一贯制办学模式探究 [J]. 中小学校长, 2015 (6).

[4] 柴葳. 九年一贯制≠"小学+初中" [N]. 中国教育报, 2016-01-23 (1).

[5] 王晓燕. 九年一贯制学校不是简单的"小+初" [N]. 中国教育报, 2016-11-30 (4).

城乡接合部初级中学"校园服务令"实施策略

从化区河东中学　李煜辉

摘要：地处城乡接合部的学校，无论是地域因素还是生源构成，都有其特殊性和复杂性，学校德育工作遇到的困境往往也会比其他学校突出，执行起来更具艰巨性和挑战性。本文以从化区河东中学为例，就城乡接合部初级中学德育工作面临的困境进行分析，并积极寻求破解的措施和方法。在坚持立足实际和以人为本的原则上，对行为不良的后进生实施校园服务，取得良好的效果，开创了学校德育工作新局面，有利于提高学校的教育教学质量。

关键词：城乡接合部；初级中学；行为习惯；校园服务；劳动教育；品德养成

一、城乡接合部初级中学德育工作面临的困境

我校地处城乡接合部，生源结构相对复杂：有城镇学生，有农村学生，也有外来务工人员子女，而且有相当一部分学生是农村留守儿童。学校生源质量普遍较低，且参差不齐，绝大部分学生的习惯养成、行为意识都与我们的要求有一定差距。学生之间的互相尊重、相互体谅的意识淡薄，因一些小事而引发矛盾冲突的现象屡有发生，对学校规章制度完全没有敬畏之心；学生厌学、迟到和散漫拖拉的现象严重，麻木对待学习及教师的教育引导。具体表现有：

（1）在课间时间，不少学生会到学校小卖部购买零食，走出小卖部时边走边吃，随手将食品袋、饮料罐等物品扔在地上。即使在途中设有垃圾桶，学生也不会将食品袋和饮料罐放入垃圾桶，而是随意地、习惯性地就地乱扔。

（2）上课铃声已经响起，不少学生慢悠悠地向课室走去，在教师和值日行政的再三催促之下，仍不紧不慢地到课室上课，表现出的是散漫、拖拉

的样子。

（3）统计分析学生之间的矛盾冲突，我们发现其缘由竟然有95%以上都是因小事情而引发，如在上厕所过程中或在食堂排队打饭时不小心碰撞一下。一次偶然的碰撞，因学生不会相互尊重和包容而常误认为是对方故意刁难，从而引发一些意想不到的冲突发生，而且有些是持续的矛盾冲突。

（4）部分学生无心向学，因为他们知道，九年义务教育中规定了学校不能让学生留级。学生学不学没关系，学好学差没关系，就算不考试也没关系，即使考0分也一样能升级，学校、老师也拿自己没办法。

自《九年义务教育法》《未成年人保护法》和《中小学教师违反职业道德行为处理办法》实施以来，在教育绩效工资和新闻媒体频频曝光学校教育现象的情况下，一线教育工作者普遍存在"多一事不如少一事""不会做、不敢做、不愿做""事不关己、高高挂起"等心态。而新时代的中学生，尤其是初中学生，正处于花季年华，自控力相对较弱，很容易受到社会、网络各种不良现象的影响，往往导致其个性张扬、行为习惯养成得不到有效的教育引导。新的读书无用论在大学生就业困难和农村征地导致一夜暴富现象较常出现的时期就变得更明显了，有些学生往往无视学校、老师对他们的悉心教育，厌学、逃学、辍学现象严重，学生违纪现象频发，学校有效的教育措施匮乏，这些严重地影响了学校教育教学质量的提升。

二、"校园服务令"：面对困境的现实选择

苏霍姆林斯基曾说："和谐全面发展的核心是高尚的道德。"道德培养离不开良好行为习惯的养成。只有当道德行为发展到形成习惯的阶段才真正体现为道德信念支配下的行动。对青少年要从小就进行道德训练，开展一系列道德实践活动，给他们幼小的心灵留下深刻的印记。随着年龄的增长，他们对道德准则的理解逐步加深，道德情感也会逐步丰富，最后他们就会把道德准则作为自己精神生活的内容和行为准则，并最终形成习惯和道德信念。针对学生出现的各种现象，我校立足实际，以《关于进一步加强和改进未成年人思想道德建设的若干意见》《广州市未成年人道德规范》《中学生行为规范和中学生守则》《关于印发广州市加强未成年人待人接物和基本生活能力训练工作方案的通知》等政策法规为依据，制定并实施"校园服务令"，以进一步加强和改进我校未成年人的思想道德建设，教育引导他们摒弃各种不良行为，努力做到遵纪守法、明礼诚信、自尊自爱，从而营造良好的生生关系和师生关系，更好地促进学校德育工作和学校内涵发展。

三、"校园服务令"实施策略

1. 校园服务实施依据

（1）坚持育人为本、德育为先，紧密围绕"立德树人"的根本任务，着力培养学生高尚的思想品德和良好的行为习惯。

（2）坚持文化知识学习和思想品德修养的统一、理论学习与社会实践的统一、全面发展与个性发展的统一原则，教育学生学会知识技能，学会动手动脑，学会生存生活，学会做事做人。

（3）坚持落实中央8号文"对中学生重点加强爱祖国、爱人民、爱劳动、爱科学、爱社会主义"教育精神，对纪律观念淡薄且反复违纪的学生实施劳动教育。

2. 校园服务实施对象

刻意破坏公物者，迟到早退且屡教不改者，随地乱丢垃圾者，屡次违反学校规章制度者，吸烟酗酒者和斗殴赌博者。对实施对象实施校园服务，让他们通过校内义务公益活动，履行校园服务，从而达到自省、自律的目的，同时培养他们积极的态度和良好的行为习惯，教育引导他们遵纪守法、明礼诚信和自尊自爱。

3. 校园服务实施内容

（1）实施劳动教育，增强劳动体验。劳动和劳动技术教育是中学教育不可缺少的重要组成部分，对乱丢垃圾及破坏公物等行为习惯不良的学生强化劳动教育，既符合学校德育工作要求，又能符合学生教育实际需求。如今的中学生，有着"爱面子、讲排场"的特点，有针对性地对因不良行为习惯而导致各类违纪的学生进行校内义务劳动，如校园环境保洁行动，包干区、课室清洁卫生打扫等劳动教育，让他们感受校内义务劳动体验，从而达到自省、自律。

（2）实施值日服务，强化责任意识。责任是一种能力，但更远胜于能力，责任是一种意识，也是一种品质。针对学生迟到早退的现象，对他们实施值日管理，每天陪同当天的值日干部在学校门口做礼仪服务，既可以约束他们提前回校，也能强化他们的责任意识。通过实施值日服务，可以有效地教育学生敢于担当、勇于改正。

（3）实施志愿服务，提升服务意识。中学生的自我约束能力差，容易受外界不良因素影响，导致其思想品德、行为习惯出现偏差，从而引发各类不良现象。通过实施校园志愿服务，包括校内自行车停放监督协调、我为班级做一件好事、校内和社区志愿服务等形式的活动,在这些公益活动中增强他们的体验,逐渐提升他们的服务意识,同时也倡导他们"学习雷锋、奉献他人、提升自己",引导他们在志愿服务中学会与同学交流,增强自己的约束能力。

4. 校园服务实施要求

(1) 广泛宣传,营造氛围。充分利用学校各种集会进行宣传教育,向全体师生明确所存在的问题及措施。

(2) 制定并实施"校园服务令"。结合学校实际,制定"校园服务令"实施办法,组织全校师生共同学习,并在全校范围内实施。

(3) 实施榜样育人,开展校园星级评选、美德少年评选等活动,充分发挥榜样育人的力量,广泛传播校园正能量。

(4) 发挥自力、善于借力、形成合力。发挥自力,不断丰富校园服务内涵,进一步完善"校园服务令"实施办法。同时,充分发挥社会各界的力量,如家校合作、村校联建、警校共育等,从而形成强大的教育合力,以共同加强未成年人思想道德建设。

四、"校园服务令"的实施效果及思考

没有惩罚的教育是不完整的教育。惩罚作为一种教育手段,是对受教育者的错误行为给予否定性评价,并使其为自己的错误付出一定代价的教育手段,应当被应用于品德教育的层面。在实施校园服务的过程中,学校以教育为主、惩戒为辅的方式,本着立足实际,贴近生活、贴近未成年人的原则强化学生服务校园、服务师生的意识,并获得显著的效果。

1. 总结反省、约束自我,促进品德养成

对学生实施校园服务及加强校规校纪学习培训,旨在通过劳动教育和思想教育约束自我行为,让他们提高认识,内化个人品行,还需要总结反省,让他们撰写校园服务的总结报告,更深刻、更进一步地对自己的行为反省,从而促进个人品德和修养。

实施校园服务活动,既体现人文关怀,又能对后进学生进行有效的教育引导。从服务效果而言,校园服务活动转换了对后进学生简单、机械的惩戒方式,尊重了后进生作为受教育者的价值追求,这有利于他们形成良好的、积极的学习和生活态度,从而以健康的心态回归集体。

2. 家校合作、榜样激励,促进全面提升

我们欣喜地看到,在实施"校园服务令"后得到了很多意想不到的效

果：一是学校实施"校园服务令"顺利进行，在对后进生进行校园服务时，家长非常支持学校的工作；二是不少后进学生通过校园服务，明白了很多道理，也有摒弃一些不良行为习惯的意识和决心，乱丢垃圾、学生间发生矛盾冲突的现象大幅下降；三是榜样引领广大青少年学生不断前行，鼓舞着他们不断进步；四是对学校教育教学质量有很大的促进作用，在 2017 年中考我校再获佳绩，并获从化区初中毕业班工作质量二等奖。

成功始于计划，成功重在落实。我们知道，行胜于言，只要立足实际、有详细的计划和充足的准备、有具体的行动和落实，我们对学生的教育终能得到应有的收获。

农村寄宿学校留守儿童的教育管理

从化区棋杆中学　李柱深

摘要：父母外出打工，农村地区的留守儿童大都寄宿在学校。由于家庭教育的缺失，这些留守儿童的行为习惯不良，甚至有些留守儿童出现心理问题，加大了农村学校教育工作难度。农村学校要采取有效措施，及时对留守儿童实施心理干预，让留守儿童学会倾诉、学会表达、学会求助、学会释放不良的情绪，提高留守儿童的心理健康水平。可以采取的对策主要有：建立档案，落实家庭教育关爱；拓展管理渠道，形成齐抓共管机制；改革教育手段，建立"施爱"帮教制度。

关键词：留守儿童；学校德育；家庭教育

德育是学校工作的重要部分，是中小学教育工作的灵魂。学校德育工作需要社会、家庭、学校三者的统一协作、共同努力，才能取得实效。当前，由于父母外出打工，在广大农村地区，中小学存在许多寄宿学生。在对这一学生群的教育过程中社会、家庭、学校教育存在割裂现象，其中尤为突出的是家庭教育缺失产生许多负面的影响。因此，寄宿学生是当前农村学校德育工作的一大新难题。寄宿生由最初的初中生，扩大到小学一年级的学生。由于农村大批富余劳动力外出务工或经商，个别学生哪怕周六、日回到"家"，也只能由爷爷、奶奶或外公、外婆等"家长"照顾，更有甚者只让孩子自己在家，孩子的学习、生活成为一大难题，从而导致不少孩童脱离父母的直接监护，成为"留守儿童"群体。

留守儿童由于缺少父爱母爱及家庭的教育培养，与隔代长辈生活在一起，溺爱多于管教，极易在学习、心理和行为习惯等方面出现偏差，导致失落自卑、孤僻自闭、自私冷漠、焦虑暴躁、任性蛮横等不良性格，甚至出现心理问题。这无疑给学校的教育工作增加了难度，如何让留守儿童健康快乐地成长，已成为一个亟待解决的社会问题。

一、寄宿生的状况分析

（一）寄宿生家长心理分析

寄宿生来自不同的家庭，家庭教育环境有较大差异。笔者以我校250名寄宿生为调查对象，采用问卷的形式进行调查。结果显示，只有20%的父母注重孩子的日常学习、生活习惯的养成教育，他们对孩子的行为很放心，希望孩子在学校，能与更多的孩子在竞争中合作，在合作中竞争，使孩子获得更好的发展；30%的父母对孩子的家庭教育不到位，但对孩子期望值很高，想通过寄宿学校的教育来纠正孩子本身存在的不良习惯，达到理想的目标；20%的父母受从众心理驱使，让孩子寄宿，其实他们心中对孩子未来的发展没有明确的打算；还有30%的家长让孩子寄宿，就认为自己的责任完成，剩下的则全是教师的责任。近年召开家长会的情况，也反映出一些问题，2015、2016学年第一学期，七年级学生家长会的到会率不到70%，而且到会的大多数都是爷爷、奶奶或外公、外婆。

（二）寄宿生心理分析

寄宿生刚入校时，好奇心占主导地位，学校的课程安排、生活管理、课外活动会时时刺激他们的神经，令他们经常处于兴奋状态。特别表现在生活上，进入食堂排队就餐时叽叽喳喳；晚上回到宿舍，躺在床上窃窃私语，难以入眠。一段时间后，寄宿生对学校的各项活动有了了解，周围的环境已经熟悉，兴奋期消失，有一些学生身心疲惫，表现为：在学习上效率低下，停滞不前，不求上进；在生活上，顶撞教师，损坏公物，欺负弱小同学。从行为上看，自觉性强的学生住校后很快适应学校的环境，学习、生活有规律，进步明显；习惯不良的学生住校后，不能很快适应集体生活，不注意公共卫生和公共场所的休息秩序，从而影响了宿舍同学之间的关系；还有的学生从小就养成了依赖别人的习惯，独立生活能力差、生活没有规律、内务管理凌乱，影响了整个宿舍的整洁以及同学之间的关系等。

二、寄宿生缺失家庭教育

据《安徽商报》报道：合肥市妇幼保健所专业人员通过半年多时间，采用心理健康诊断测验（MHT）及艾森克个性测验（EPQ）等方法对留守儿童进行心理健康状况调查，结果显示，60.4%的留守儿童存在不同程度的心理问题，而这些儿童的年龄只有十四五岁。专家认为，如果不及时对留守儿童进行心理干预，存在心理问题的儿童未来生活质量将受到严重影响。在调查时，工作人员明显感觉到留守儿童有非常强烈的自我保护心理。通过对调查结果的分析，发现留守儿童存在三大类心理问题，即情绪问题、交往问题和自卑问题。许多留守儿童都有厌学情绪，性格内向；在人际关系和自信心方面明显不如父母在家的儿童；缺乏安全感，人际交往能力较差；大部分农村留守儿童朋友圈狭窄、自尊心极敏感、情感脆弱。

由于正常的心理环境的缺失和农村教育环境的不理想，使得农村留守儿童形成了任性、冷漠、自卑、敏感、孤独、不安、胆怯和自我封闭等不良的个性心理特征。棋杆中学七、八、九年级共有学生近900多人，其中寄宿生近250人，占27.8%。在250名寄宿生中近150人是属于留守儿童，按照上述比例计算可以得出，棋杆中学寄宿生中有心理问题的学生则达90多人。

在学习上，82%的留守儿童成绩较差，在同年级倒数几名的大多是留守儿童；正因为文化基础较差，他们失去学习的信心，在当前的教学形势下，如牛负重，尝尽了学习的艰辛，而没有学习的乐趣；只看到学习的艰苦，看不到光明的前途，自暴自弃，以逃学自寻乐趣。例如，初二（3）班的小车同学，因其文化基础较差，加上学习有怕吃苦的思想，父母都是大忙人，经常不在家，没有时间关心他、教育他，致使他经常迟到，甚至缺课，成绩一学期不如一学期，每次考试得分都只有"个位"数，让他觉得去学校是一件痛苦的事情。没有正确的人生观，对前途、理想很淡薄，不懂得热爱生活，热爱科学，没有责任感、义务感，"做一天和尚撞一天钟"，糊糊涂涂地打发时光。又如初二（9）班小南同学，父母虽在附近做生意，但缺乏对孩子的教育，认为孩子只要"熬到"初中毕业就行了，致使他平时好吃懒做，贪睡贪玩，根本无心向学。从行为上看，情况更不容乐观，相当部分留守儿童常常打架、勒索、抽烟、迟到、旷课、进网吧，学校老师、班主任感到异常头疼，致电给其父母，鞭长莫及；家访找到监护的老人，爷爷奶奶们总说他们也没办法。如初一（6）班的小兵同学，在读小学三年级的时候父母就去了县城打工，让他跟爷爷一起生活，到了初中，小兵同学经常迟到、旷课、进网吧，甚至有打架、勒索等行为。老师每次致电其家长，家长都说没空或者路途远来不了，根本不配合学校教育，对小孩缺少关心和教育。到了初二，家长对他也失去了管控能力，使其最终成为流失生。调查显示，84%留守儿童的父母委托的监护人都没有尽到监护职责。

通过调查了解农村留守儿童目前存在的主要心理问题，分析影响因素，研究和找出对留守儿童实施心理干预的有效措施就显得更加迫切和必要。利用家庭、学校、社会等不同的层面对留守儿童的心理问题进行早期干预,尤其是让留守儿童学会倾诉、学会表达、学会求助、学会释放不良的情绪,提高留守儿童的心理健康水平,降低留守儿童心理问题的发生率,这些都是亟待解决新问题。

三、对寄宿生的教育措施

(一)建立档案,落实家庭教育关爱

瑞士教育家斐斯塔洛齐讲:"道德教育最主要的场所是家庭。"《义务教育法》明确规定父母或者其他监护人应当学习家庭教育知识,正确履行监护职责,抚养教育未成年人。有关国家机关和社会组织应当为未成年人的父母或者其他监护人提供家庭教育指导;父母因外出务工或者其他原因不能履行对未成年人监护职责的,应当委托有监护能力的其他成年人代为监护。学校要建立此类学生档案,通过多种渠道,建立及时、有效的沟通、交流和反馈机制,帮助和引导家长不断吸纳新思想,树立新观念,提高自身综合素质,提高科学育人能力,提高家教水平,配合学校抓好管理,实现共同育人的目标。

父母是孩子最早的启蒙老师,家庭中丰富的情感是学校教育所不及的。努力提高家庭教育的水平,这是提高青少年教育效果的一个重要环节。随着市场经济的建立与发展,信息时代的到来,众多家长在瞬息万变的信息社会里,对孩子的成长与教育缺乏良策,存在若干困惑与苦恼。在与家庭联系中,我们发现:有些家长望子成龙心切,但在培养子女成才的观念上存在失误,只重视检查子女各科学习成绩,而忽视了对其思想道德的培养教育;有些家长平时过分娇宠孩子,一旦子女做错什么事,总觉得自己付出那么多的艰辛、代价,一心为了养育孩子,孩子不应做出错事,因而采取了简单、粗暴的方法训斥孩子,造成子女的逆反心理;有些家长借口工作繁忙,平时极少与子女交谈,了解其思想情况,而把教育孩子的希望全寄托给学校。然而,在学校各方面表现较差的学生中,绝大多数是因为家庭教育的失误造成的。有的父母双方对孩子的教育就有严重失误,一方是过分溺爱怜惜,甚至包庇袒护其缺点错误;一方是过分简单粗暴,经常以打骂代替教育。在家庭教育中父母双方的不协调会给孩子的教育造成严重后果,所以家长在教育孩子时要讲究方法,动之以情,晓之以理,协调一致,才能有教育效果。在每学期召开的学生家长会议上,我们都根据当前家庭教育存在的种种失误,专题讲述如何搞好家庭教育问题,努力促进家庭教育水平的提高。如:家庭教

育如何积极配合学校教育；家庭教育应讲究科学方法；家庭教育应注意能力培养，加强良好品质的养成教育；家长要关心爱护孩子，为其全面发展创造条件；等等。

（二）拓宽管理渠道，形成齐抓共管机制

在学生的学习成长过程中，学校无疑充当着一个正规渠道和主体承载的角色，但这并不是学生接受教育的全部途径。与学生相关的家庭与社会的教育影响力决不逊于学校教育，这些非系统性的社区教育因素必然成为学校教育的补充与完善，甚至影响着学校教育的发展。学校教育应该从校内向校处延伸拓展，把学校、家庭、社会三者紧密地联系起来、互相渗透，互相促进、协调一致，形成统一的教育网络，才能教育好孩子们"在校做个好学生，在家做个好孩子，在社会上做个好公民"。

（三）改革教育手段，建立"施爱"帮教制度

"爱孩子，是人民教师的天职。"这是列宁夫人，人民教育家克鲁普斯卡娅的一句名言。教育本身就是一种爱的深刻体现，我们不但要爱"金凤凰"，而且要爱"丑小鸭"。当然，对于惹是生非、懒散厌学的学困生，帮助他们进步确实费劲，甚至棘手。但教师的职业道德要求我们要努力教好每一个学生，提高全民族的素质。苏联著名教育家苏霍姆林斯基的一句名言："教育技巧的全部奥秘在于如何热爱儿童。"教师的"爱"有两种意义，一种是非私人需求的爱，是对党和教育事业的忠诚，对下一代的关怀，对祖国的奉献的爱；另一种是对每一个学生的爱，他需要的是高尚的、纯正的、不会在爱的天平上放上偏见的砝码，即不会偏爱优生、嫌弃学困生，而是以同样的炽热的感情去爱每一个学生。我们通常看到，一些学困生的转化，开始并不是因为真正认识到自己的错误及危害而改变的，而是由于教师投入的爱，激发了学生对教师的朴素感情，出于感激教师的思想，认为再这样"浪荡"下去会对不起老师，而逐步走向正道的。事实证明：爱学生，给学生以更多的关怀和信任，将会给学生带来积极的、有时是意想不到的效果。总之，爱生是教育的基础，它能疏通师生的心灵通道，引起师生感情上的"共鸣"和"共振"，从而取得教育的最佳效果。

学校的德育工作是一项长期的、反复的工作，并且面临的形势越来越严峻，因此我们要在工作中做到持之以恒，不断地学习和探索，用我们的信心和毅力，把各项工作做得更细，更扎实，努力把每一位青少年教育成建设祖国未来的有用人才。

校园文化背景下
班级特色文化建设的思考

番禺区市桥东风中学　梁炳南

摘要：班级文化是校园文化的重要组成部分，在校园文化背景下尝试构建班级特色文化，能够增强班级文化建设的有序性和系统性，促使班级文化建设取得理想的发展成效。本文从校园文化和班级特色文化建设之间的关系入手，对校园文化背景下班级硬文化和软文化的建设措施加以分析和解读，希望可以为班级特色文化的构建提供良好的支持。

关键词：校园文化；班级文化；特色文化；文化建设

在校园文化背景下加强对班级特色文化的构建，应该注意正确处理校园文化和班级特色文化之间的关系，从而形成对班级特色文化建设基本情况的正确认识，并进而积极探索班级特色文化的建设措施，争取取得理想的建设成效。基于此，在探索班级特色文化建设的过程中，应注意从校园文化建设背景角度进行分析，确保班级特色文化建设工作的实际效果，提高文化建设质量，为学生创造良好的班级文化环境。

一、校园文化和班级特色文化之间的关系

在借助校园文化背景对班级特色文化建设工作进行调整的过程中，最为关键的工作就是明确校园文化和班级特色文化建设之间的联系，进而有机把握二者之间的联系，促进班级特色文化建设并取得理想的发展成效。首先，班级特色文化是校园文化的重要构成元素。班主任教师在探索班级特色文化建设的过程中，需要对本校校园文化进行全面的分析和把握，保证所构建的班级特色文化能够在文化理念的选择方面与校园文化保持一致，进而促使班级特色文化和校园文化形成统一的体系，全面增强班级特色文化的影响力，强化校园文化建设效果，为学生的健康成长提供相应的支持和辅助。其次，班级特色文化是校园文化的细化。对班级特色文化和校园文化之间的关系进

行分析和解读，应该注意班级特色文化实际上是对校园文化的细化形式，即班主任教师在构建班级特色文化的过程中，联系班级实际情况和文化建设的现实需求对校园文化进行细化处理，将校园文化的思想内涵转变为能够与班级情况和管理需求相适应的软硬文化，在保证班级特色文化影响力的同时，也能为校园文化建设作用的全面发挥夯实基础。最后，校园文化背景下班级特色文化的构建需要表现出与班级实际情况相适应的个性化特征。教师在全面分析校园文化的基础上，结合本班级学生的教育和管理需求，应该确定班级特色文化的建设主题，彰显班级文化教育的德育效果，在凸显班级特色文化建设价值的同时，也实现对校园文化的有效丰富。可见，校园文化和班级文化之间存在相互协调和促进的关系，在校园文化建设背景下，要想促进班级文化建设取得理想的成效，真正凸显班级文化的个性化特征，就应该联系实际情况加强对特色文化的研究和探索，争取为学生创造良好的学习环境。

二、校园文化背景下班级特色文化的建设措施

基于校园文化建设背景，班主任教师在构建班级特色文化的过程中，要想保证文化建设效果，可以从硬文化和软文化两个角度对班级文化建设的实际情况进行分析，提出合理化建议，在凸显班级文化建设特色的同时，促进班级文化辅助学生培养工作的作用得到全面的发挥，为学校教育工作的开展创造相应的条件。

（一）班级硬文化建设

所谓班级硬文化就是班级文化建设过程中能够显现出来的显性文化，一般属于物质文化，如教师为了营造良好班级环境在教室墙壁上张贴的名言警句、教育宣传画、按照特定规则摆放的桌椅以及对学生书画艺术作品的展示等，都属于班级硬文化范畴，对班级学生的学习产生着重要的影响。在校园文化背景下，班主任教师应该重视班级硬文化的建设，并在校园文化的范畴中对硬文化建设进行适当的调整，从而突出班级硬文化建设特色，保证硬文化建设作用的全面发挥。在具体工作实践中，班主任教师可以从校园文化环境中选择能够为班级硬文化建设提供相应辅助的教育素材，并且加强对班级空间资源的合理利用，保证借助硬文化建设能够激活学生的思维，陶冶学生的情操，为师生情感的和谐创造相应的条件。基于此，为了突出班级硬文化建设特色，班主任教师应该注意教室卫生，安排专门的卫生管理和监督小组；对教室环境进行合理的布置，借助环境文化教育对学生实施潜移默化的

影响。如某班主任教师就构建了深受学生喜爱的音乐主题班级文化，将健康的音乐元素融入班级硬环境建设的方方面面，让学生能够感受到音乐的激励、教育作用，班级硬文化建设的作用也得到了相应的凸显，对学生教育和指导工作产生了相应的积极影响。

（二）班级特色软文化的建设

在校园文化建设背景下探索班级特色文化的构建，软文化建设是核心内容，只有切实保证软文化建设的质量，才能够全面推进班级文化建设取得理想的建设成效。通过系统分析，班级特色文化建设中的软文化是一种隐性文化、涉及行为文化、观念引导文化和制度文化方面的内容，班主任教师在构建特色班级文化的过程中，需要针对不同方面的软文化进行具体的分析，增强软文化建设的全面性，真正为学生做出积极健康的文化教育和指导，维护学生的健康成长。在具体工作实践中，班主任教师结合校园文化建设要求和班级特色软文化建设的现实需要，可以尝试在以下方面对班级软文化进行了探索，以期彰显出班级文化建设特色，全面促进班级文化建设效果的最大限度发挥。

首先，借助班旗、班歌方面文化建设对学生做出正确的引导，增强学生的凝聚力和对班集体的认同感和归属感。班歌、班徽等具有明显班级文化标志物特性的文化表现形式是构建班级软文化的起点，在教师探索特色班级文化建设的过程中突出班歌、班旗等设计效果，能够明确班级特色文化的核心，增强学生对班级文化的认同感，全面凸显学生的集体意识。在对这些标志性物品进行设计的过程中，为了彰显班级文化的特色，班主任教师可以创设班级所有学生积极参与设计的平台，让每一个学生、学生家长都参与到文化标志物的设计活动中，在班级文化标志物的设计方面融入学生的努力，进而保证所设计的文化核心思想能够得到学生和家长的认同和肯定，在增强学生凝聚力、培养学生对班级的认同感和归属感基础上，促使班级特色文化建设作用得到进一步发挥，为班级软文化建设效果提供坚实的保障。

其次，借助班风建设对学生实施潜移默化的影响。班风建设是班级特色软文化建设的核心组成部分，是班级文化的外在形象，也涉及班级文化建设的核心思想，只有突出班风建设效果，才能够促使校园文化背景下班级特色文化建设取得理想的发展成效。在具体探索班风建设的过程中，可以从教师和学生两个方面进行分析。一方面，教师应该注意构建积极健康的班风，并且在班风建设过程中要引导学生发挥班集体的作用，避免因采用由教师专制领导的方式，而丧失学生的主动行为权，导致所建设的班风无法得到学生的认可，对班级特色文化产生不良影响。教师在建设特色班风的过程中，只有正确认识学生的重要性，对学生实施有效的教育和指导，才能进一步凸显班风建设的实际效果，展现特色班风建设的价值。另一方面，对于学生而言，学生是特色班风建设的主体，学生与学生之间的相互作用是形成班风的重要力量。所以要想构建特色班风，就应该注意发挥出学生的力量。在具体引导学生参与班风建设的过程中，应该做出以下尝试：对学生之间的合作和竞争进行有效的协调，让学生能够积极合作、理性竞争，构建和谐的班级文化氛围，在班级中营造积极健康的学习空间环境，提高学生的整体学习效果；重点关注同辈文化对学生的影响，借助学生榜样的力量对学生施加积极健康的引导，进而促使学生能够在榜样的带领下积极参与到和谐班级文化的建设活动中，在班级中形成良好的班风，为特色班级文化的构建提供全面的支持。只有这样，才能够借助班风建设辅助特色班级文化建设的开展，在班风的作用下对学生实施潜移默化的影响，切实维护学生的健康成长，为学生综合素质的培养创造良好的条件。

最后，建立健全班级制度文化建设，促进班级特色制度保障的作用并使其得到相应的发挥。班级制度文化环境的建设能够为学生创建有序的学习环境，并且合理的制度评价指标，还能让学生在班级生活中自觉检验、评定个人行为尺度，对个人发展形成正确的认识，为学生的健康成长做出正确的指引。在校园文化背景下，班主任教师要想构建特色班级文化，就必须正确认识制度文化建设的重要性，并且将制度文化作为班级特色文化建设的重点，将班级的精神面貌全面地展现出来。因此，班主任教师需要系统把握班级学生的基本情况和学生成长规律的现实需求，从精神风貌、价值观念、审美理念、作风态度等角度入手加强制度条款的建设和完善，兼顾不同学生的成长需求和管理需要，彰显班级制度文化建设的魅力。某班主任教师在探索班级制度文化建设的过程中就在全班表决的基础上建立了《班级公约》，对学生实施有效的管理、规范和奖惩，让学生能够在班级生活中加深对班级文化建设的重视，并自觉遵守各项规章制度，参与到丰富多彩的活动中，实现对班级制度文化的有机内化，促使学生教育和指导工作达到全新的发展状态。这样就能真正发挥出班级制度文化建设的重要作用，班级特色文化的建设也会因此取得理想的效果，对学生的未来发展产生着重要的影响。

综上所述，校园文化背景下班级特色文化的构建能够为学生的学习和生活提供有效的支撑，促进学生保持良好的学习和生活状态。在新时期全面推进教育改革的背景下，我们应该正确认识班级文化环境对学生学习和成长的影响作用，进而积极联系校园文化建设探索班级特色文化的构建，形成系统的教育文化环境体系,增强学校文化环境对学生的影响力,维护学生的健康成长。

参考文献

[1] 吕建会. 校训文化背景下班级文化建设的思考与实践 [J]. 科学咨询, 2016 (9): 171-171.

[2] 张宝今, 程清云. 如何抓好农村校园的班级文化建设 [J]. 读写算: 教师版, 2016 (6): 87-87.

[3] 吴晓辉. 文化改革背景下对高校校园文化建设的思考 [J]. 学园: 教育科研, 2012 (23): 21-22.

[4] 孙松山. 基于高校校园文化建设的班级重建之思考 [J]. 时代教育, 2015 (1): 92-92.

[5] 李万春. 一班一品 弘扬个性 助推发展——关于学校班级文化建设的思考与实践 [J]. 新教师, 2014 (3): 22-23.

[6] 王永强, 刘况. "90后"大学生班级文化建设的思考与实践 [J]. 重庆科技学院学报 (社会科学版), 2013 (10): 192-193.

[7] 姜涛. 高校班集体文化建设的几点思考 [J]. 辽宁行政学院学报, 2013, 15 (3): 139-140.

如何运用管理的视角构建和谐校园

广州英豪学校　梁继

摘要： 新课程，素质教育，教育公平，依法治校，校本管理，和谐校园……今天的教育多姿多彩、色彩斑斓，改革和发展是主旋律，办人民满意的教育是大方向。教育工作者都清楚，教师的工作充满创造性，学生的学习又是探索、求真、创新的活动。教师在管制的氛围中谈何创新？学生在程序化的命令中何谈自主、合作和探究？教师角色多元化，社会对优质教育的呼唤，使广大教师承受着各方的压力。我们广大教师可以承担繁重的工作，但难以承受来自校长和校园的压力。

关键词： 和谐；思考；视角

何谓和谐？和谐就是人与人之间、人与自然之间关系的融洽，和谐是一种人类社会追求的美好的价值观，和谐就是美。和谐之声悦耳，和谐之画爽目，和谐的环境是人类赖以生存的家园，和谐的社会促进人们全面发展。

何谓和谐社会？建设和谐社会是党的十六届四中全会把"社会更加和谐"作为全面建设小康社会的目标之一提出来的。2005年2月19日胡锦涛在中共中央举办的省部级主要领导干部提高构建社会主义和谐社会能力专题研讨班上指出："我们所要建设的社会主义和谐社会，应该是民主法治、公平正义、诚信友爱、充满活力、安定有序、人与自然和谐相处的社会。"这六条标准体现一代领导人对于理想社会的描述，按照这六条标准，我们可以理解，构建社会和谐，就是要建立起人与人之间互相尊重、互相信任的社会关系，形成全体人民各尽其能、各得其所而又和谐相处的社会。

何谓和谐校园？和谐校园是一种以和衷共济、内和外顺、协调运转的素质教育模式，是以校园为纽带的各种教育要素的全面、自由、优化的育人氛围，是学校教育各子系统及各要素间的协调运转，是社会教育、家庭教育和谐发展的教育合力，是以学生发展、教师发展为宗旨的整体效应。

和谐校园是和谐社会的重要组成部分，是推动学校更快更好发展的基本条件。和谐能够凝聚人心，和谐可以团结力量，和谐也能促进事业发展。校园奏响和谐的旋律，将会为学校的发展和学生的成长注入活力，使学校的组织效能得到充分发挥，提高教师教书育人的积极性和学生学习的主动性，从而提高教育教学的质量，促进师生的自身发展和身心健康，积极营造培养优秀人才的良好环境。

一、和谐校园：坚持全面贯彻国家教育方针

建设和谐校园的核心是全面贯彻国家的教育方针。和谐校园，必定是坚持正确办学方向、全面贯彻党和国家教育方针的校园。离开这一基本前提，即使校园其他方面呈现"和谐"状态，也不是真正的和谐校园。《中华人民共和国教育法》第五条规定："教育必须为社会主义现代化服务，必须与生产劳动相结合，培养德、智、体等方面全面发展的社会主义事业的建设者和接班人。"这是我国法律关于教育方针内容的表述，体现了国家的意志。在此基础上，党的十六大关于教育方针的论述增加了"为人民服务"与"社会实践"相结合和"美育"的内容，进一步丰富了教育方针的内涵。教育方针体现了我国教育的性质，指明了教育的根本任务。全面贯彻教育方针，是落实党和国家对学校和所有教育工作者提出的基本要求，也是建设和谐校园的内在需要。

二、和谐校园：校长应具有较高的文化素养

从来没有一所理想的学校，但许多校长都在追求创造一所理想的学校；从来没有至善的教育，但许多校长都在追求进行一种至善的教育；从来没有完美的学生，但许多校长都在追求培养一批完美的学生。

我国著名教育家陶行知曾说，校长是一个学校的灵魂。每一所成功的学校、每一个富有特色的教育范例都折射出校长的智慧和思想。校长是教育思想之"魂"，办学思想之"魂"，教育集体之"魂"，学校文化之"魂"，这"魂"便是思想。一所学校可以没有高楼大厦，可以没有先进的设备设施，但是不可以没有思想。唯有科学的个性化的思想才能支撑起一所学校真正意义上的"高楼大厦"。然而，我们仍然能看到有一些校长，给人感觉像企业家、像老板、像生产队队长。他们满足于让老师像农民一样早出晚归，习惯于让老师们按照规定的模式操作教育教学，习惯于命令指挥管理学校；有的校长在管理中管而不理，甚至在实践中把管理变为管束、管制，不顾及师生内心的体验和感受，嘴上讲以人为本，行为上却把师生视为管理的对象；有

的校长忽视了自己的本位是国家和人民赋予的为学生服务、为教师服务、为社会服务、为党和国家尽责的使命，在实践中异化了自己本职和权力，把自己的位置当作官，把自己的活动视为权。与其说这是管理认识与实践的错位，不如说这是修养的欠缺。

人的言谈举止反映着一个人的文化，而文化反映一个人的修养和内涵，更标志一个人的品位。精神和文化是教育的根基，时代需要有深厚文化底蕴的人引领教育发展，需要有事业第一、专业第二、职业第三，具有育人品位的校长，在建设和谐社会的进程中引领文化育人的宏大事业。

三、和谐校园：科学民主，依法治校

现在大家都在谈"以人为本"。我们呼唤的"以人为本"是尊重教师的人格，爱护教师的个性，关心教师的生活，信任教师的工作；学生呼唤的"以人为本"是尊重他们的人格，关注他们的差异，张扬他们的个性，营造和谐校园。和谐校园必须实施民主管理，集中群众的智慧，增加心理认同感，培养教师的主人翁意识，因此，开展实际工作要坚持民主管理的思想。充分保障师生民主权利，调动一切积极因素，是建设和谐校园的关键，也是学校落实科学发展观、以人为本的具体体现：一是扩大参与决策面。凡重大决策交校委会、党员会讨论后再决定。二是定期召开教职工大会。尊重和维护教职工在学校管理中的主人翁地位，虚心听取教职工的意见、建议和批评，实行民主决策和科学决策，以教代会为实行机构的校务公开、民主管理制度得到落实。三是依法治校。要制定健全的学校规章制度，让广大教师，特别是行政领导有章可依，按章办事。四是多渠道沟通校长与群众的关系。开展家长参与教学活动，满足家长希望了解孩子的愿望，提供家长直接了解孩子学习的机会，为家校协同教育做好准备。五是善于把握契机，激励教师的士气。六是充分发扬民主，在创建安全文明校园中，集思广益，群策群力，共建文明校园新格局。

四、平衡和调节校园利益关系，促进校园和谐

古人云：凡事预则立，不预则废。要学会依据事物发展的多种可能性预见未来。只有在决策前做到一个"活"字，才能处乱不惊，运筹帷幄，决胜千里。人的能力因人而异，各有所长，也各有所短，在领导工作中，用人所长，就是使具体的职位、工作与人的具体特长彼此对应。能否正确用人，

是衡量领导水平高低的重要方面。作为校长不能自我封闭，更不能妒贤嫉能，而应广泛纳贤，知人善任，并根据各人不同的专长，灵活地分工，使其乐意去做自己擅长的工作，真正做到人尽其才、才尽其用，并使其最大限度地发挥自己的聪明才智。

同时，营造和谐的工作环境，绝不是你好我好、他也好，大家都好的那种"和谐"，也不是各种矛盾被掩盖、问题被搁置的"稳定局面"。现代领导者在管理过程中，离不开用人。用人是领导者的一项重要职责，而用人的基础在于待人。校长要熟悉每一个教师的心态性格特征，待人的方式方法要灵活多样。在以诚待人的基础上，必须做到因人而异，确定好内容，安排好时间、地点，选择好方式方法。同时，还要充分展示其灵活性，有的要事先打招呼，有的要沟通感情，在约个别教师谈话，有的要含蓄委婉，决不能呆板地用单一的方式去与众多具有不同性格特征的教师进行沟通，否则就会事倍功半、适得其反。

因此，平衡和调节校园各种利益关系，是建设和谐校园的一项重要任务，校园各种利益关系得到令人满意的平衡和调节，其他许多问题便可迎刃而解。通过调整学校人际关系，减轻教师工作负担，改革教师评聘制度和方法，可以营造一种良好的工作氛围，消除环境中容易发生冲突、挫折和过重压力的因素，使广大教师置身于一个和谐、奋发向上的战斗集体中，并从中不断吸取力量。

五、校园文化：是建设和谐校园的重要内容

校园文化是一个极其复杂的复合体，在校园中，它无所不包，甚至可以影射在校园之外，它具有潜移默化的天然功能。未成年人的1/3时间是在校园中度过的，校园文化直接影响着他们的思维品质、行为价值及认知能力的形成与发展。因此，校园文化建设是实现和谐校园的重要的组成部分。

1. 从行为—规范体系的角度看，校园文化对人的行为规范产生巨大的影响

学校行为文化的传承、引领，要依靠学校的制度，一所学校的规章制度与其说是学校管理的需要，还不如说是学校行为文化建设的需要。因此，必须重视制度建设和制度的文化性，整合、健全、完善学校教育教学行政管理制度体系。我们可以从常规管理和行为文化建设两方面出发，来构筑和规范学校例会系列，无论是全校性的工作例会还是分类的教育教学工作例会，无论是行政性例会还是业务性例会，对基本环节和内容设置都应有所规范。此

外，校园文化促使学校教职员工不仅仅注重自我利益，更要考虑到学校的利益。

2. 从价值—指导体系的角度看，校园文化就是学校内大家共同认可的价值观体系

显然，有什么样的价值观就有什么样的行动导向，因此，校园文化便带有很强的教育和指导作用。如整洁优美的校容校貌，充满生机活力的花草树木，清洁卫生的校道，别致的盆景，温馨的长椅等营造的良好文化氛围，不仅使学生在心理上感到安全舒适，产生一种规范的体验，而且可以起到陶冶性情、激发美感的作用。同时，还应发挥环境隐性教育作用，注意文化橱窗的布置，让墙壁、石头说话，让学生在不自觉的"绿色"校园中自然而然地受到熏陶和启迪。因此，良好的校园文化性情不仅可以净化心灵，陶冶性情，而且还使学生们的人格得到塑造，个性得到发展，精神境界得到重生升华，这种潜在的影响对于学生成长所起的作用是非常大的。

3. 从信仰—观念体系的角度看，校园文化归根结底代表了一种被学校大多数人所认同的核心价值观念

办学理念、目标、特色是一所学校校园文化的核心内容。一则好的校训，是酿成良好校风的催化剂。校训一旦被全体师生所认同，就会成为这个群体的规范。这个群体中的每一个成员，就会自觉地把它作为自己的奋斗目标和行为准则而身体力行，并逐渐养成习惯，形成风气。有什么样的校园文化，便会产生什么样的校训，校园文化越强的学校，师生员工对这种核心价值观的信仰就越坚定。虽然学校中的每一个人的思想、性格、情趣千差万别，然而，一旦形成了强势的校园文化，这些千差万别就会受到强烈的感染，大家对学校的认同感和凝聚力就会增强，由此而产生的行为方式也会趋于一致和自觉。

4. 从语言—符号体系的角度看，语言符号是人们文化交流的工具

"语言文化"有着巨大的无形的教育力量。有了鲜明的、健康的校园文化，大家就显然会有更多的共同语言，在共同语言的基础上开展活动就会显得更加生动活泼、丰富多彩。在教育实践中我们都会看到，凡是具有强势校园文化的学校，其校园文化活动就会形式多样。既有高雅的活动，也有普及性的活动，有学生也有教师和学校领导参加的活动，如在小学里运用儿童化的语言，以诗和童谣的形式，描写生活、表达情感的文学创作；丰富的内容、美丽的语言和奇妙的想象，它的质朴、纯美、真诚，使学生更加聪颖灵秀；让学生观察生活，把日常行为规范要求通过集谣、编谣、赏谣、唱谣、演谣等一系列形式予以表现；让学生把创编的童谣配以书法和绘画，在橱窗展览，并在课间游戏活动中传唱，折射出无尽的童趣、童真和童情；学生在古老方块字铸成的美妙世界中，在诗和童谣的国度里，体验着美好而愉悦的情感，激发着高尚的道德情操。

5. 从知识—技术体系的角度看，它对于人的培养具有巨大的影响

开展积极向上、丰富多彩的校园文化活动，能增智益智，促进学生认知的深化，使学生了解学科知识以外的未知世界，从而培养其观察力、想象力和创造力，同时形成某种特长爱好，增进其社会实践活动才干。如充分利用清明节、端午节、儿童节、重阳节、教师节、国庆节等节日开展活动。除了在重大历史事件纪念日等集体开展思想道德教育外，还可以结合学校实际情况，开展丰富多彩的校园节日活动。如"校园艺术节"中绘画比赛、书法比赛、器乐比赛等五彩斑斓，给学生提供了广阔的展示舞台，引导他们主动地去发现美、鉴赏美、创造美；"体育节"中广播操比赛、跳绳比赛、游戏比赛、田径运动会等，不仅提高了身体素质，更培养了学生公正、负责、与同伴合作的良好品质与习惯；"科技节"中小制作比赛、手抄报评比、贺卡制作比赛等，从精巧细微处普及科学知识，培养科学精神。"节日文化"以其丰富的内涵，将道德、情感、创新渗透于方方面面，沁入学生心灵，塑造学生健康人格。

六、维护校园的安全是和谐校园必然要求

校园安全稳定是和谐校园的基础。维护校园安全稳定，是建设和谐校园的基础性工作。如果校园矛盾激化、事故频发、秩序混乱，师生就难以和睦相处、安心教书和勤奋学习。要维护校园安全稳定，就必须规范办学行为，建立良好的校风、教风和学风，提高师生抵制邪教和各种反动信息、不良信息影响的自觉性与能力；预防和化解校园纠纷，防止校园暴力发生；建立完善的安全管理制度，开展安全教育，及时消除安全隐患和其他不稳定因素；制定处理校园突发事件的应急处理预案，及时妥善处理突发事件，与政府、社会、家庭建立起维护校园安全稳定的联动机制，配合有关方面治理好校园周边环境，防止社会不法分子对师生进行滋扰和侵害。通过依法治校，运用法律、制度、校规的力量来预防纠纷和事故，不断化解矛盾与冲突，弥合裂痕，整合校园资源，维护校园秩序，就能以文明、理性、平和的方式消除校园不稳定、不和谐因素，形成人心安定、秩序井然、教学相长的和谐局面。

构建和谐校园是一项艰巨复杂的系统性工程，是一个需要随着教学、科

研和学校的发展而不断推进的过程，更是一个长远的征程和永恒的主题，需要全校广大师生员工全面参与，不懈努力。学校发展是建设和谐校园的根本之道，在构建和谐校园的过程中，要坚持以科学发展观为统领，紧紧扭住发展这个执政兴校的第一要务，聚精会神搞建设，一心一意谋发展，以发展增和谐，以改革促和谐，以公平求和谐，以稳定保和谐，把我校各项事业不断推向前进。

大器有成积点滴　岗守恒常必有为

——南沙大岗中学五年发展规划

麦用景

2016—2021年，是广东站在一个新的历史起点承前启后、和谐发展、全面建设小康社会的5年，是广州建设国家中心城市、国际大都市的5年，更是大岗镇加快省产业基地、宜居城镇建设的5年。在这5年里，落实科学发展观，构建和谐社会，实施科教兴国战略，积极推进科技创新将成为新一轮发展的重要举措。社会经济文化发展的新形势、番禺教育现代化的新发展将给我校带来新的挑战和机遇，认清形势，把握机遇是我校求生存谋发展的必然之举。

未来5年，我们将以"大器有成，刚正有为"为目标，进一步改善办学条件、进一步打造可持续发展的教师队伍、进一步加强教育教学教科研管理能力，提高教学质量，积极营造书香校园，为造福一方百姓，办人民满意的教育而努力求索；力争实现"5年左右将大岗中学高中办成全市优质高中，初中进入全区先进行列"的目标，力争把大岗中学建设成为在全市同类学校中具有较强影响力的素质教育示范性学校和全国普通高中特色学校。

一、背景分析

（一）基本情况

番禺区大岗中学位于广东省中心城镇大岗镇内，邻近广珠公路，交通方便。学校创建于1956年，1980年迁现址扩校。学校随山而建，布局合理，风景秀丽，绿树成荫，环境幽雅，是广东省一级学校、广东省绿色学校。

学校占地面积60708平方米，建筑面积40883平方米。学校建成了覆盖全校的校园网，建有高标准的塑胶跑道、人造草足球运动场和游泳场。办公楼、教学楼、实验楼、艺术楼、图书馆、体育馆、学生宿舍、教师宿舍以及师生饭堂等建筑错落有致，电脑室、语音室、综合电教室、理科实验室、家政实验室、模拟生态标本室、历史室、地理园、生物园、舞蹈室、美术室、音乐室、科技活动室、综合实践活动室、生物探究室、化学探究室、物理探究室和闭路电视系统、校园互联网等现代化专用室场设施一应俱全。学校各类设施设备均按省一级学校标准配齐。

学校现有 40 个教学班，其中高中 22 个班，初中 18 个班，在校学生 1764 人。学校生源分布广，学生来自全区各镇。学校还拥有一支师德高、业务精、素质强的师资队伍。

多年来，学校秉承"立足大岗，服务全区，奉献社会"的宗旨，倡导"敬业乐学、开拓进取"的校风，践行"知学、知道、知行，尚德、尚实、尚新"的校训，使我校成为一所有较大规模、有一定办学水平、有初步办学特色、有良好社会信誉的完全中学。学校先后被评为区文明单位、区文明学校、区"生物与环境教育"实践活动基地、广州市青少年科技特色项目学校、广州市科学技术普及基地、广州市教育科研工作先进单位广东省先进职工之家、广东省开展群众体育活动先进单位、广东省绿色学校。

（二）发展机遇

第一，独特的区位优势。大岗镇是广东省中心镇、广东省宜商、宜居城镇，同时也是"中船船用柴油机生产基地"、"国家产业基地"、省教育强镇。多年来，大岗镇的党政领导始终把教育放在优先发展的战略地位，大岗中学作为大岗镇唯一的一所完全中学和龙头学校，自然肩负着为家乡、为祖国培养更多更好优秀建设人才的历史使命。

第二，半个世纪的发展基础。大岗中学创建于 1956 年，1980 年迁现址并扩校。从创建到现在，历经八任校长，学校走过了一段艰难而曲折的发展道路，办学规模不断扩大。改革开放以后，大岗中学已成为一所初具规模的镇级完全中学，教学条件不断改善，教育质量不断提高。2005 年被评为广东省一级学校。学校的前期发展为大岗中学积淀了一定发展的基础和条件。

第三，逐步明晰的办学理念。长期的办学实践，尤其是近几年的快速发展，大岗中学逐步明晰和形成了自己的办学理念："大器有成，刚正有为"。学校坚持把以人为本作为发展的最高价值取向，不断满足学生"有成，有为"的成才需要。学校坚持严格按照教育教学规律办事，从学校生源学业基础相对较差的实际出发，明确为"学生终身发展奠定基础"的目标，努力为社会输送一批批高素质的普通劳动者。

第四，日趋完善的管理机制。近几年来，学校初步建立起了科学的管理机制，管理效能不断提高。学校的管理制度较健全，逐步实行和完善了层级管理制度，校级领导、中层干部、年级组长和教研组长、班主任和教师四个层级，职责明确，运作有效。教师聘任工作积极推进，并按照《大岗中学教师聘任方案》的要求有效实施。

第五，师资队伍不断优化。学校着力打造高素质的师资队伍，不断优化师资队伍结构。现有教师167人，其中研究生10人，高级教师25人，全国优秀教师1人，广东省特级教师1人，广东省优秀教师3人。学校的可持续发展有较坚实的人才资源作保障。

第六，近几年来学校的整体优化发展。近几年来，学校积极践行新课程改革，立足于"以学生发展为本"的质量观，以教学的"有效性"为着力点，以先进理念为指引，以科学管理为支撑，以提高质量为生命，以特色创新为动力，以教风学风为抓手，尊重学生差异，激发师生潜能，整合教育资源，最大限度地促进学生发展、教师发展，较好地促进了学校的整体优化和发展。

（三）面临的挑战

对照区知名重点中学的建设状况，以及区、镇领导对学校发展的要求，学校发展仍然存在一些薄弱环节，面临着诸多挑战。

1. 学校内涵建设有待深化

学校虽然地处广州市南拓的区中心城镇，但与区内的名校、强校相比，学校的办学理念，部分教师的教学理念、教育教学方法与当前社会发展要求、教育发展趋势尚有一定差距。学校在今后的发展过程中，要进一步加强内涵建设，形成明确的办学理想和办学追求。在学校特色建设过程中，要树立创新教育的人才观、质量观和价值观。

2. 硬件设施投入还需加大

我校目前部分教学设备、设施仍显不足和陈旧。初中部教学楼已使用近30年，虽经加固但在防震和使用空间方面仍要改进。部分电脑室、电视广播系统、投影机等的使用期限已有6年以上，设备老化；部分辅助功能室的仪器设备仍显不足；学生住宿、用餐条件较不尽如人意，如设施较陈旧，热水供应不足；学校停车位不足，校区入口斜坡大，难以实现人车分流；学校占地面积较小；学校硬件与国家级示范性高中要求还有较大差距。

3. 师资队伍建设仍需加强

我校目前名师少，缺乏学科带头人；教师教育教学观念还不能完全适应时代需求，对新课程改革的研究探索不够，课堂教学理念和课堂教学效率亟须提升。教师队伍建设面临许多挑战：资深教师个体发展不够全面；青年教师的教学功力尚显不足；教师整体文化素养有待充分提高，教师的创造激情有待于充分点燃，教师专业发展有待于进一步完善与创新；部分教师个人优势突出，但是团体优势不突出，没有形成"合力效应"，部分高级教师进取心退减，出现了职业倦怠现象。如何加强教师队伍建设，培养一批在市、区有影响力的中青年名师，是学校发展亟待解决的一个问题。

4. 课程建设有待规范

新课程改革对高中教育教学提出了新要求，对照广东省高中课程改革方案，学校课程建设有待规范。新课程体系虽然初见端倪，但并不成熟；学校课程评价与课程管理体系亟待完善；校本课程建设还需加强和不断完善；学生综合实践活动、研究性课程有待深入和拓展。

5. 质量监控水平需要提高

学校要努力提高初中教学水平，为本区和本校高中提供更多优质生源。首先要努力吸引区域内优质生源不至于流失，同时要利用区位优势和学校优势吸引其他优质生源。其次要提高教育、教学质量的监控，尤其要针对高中、初中教育的特点，加强对各个年级段教育教学质量的监控。

6. 校园文化建设需要加强

学校环境和文化建设有待进一步提高，岭南校园文化、文明校园建设有待快速提升。学校存在一些不良习气，高、初中均存在部分学生学习劲头不足的现象，学生的文明礼仪习惯、班风建设和学风建设有待加强。

面向教育现代化、均衡化的发展要求，大岗中学面临重要战略机遇期：首先，南沙区教育国际化、基础教育均衡化、高中教育优质化等，为大岗中学发展注入了新的活力，创造了新的机遇；其次，大岗镇产业基地、宜居城镇的加快建设，大岗社会两个文明建设的快速发展，将为大岗中学的发展提供广阔空间。

二、指导思想

以"为了中华民族的复兴，为了每一个学生的发展"为宗旨，树立科学发展观，以国家级示范高中建设标准为目标，确立"大器有成，刚正有为"的办学理念，践行"知学知道知行，尚德尚实尚新"的校训，秉承"精进博取，德行懿范"的教风，倡导"大积点滴，岗守恒常"的学风，进一步严格和规范学校管理，认真实施精细化管理；以强化学校制度建设为重点，促进内涵式发展；以深化教育教学改革为动力，推进教师专业化发展；以提高办学效益为根本，促进学校优质发展；以尊重学生差异，激发学生潜能为抓手，最大限度地促进学生发展，实现"低进高出，高进优出"的教学目标,把学校发展成为内涵丰富、特色鲜明、学生满意、家长放心、社会信赖的高质量、有特色、在广州市同类学校中有较强影响力的素质教育示范性学校和全国普通高中特色学校,最终实现学校教育的整体优化和优质发展。

(一) 学校文化

(1) 理念:大器有成、刚正有为。
(2) 校训:知学知道知行、尚德尚实尚新。
(3) 校风:敬业乐学、开拓进取。
(4) 教风:精进博取、德行懿范。
(5) 学风:大积点滴、岗守恒常。
(6) 行动目标:学会尊重、学会负责、学会合作、学会创造。
(7) 组织文化:学习型、人本化、一体化。
(8) 制度文化:规范、精细、有效、创新。
(9) 环境文化:安全、文明、整洁、有序。
(10) 服务文化:热诚、主动、周到、及时。
(11) 人际准则:真诚、友善、和谐、合作。
(12) 工作准则:落实、优质、高效。

(二) 战略方针

(1) 坚持素质教育。进一步全面贯彻教育方针,端正办学思想,深入推进课程改革,培养面向未来、面向知识经济、既有扎实的基础知识和基本能力又具备良好品德、健康身心和健全人格、具有较强的社会适应能力的社会主义建设者和接班人。

(2) 坚持依法治教。严格遵守和执行各项教育法律法规,坚持依法办学,依法治校。并在此基础上,进一步完善体现现代学校制度的学校管理制度,做到依法管理、科学管理与人本管理相结合。

(3) 坚持"两有"教育。"有成""有为"教育是针对我校学生实际情况提出的,大器有成,就是培养学生成为能担当社会建设重任的人才或有大才干的人;刚正有为就是要学生为人刚强正直,有良好的技能,有求真务实、开拓创新的精神,以诚实劳动为社会主义精神文明和物质文明建设贡献聪明才智。努力培育学生的正气、大气、才气、灵气和锐气。学校通过"有成""有为"教育,不断提高综合办学水平,提高学生素质,为番禺地区教育的均衡发展、优质发展作出贡献。

（4）坚持以人为本。坚持把人的发展作为根本。在学生教育上坚持以育人为本，促进学生德、智、体全面发展，为学生终身发展奠定基础；在教师管理上，坚持以促进教师专业发展为本，全心全意依靠教职工办学，坚持民主管理，调动教职工的学习和工作热情，以最终实现师生共同进步。

（5）坚持内涵发展。在科学发展的指导下，深入调查研究学校教育、教学和管理中的问题，以问题为出发点，深入推进校本教研、校本科研和校本培训，通过提升教师专业化发展水平和行政管理效能提高学校教育质量和办学效益，促进学校特色建设。

三、主要任务和目标

（一）发展定位

为使学校五年发展规划有一个承前启后的连续过程，学校发展分三个阶段实施。

第一阶段（2017年9月—2019年8月）。

在规划目标实施的两年内，改善办学条件，深化内涵建设，推进精细管理，实现教学质量新的突破，特色建设有成效，校园生活充满活力，为学校的进一步发展奠定基础。

第二阶段（2019年9月—2021年8月）。

在规划目标实施四年内，推进教育现代化建设，教育教学质量稳居全区前列，具有大岗地域特色的校园文化基本形成，办学品位不断提升，低进高出的教学质量特色更加鲜明，在市内外有较强的品牌影响力，成为全国普通高中特色学校。

第三阶段（2021年9月—2022年8月）。

实现总体目标，把学校办成一所全市领先、省内外有较大影响力、有品位、有特色、有活力的省一级素质教育示范学校和全国普通高中特色显著学校。

（二）具体目标

1. 内涵发展工程

树立科学发展观，以"为了每一个学生的发展"为宗旨，倡导"上品教化，首善番禺"的价值观，深化学校内涵建设，积极构建"大器有成，刚正有为"办学理念，统一办学思想，建设精神文化和价值体系，让学校回归"育人"的原本，培育学生的正气、大气、才气、灵气和锐气，促进学生的全面发展，促进普通高中特色学校建设。

2. 硬件改善工程

改善办学条件，满足学生培养个性特长的需要。在充分利用现有办学条件的基础上，合理调配与整合资源，进一步多渠道筹措办学经费，改善基础设施，推进学校现代化、生态化建设，使学校基础设施、教育教学设备配备齐全并保持全市先进水平，满足学校教育教学工作的需要。

（1）突出重点项目建设，改善办学环境。

（2）内部挖潜，合理调配、整合教学资源。

（3）加强设备设施维护，按教育信息化要求，更新数字化教学设备。

（4）加强语言实验、体艺特长、科技教育、环境教育、节能降耗等方面的设备配置。

（5）改善学生学习、住宿、用餐环境，创造良好的学习、生活环境。

3. 制度完善工程

推行精细化管理，向管理要质量和效益，健全和完善各项管理制度和运行机制，让学校有序地步入制度化、科学化、人性化、的发展轨道。

（1）完善评聘分开、以岗定酬，绩效挂钩。制订绩效工资实施方案，优教优酬、优劳优酬、责重优酬机制，完善学校激励机制，让责、权、利相统一，付出和获取相对称，最大限度地调动教职工的积极性，激发教职工的内创力。

（2）明确学校质量管理的目标与责任；围绕学校教学中心优化岗位设置，形成职责明确、协调顺畅的岗位体系；形成纵向衔接、横向贯通的工作流程；建立科学、明确的工作责任标准，把学校质量落实到每个岗位、落实到每个人员、落实到日常工作之中。

（3）加强学校品牌形象建设，加大对外宣传力度，积极"链接"主流新闻媒体，提高学校的认知度和美誉度。

（4）强化民主监督制度，进一步发挥教工会、学代会参与学校管理的功能。进一步完善校园网络管理平台，使学校管理更为透明、高效。

4. 教师发展工程

促进教师专业化发展，完善校本教研制度。加快教师自我发展学校的建设，实施教师专业化发展工程，使学校成为师生共同成长发展的学习型组织。建设一支人员精干、结构优化、素质优良、富有活力的高水平教师队伍和管理队伍，培养一批名师，让学校人才实现可持续、跨越发展。

（1）强化师德建设工作，努力提升教师队伍的思想水平和专业素养，同心同德，办好人民满意的学校。

（2）实行干部竞岗竞聘，选拔一批德才兼备、热爱管理工作的优秀中青年教师作为学校管理人员，充实各级管理队伍，让管理队伍不断地知识化、专业化、年轻化，形成合理梯队，提升中层干部的执行力。

（3）实施学科带头人制度，规范骨干教师评聘机制，推动低职高聘。

（4）加强有效教学研究，制定《大岗中学有效教学实施方案》，打造高效课堂和综合实践活动。

（5）成立学校教学委员会，以有效促进教师的学术研究。因校制宜，建设有特色的校本课程。

（6）大力培养名师，支持教师在职攻读研究生课程或硕士学位；选派教师到校外接受培训；培养国家级或省市级青年骨干教师；培养省市级优秀班主任。

（7）利用学校一流的设施，开展丰富多彩的文体活动，促进教职工个性发展和身心健康。

5. 课程改革工程

坚持质量立校、科研兴校，进一步加大课程改革的力度，构建一个充满生机活力、适应学生全面发展、特长发展和创造性发展的教学体系，为全国普通高中特色学校建设提供有效的载体和手段。

（1）推动有效教学，规范教学管理，加强制度创新，建立一套与新课程相适应的教学管理制度，包括课程开发和课程评价制度，选修课、学分制和成绩评价制度，教师教学管理和教师教学绩效考核制度，校本教研和教师继续教育制度，课程资源的开发和共享制度，等等；出版本校特色的教学管理专著，为高中课程改革背景下的现代学校教学管理提供经验。

（2）加强学科建设，打造强势学科，提升发展学科，扶持薄弱学科，力争使 1~2 个学科组成为省内和国内的优秀学科组；坚持稳步推进、适度超前的原则进行教学改革和课程改革，提高教师、学生的综合素质。

（3）建立校本课程开发小组，制定校本课程开发规划，分阶段、分学科、分专题开发具有学校特色的校本课程。校本课程开发实行教师申报、学校立项、专家评审、学生试用的办法，开发 8 门左右的校本课程，并正式出版校本教材，初步建立起学生选修课程体系。

（4）努力完善学校学科竞赛制度，保持学校优势项目，加强薄弱学科竞赛辅导的力度，在各级学科竞赛中争取进入区前列。

6. 素质提升工程

积极探索德育、学科教育、艺术教育、科技教育、环境教育的新途径，努力提高全体学生的综合素质。

（1）进一步贯彻落实《中学德育大纲》《公民道德建设实施纲要》《中共中央、国务院关于进一步改进和加强未成年人思想道德建设的若干意见》等文件精神，围绕学校的办学宗旨和办学理念，同时结合时代发展的现实需要，将以"大器有成，刚正有为"办学理念为核心内容的德育摆在学校工作首位，进一步完善学校的德育管理，优化学校的德育环境，提升智慧型德育工作的整体质量。

（2）以"智慧德育"作为德育工作的实施原则和追求目标，以德育课程为载体，促进学生的品德内化，有效激活学生的内驱力和道德需求，从他律到自律，从自律到自育，努力达到人格自我发展、自我完善的境界。

（3）加强心理健康教育，增加相关人员配备，成立心理健康咨询中心，开设心理健康、生涯规划等相关课程；加强心理咨询室的建设，完善心理辅导制度。

（4）坚持质量和效益相统一的方针，把提高教学质量和效益摆在突出位置，努力巩固和扩大高考成果。深入研究高考，积极应对高考，确保高考升学本科率、高分率、名校率有新的增长。

7. 文化培育工程

学校立足本土文化、继承传统文化、学习先进文化，把学校建设成为有时代精神和岭南特色的精神家园。挖掘、传承岭南文化，发展新的精神生活，形成师生健康的精神生态环境，使大岗中学成为大家向往和敬重的文化高地。

（1）传承、发扬学校的半个世纪的文化积淀和优秀传统，对学校文化传统进行梳理，同时根据时代文化的变化，引"岭南文化"进校园，在传承和创新岭南文化方面有新的突破。

（2）实施学校 CIS 规划工程，以更生动的时代形势反映学校优良传统和办学理念。

（3）建设书香校园，培育高端精品文化。学校制定经典阅读书目，鼓励、指导学生开展经典著作阅读报告会、讨论会等活动，引导学生尊重经典、亲近经典、理解经典。

（4）利用校区自然生态，建立生态型"学之园"，为学生学习创造一个生态型、有氧离子型学习空间。在图书馆设立学生"学习吧"，配备开放阅读专柜、绿色植物和钢琴，为学生自学创造舒适的空间。

（5）加强学校现有的校园文化建设项目，加强对体育、艺术特长生的培养，提升学校艺术节、体育节、科技节的质量和品位。

（6）加强绿色环保教育，积极配合全区开展垃圾分类处理工作，争创国家级绿色学校。

8. 特色示范工程

制订学校特色发展规范，推进普通高中特色建设。在巩固基础，发挥优势作用的基础上，突出学校的特色性、示范性。未来5年，学校将重点抓好英语教育、信息教育、科技创新、学校社团文化和人文素养建设工程。

（1）以中央教科所立项的全国教育科学规划普通高中特色学校研究专项课题为引领，推动学校普通高中特色建设，争取学校的素质教育和特色建设在省内外具有较强的示范作用。

（2）在区域内率先实现教育现代化，带动和促进区域学校的发展。

（3）提升初中学生的核心竞争力，促进高中生的多元发展。

（4）以"敏特英语"听力训练为引领，开展英语课程教学实验，提高学生的英语水平，促进其英语应用和交际能力的培养。试行学生国外游学，提高学生的国际意识和视野。

（5）大力推动智慧校园建设，进行数字校园、E教育校园试验，引入无线教学移动平台，支持建设并充分应用E教育资源。加强学校信息技术教育，加大学校教育信息化建设力度，完善学校主页和各部门专题网站建设，充实教育资源库；进一步探索信息技术与学科课程的整合，以教育信息化促进教育现代化。

（6）加强学校运用科技进行节能降耗工作，对学校空调、照明系统进行节能改造，创建节能降耗示范点。

（7）加强学校社团建设，优化特长生培养、训练条件。提升学校辩论队、无线电测向队、科技制作小组、舞蹈队、合唱队、文学社、话剧社、环境教育社等社团质量，创建航模队、机器人训练队、汽车与飞机模拟驾驶训练队和创客社，使它们成为学校全区品牌队伍。加强学校篮球队、毽球队等竞技项目的建设，使大岗中学成为艺术和体育人才的摇篮。

（8）培养学生科技创新意识，加强对学生科技制作与发明的辅导工作，实行辅导教师负责制，使学校参与科技创造发明的学生人数逐年增加。

（9）设立学校人文教育工作室、科技教育工作室，制定学校人文教育计划，系统开设人文选修课，通过人文著作导读、人文讲座等途径，普及人文知识、提高人文精神素养，使之成为学校发展的新特色。

9. 后勤优质工程

建设学校后勤服务意识，根据新课程改革和素质教育、特色创建需要，建立后勤服务保障机制，为学生成才提供良好的校园环境和办学条件。提高后勤工作效率，为学校发展提供强有力的后勤保障。

(1) 加大校园硬件建设投入力度，更新或添置各种硬件设施和设备，落实绿色校园的规划建设，奠定学校现代化办学的物质基础。

(2) 探索学校后勤社会化工作，加快学校后勤社会化的进程。

(3) 提高资源使用效率，改善师生整体生活环境，提高集体福利。

(4) 强化安全意识，杜绝重特大安全事故，增强服务意识，提高服务质量。

四、实施措施

（一）硬件改善工程

改善办学条件，满足培养学生个性特长需要。在充分利用现有办学条件的基础上，合理调配与整合资源，进一步多渠道筹措办学经费，改善基础设施，推进学校现代、生态化建设，使学校基础设施、教育教学设备齐全并保持全市先进水平，满足学校教育教学需要。

(1) 突出重点项目建设，改善办学环境。未来5年，争取区镇支持，加快建设综合楼，满足教学场室需要；建设档案室，提高档案管理水平；对学校游泳场进行改造，满足体育教学需要，丰富师生课余生活。

(2) 加强设备设施维护，按教育信息化要求，更新数字化教学设备。改造2个计算机教室；改造校园闭路电视系统和监控系统；将教室的投影机更换为一体机；每年更新一批教师备课用计算机，争取用3年时间完成教师备课用计算机的更新。

(3) 加强语言实验、体艺特长、科技教育、环境教育等方面设备配置。建设1个数字化语音室，1个录播室；建设1个科技成果展览室；对用水用电设施进行改造，实现节能降耗。

(4) 改善学生学习、住宿、用餐环境，创造良好的学习和生活环境。未来5年，争取区镇投入，完成对A、B幢学生宿舍和学生食堂改造，跟上时代发展步伐。

（二）制度完善工程

(1) 完善评聘分开、以岗定酬，绩效挂钩。制订绩效工资实施方案，优教优酬、优劳优酬、责重优酬机制，完善学校激励机制，让责、权、利相统一，付出与获取相对称，最大限度地调动教职工的积极性，激发教职工的内创力。测评成效，利益挂钩。及时做好规划各阶段的检查测评工作。通过建立一套科学的评价标准，对各部门及个体的短期目标行为进行评估，将行为绩效与实施奖惩结合，鼓励先进，激励全体，真正提高学校组织的整体效应。

（2）明确学校质量管理的目标与责任；围绕学校教学中心优化岗位设置，形成职责明确、协调顺畅的岗位体系；形成纵向衔接、横向贯通的工作流程；建立科学、明确的工作责任标准，把学校质量落实到每个岗位、落实到每个人员、落实到日常工作之中。

（3）建立和完善教师业务档案，加强对教师的日常管理，努力争取对教师进行定性和定量评价，使评价机制科学化，务求做到客观、公正。花两三年时间学习先进经验后，建立等级档案室。

（4）进一步完善各类评优评先制度，发挥其对教师的激励机制。根据教师业务档案进行量化打分。

（5）加强学校品牌形象建设，加大对外宣传力度，积极"链接"主流新闻媒体，提高学校的认知度和美誉度。健全对外联络制度。

（6）进一步发挥教代会、学代会的参与学校管理功能，建立政务公开制度，完善学校民主管理，使学校管理更为透明、高效。推行校务公开，实现学校管理民主化。学校的重大决策都要在党支部的监督保证基础上通过教代会审定，集中群众智慧，使之变成全体教工的意愿和要求。关系到政策、发展、管理方面的重大问题；关系到教职工的切身利益；关系到学校领导干部廉洁自律方面的问题，都应向教职工公开。

（7）完善学校信息平台，力求各项信息通畅，提高办公效率；加强各部门的沟通和合作，力求做到政令畅通。畅通信息渠道，加强监督反馈。不断完善校内各项规章制度，健全民主管理制度，根据实际情况对本规划不断修订、完善、提高，并对其实施过程进行调控和改进。建立立体、交叉、多维的信息网络，在规划的具体实施阶段，学校规划管理领导小组和各部门做好规划的咨询指导、检查控制和调节平衡工作，及时纠正有偏差的管理行为，形成干部接受群众监督的工作机制，齐心协力，保障五年规划的顺利实施。

（8）建立科学、完善的监督机制，出台"问责制"，学校精细化管理小组对每个部门、各个负责人的工作目标，采取定期与不定期相结合的检查方式，细致地对精细化管理的目标进行评分，并进行书面通报，表扬先进，激励后进。对存在问题的部门和个人采用复查的形式，以确保问题得到解决。在力求公开公正的前提下，将成绩与考核进行挂钩。

（9）建立中层队伍成长机制。加强中层干部队伍建设，积极推行竞争上岗制、试用制、助理制、目标考核激励制度，通过换岗培训、交流挂职等形式促进干部队伍的成长与成熟。

（10）完善校园网建设，调整栏目。学校信息化建设争取在校领导的全面规划和领导下，在全体教师和学生广泛参与下，做到内容丰富多彩，栏目合理有序。

（三）教师发展工程

（1）加强师德建设，提高教师道德素质。要贯彻好"大器有成，刚正有为"的办学理念，要引导教师从内心里敬重、敬畏教师这一职业，把职业转变为事业，树立敬业精神。

（2）端正教育思想，转变教师观念。重点强化以下三个观念：①以学生为本的教育主体观；②以能力发展为本的教育质量观；③以组织学生自主活动为本的教学观。

（3）加强校本教研，引领教师专业成长。我们提出的校本研修，指向的是专题研究和教学中探讨的问题，体现的是合作研究。我们的研究实施策略为：师徒带教，同伴互助；案例讨论，实践反思；专家引领，突出重点。我们运用校本教研，完善学校教育科研机构，以"研"促教，以教促"研"，实现研训一体：让科研在教学中得到延伸，教学在科研中获得提升，"教学出题目，科研做文章"，提高研究的针对性、应用性和实效性。为提高校本教研的质量，努力做好三方面引领：一是针对实用是方向。要确保校本教研务实，要针对教学实际问题，做好"实""活""用"三字文章。"实"就是内容要实，"活"就是形式要活，"用"就是成果要用。二是机制保障是关键。在制度的引领下积极转化为领导者的管理行为、教师们的研究行动。三是教研环境是依托。良好的教研环境是教研活动可持续发展的依托。

（4）建立教师自培基地。培训分为骨干教师培训和青年教师成长培训。培训方式采用"自修—实践—反思"模式，培养、提高、壮大教研骨干队伍，引导教师走"骨干教师—知名教师—研究性教师"的成长道路。打造"青蓝工程"，以课题研究为抓手，以师徒结对为载体，以课堂教学展示、经验交流、案例分析、撰写"教后记""反思日记"等为主要活动形式，积极为青年教师创设"想发展、能发展、会发展"的成长环境；鼓励青年教师立志做"有理想、有追求、有能力、有经验、有智慧、有作为"的"六有"优秀教师。为青年教师的成长规划三个台阶：规范化阶段—个性化阶段—辐射阶段。

（5）课题引领，锻炼队伍。开展科研课题的实验研究，是加速教师队伍成长的重要举措，也是大面积提高教学质量的科学途径。以课题为引领，以任务为驱动，整合课题资源，提高教师水平，提高教学质量。重点抓好教育部重点课题"STS 特色教育学校建设的理论与实践研究"以及四个区"十一五"立项课题的研究，积累资料，讲求方法，严格进度，注重成果。

（6）加强科组、备课组建设，建立教师专业发展共同体。教师专业发展，需要一个现实的载体，需要一个强有力的抓手。这个现实载体和有力抓手，分别就是科组和备课组。在科组、备课组中要加强案例式分析、开放式探究，要通过"同伴互助"和"自我反思"，使教师既研究自己，又分享别人成长的经验，提高反思能力，切实让同组教师参与分享教学诊断，使教师走上学习中研讨，实践中总结，总结中提高的成长历程。

（7）开展多种形式的课堂练兵活动，加速教师的成长。包括：①校内评优课；②典型引路课；③指定课型课；④专题研究课；⑤师徒挂钩课；⑥教改汇报课；⑦对外开放课；⑧区镇观摩课；等等。通过典型课例的解剖，在教学实践过程中帮助教师领悟新的教学思想和方法，促进其教育观念的转变。

（8）构建学习型学校，倡导反思型文化。学习型学校是学习型组织理念在学校这一实体组织中的运用和发展。学习型学校的学习内涵主要有四点：终身学习、全员学习、全程学习、团队学习。只有终身学习，才能终身发展。基于这种认识，学校成立教师"读书沙龙"，通过类似"读书交流会""读书报告会"的形式，使"读书"过程成为寻找教育问题和教育困惑的解决方案的过程。关于教师读书，提出三点建议：①结合教育教学工作实际，有选择地阅读一些提高自身教育教学实践能力的教育理论图书；②多读一些真正提升自身内在修养的图书；③切实加强图书馆建设，为教师提供能拓宽视野、丰富知识结构的教育理论图书。要促使教师增强反思意识，养成对自己的教育实践和教育观念进行反思的习惯。要在全体教师中倡导一种"从寻找自身遗憾开始"的反思精神，营造一种"从自身错误中学习"的反思氛围，最后积淀成一种能得到全体教师认同的不断进取的反思文化。

（四）课程改革工程

1. 健全教学管理制度，为新课程的实施提供制度保障

第一，优化教学管理系统，形成统一协调的发展机制。构建德育、教学一体化的层级管理网络，在强化和完善德育工作管理的同时，坚持以教学为中心，完善教学管理，提高管理效能，实现"德教一体化"，提高实施新课程的能力。第二，努力提高新课程教研工作的组织、指导、管理水平。主要要抓好下面三项工作：①健全三级［教导处（科研处）、科组、备课组］教研网，提高新课程教研工作的力度；②健全调控系统，包括指导系统、评价系统、调节系统等的建立；③加强新课程培训，提升教师课改能力。

2. 全面推进教改规划，加强课程实施力度

第一，落实新课程实施方案，积极、扎实地稳步推进新课程。以"有效"为目的，分别从课程的设置、安排、质量监控、后勤支援等方面进行组织管理，扎实推进新课程，严格按照上级的课程标准开齐课程、开足课时。加强对开设的每门课程进行跟踪管理，根据每门课程和每项活动的具体要求，确定评价标准，注重过程性评价，发挥评价对学生的激励作用，促进学生的全面发展。第二，充分开发课程资源，积极推进校本课程建设。要立足地域资源，加强课程资源开发与建设，凸显校本特色。第三，重建评价体系，积极探索多元评价方式。以"大器有成，刚正有为"的办学理念和新课程的要求为指导，根据评价主体的多元化和评价过程的多样性原则，建立健全与新课程要求相符的综合评价体系。

3. 深化课堂教学改革，积极探索有效的课堂教学

第一，制定《大岗中学有效教学实施方案》，从"事实层面""技术层面"及"价值层面"等多个维度推动课堂教学有效性的研究。第二，加强学科教学模式和教学策略研究，构建以学习者为中心、以学生自主活动为基础的新型教学模式，推进教学活动从"以教为主"向"以学为主"的转变，使教学活动真正建立在学生自主活动、主动探索和合作、互动的基础上。第三，加强信息化与学科教学的整合，建立教育资源信息库，倡导多途径、多形式编制多媒体课件，注重信息技术在教学中的应用，开展信息技术整合学科教学的专题研究。第四，打造优秀的课堂文化：一是培养学生的学习激情、兴趣与信心，二是培养学生的学习习惯与学习方法，三是留给学生以成功的机会，四是为学生创造自主学习的条件。

4. 加强教学诊断，监控与评价教学过程与质量

第一，成立教学委员会。教师个体的教学行为差异是很大的。对有偏差的教学行为，必须有人干预，必须有人通过业务学习和研究给予帮助提高。学校成立由特级教师、高级教师和青年骨干教师组成的教学委员会，深入课堂听课，走"反馈、跟踪、改进"的流程：在课堂教学中诊断学生学习现状及目标达成度，从教师的教中查找原因；诊断教师教学过程的现状，检查管理中的问题。诊断学生，找教师问题；诊断教师，找管理问题；真正把握学校、学科的真实状况，并对情况进行科学分析，研究与解决主要矛盾和问题。教学委员会成员，每月撰写一份听课笔记，学期末完成一份调研报告，

要求调研报告既要有定性的分析，也要有定量的分析；既要有教育质量的分析，也要有原因分析和改进措施等。第二，规范基本教学环节，切实加强教学常规的有效落实。备课、上课、作业、辅导和测试等是教学的基本环节，要规范备课、上课、作业、辅导和测试等常规环节，实现教学基本环节的连贯和畅通，切实提高课堂教学的有效性。第三，建立教学质量监控制度。对教学质量的监控，坚持三个基本着眼点，一是以有利于学生素质的全面发展为基本着眼点，即学业抽查的范围不只限于几门主课，而是包括了课程计划规定开设的所有学科；二是以有利于学生文化知识素质的全面发展为基本着眼点，即强调知识、技能、情感三者并重；三是以有利于减轻课业负担为基本着眼点，即抽查的内容包括学生的作业量、教学计划执行情况、各类课外资料的征订与使用等方面。第四，加强常态课的检视，关注常态课从"讲堂"向"学堂"转变。开展一课三备、一课三研、同课异构等课例研究活动，在合作中提高常态课的质量。第五，建立行政干部听课日。确定每周二为行政干部听课日，要求全体中层以上干部深入到班级听课，使全体领导成员都能做到了解教学、参与教学、指导教学、保证教学，提高行政干部对教学的统驭权，形成"会抓真问题、敢抓真问题、抓好真问题"的务实作风。第六，开展学生评教工作，实行教师教学评估调查表，加强课堂教学的过程管理及学习主体的意见反馈工作。

（五）素质提升工程

我校的德育工作要继续坚持"规范＋创新"的工作思路和"传统＋特色"的实践方法，以此增强德育工作的针对性、实效性和操作性，不断开创德育工作的新局面。只有实行规范化管理，才能保证学校的德育工作在党的教育方针指导下正确地前进，才能保证学校的教育教学秩序的正常化；只有创新，才能使德育工作充满活力、永不落伍，才能使学校德育工作逐步形成自己鲜明的特色。在未来5年的发展规划中，在规范化管理上，继续健全德育工作的各项规章制度，使班级管理和学生管理做到有法可依、有规可循，真正实行依法治校；在创新工作上，在认真整合我校德育优势的基础上，努力打造具有鲜明特色的岗中德育。

1. 健全德育规章制度

制度化建设是使学校逐步实现规范化、科学化和系统化管理的重要前提。近年来，我校花大力气建立和完善有效的班级和学生管理奖惩机制，分别制定了《大岗中学每月班工作十项评比制度》《大岗中学学生奖惩条例》《大岗中学严重违纪学生的处理办法》《大岗中学学生日常行为百分考核制度》《大岗中学学生礼仪常规》《大岗中学学生一日常规》以及一系列的学生评奖制度，对督促班级管理、规范学生日常行为、鼓励学生进步起到很好的作用，并逐步形成良好的校风。我们要在规范化管理基础上，继续完善各项奖惩制度，在评价上力求做到"量化＋评议"相结合，提高实效性和操作性。

2. 用心铸炼德育精品

在大力推进素质教育的过程中，要大力开展爱国主义教育、法制教育、安全教育、心理健康教育、礼仪教育、劳动教育、磨难教育和爱心教育等"多元教育"，努力铸成一批实效性、操作性较强的德育精品，并使之序列化，从而逐步形成德育工作的特色。下面是以月份为单位开展的系列素质活动或综合实践活动：①3月份——"爱心礼仪"月，全校师生捐助本校贫困学生活动、文明礼貌月系列活动和初一级学生的"毅行者"活动；②4月份——劳动教育月，家庭礼仪知识竞赛、初中学生家务劳动竞赛；③5月份——环保宣传月，利用周会、级会，加大环保的宣传力度，垃圾环保分类回收，"小巧手"环保手工制作大赛；④6月份——"六一"少先队离队仪式暨大型野炊活动、亲子活动；⑤7月份——磨难教育月，非毕业年级部分师生赴贫困地区的"爱心磨难教育"考察活动、暑假实践活动；⑥8月份——学前教育月，初一新生军训及学前教育；⑦9月份——尊师守纪月，教师节尊师活动、开课首月纪律学风大整顿；⑧10月份——爱国教育月，国庆征文活动、师生书画即席挥毫活动、演讲或朗诵比赛；⑨11月份——健体月，学校田径运动会、校庆活动、年级学生校游活动；⑩12月份——美育月，全校师生环镇跑、校园文化节暨元旦文艺晚会。

3. 打造家长学校品牌

经过多年的努力，大岗中学家长学校的建设已取得显著的成绩。我们要在原有基础上继续办好家长学校，提高现代家庭教育水平努力，打造岗中家长学校品牌。①发挥级家长理事会的特殊作用，级家长理事会要积极主动地参与年级组的决策；②级家长理事会要加强与级组教师的沟通，以有效促进教师的教育教学工作；③合理地使用好家长奖学助学基金，大力表彰学习好和表现好的学生，帮助家庭经济困难的学生；④各年级利用各种类型的家长会，有计划地上好科学有效的辅导课，以有效提高家教水平；⑤通过开展每年一次的"家长回校日"活动，加强家校联系，表彰先进家长和交流家教经验；⑥充分利用家长理事会的宝贵资源，拓宽家庭教育网络。通过开展上述活动，使大岗中学家长学校建设逐步走向规范化和特色化。

4. 组建德育合议机构

为了增强德育工作的预见性，加大德育工作的审视力，争取社会教育力量对学校德育工作的支持，要继续完善我校的德育工作合议机构，并有计划地开展活动。特别是要加强与镇派出所、武装部、交警、环保、爱卫会、电视广播站等职能部门的联系，加强与我校初中生源区（村、街）的沟通，认真发掘本地宝贵的教育资源，构建"三结合"大德育网络，从而形成我校教育工作的合力。例如，通过与派出所的联系，整治学校周边治安环境，帮助转化特殊后进生和处理学生中的偶发事件；通过武装部的帮助，进行初一新生暑期军训和实行军训教官跟踪班级负责制，强化学生的纪律教育；通过与环保所的沟通，在开展环保活动中提高学生的环保意识；通过与村街的联系，进一步加大后进生转化的力度。

5. 重视班主任工作研究

近年来，我校班主任呈年轻化趋势。班主任是学校德育工作中的主体，班主任工作能力的高低，直接影响着德育工作成效的大小，因此，我们要为年轻班主任的成长搭建平台，尤其是要通过班主任研究会开展经常性的活动，加强班主任工作研究，让更多年轻的班主任在实践中提高。我们可在如下方面进行探讨：家访的形式有班主任单独家访、以班主任为核心的小组式家访、以级长和学校领导带队的分片集体家访、以师生组合的联合式家访、以德育干部协同街村干部的重点家访等。主题班会课形式有寓教于乐式、师生互动式、自由辩论式、班级合开式、室外开放式、家长参与式等。

6. 健全后进生帮教制度

后进生转化是学校德育工作中的重点和难点，我们要在近年来后进生转化上取得一定的成效的基础上，继续探讨后进生转化的方法，逐步开辟出我校后进生转化的特色之路。在后进生的转化上，可从如下方面进行了探索：①全员帮教法——全体教师都要参与"一帮一"的帮扶工作；②群体同化法——让后进生在良好的班级氛围中得到同化；③活动矫正法——让后进生的在参与健康有益的活动中得到转化；④情景激活法——让后进生在教育者创设的特定教育场景中受到心灵火花的撞击；⑤家校协同法——通过家校联系共同寻找帮教的方法；⑥军警介入法——通过与派出所和武装部法制辅导员的帮助转化后进生。

7. 建设优雅的书香校园

创设良好的校园读书环境，营造浓郁的校园文化氛围，提高学生的文化素养，全面构建"书香班级、书香校园和书香家庭"，让阅读伴随学生成长，使学校、家庭真正成为学生享受成长快乐的理想乐园。要以班级、文学社、家庭为单位，以活动为载体，以成果展示和评奖为手段，以提高文化素养为宗旨，做到人人参与、家校结合、气氛浓郁、共同提高。将加强学校图书阅览室、班级图书角、家庭书房等读书阵地的建设，鼓励学生通过阅读社会图书、班级图书、个人藏书、电子图书等途径，为营造有丰富内涵、特色鲜明、高雅品位的书香校园和家庭而努力。

8. 构建生态德育模式

我校德育要紧紧围绕学校创特色工作，努力构建生态德育模式，不断强化环境道德教育，激发起关爱自然环境的生态道德情感，养成与环境和谐相处的生态行为习惯，为创建绿色学校和生态社区做出积极贡献。可进行如下探索：①环保宣传与班级文化。结合新课程的理念，加强环保知识的学科渗透。优化班级生活环境，建设人与环境和谐相处班级文化。建设环保宣传阵地，营造浓郁的生态道德氛围。重视校园"三化"工作，建设优美的生态校园。②生态德育基地建设。大岗公园撑塘风景区、十八罗汉山自然风景区、潭洲仙庙自然风景区、学校后山绿色主题公园、二街区少先队一条街、街心公园共青团环保园地、大岗镇绿委苗圃场、镇农科站科普及劳动实践基地、灵山镇顺河村劳动实践基地等，均是我校学生开展生态德育活动的好场所，是我校环境教育的宝贵资源。③生态德育实践活动的开展。开阔眼界的"毅行者"活动、建设环境的劳动实践活动、增长知识的科学实践活动和"培养兴趣"的环保竞赛活动等。

（六）文化培育工程

（1）结合团区委的读书节活动，营造和谐向上的书香校园氛围，开展有岗中特色的读书活动。

（2）定期对学生干部进行培训，邀请本校或外校有经验的老师进行主讲，提升学生干部的综合素质，让他们当好班里、学校里的小主人。

（3）充分利用五四青年节、七一建党纪念日、十一国庆节、"一二·九"运动纪念日等重大节庆日和纪念日，开展主题教育活动，唱响爱国主义、集体主义、社会主义主旋律。

（4）结合"三八"妇女节，开展形式丰富的女生节活动，让校园充满青春气息与活力。

（5）积极开拓校园文化建设的新载体。充分发挥网络等新型媒体在校园文化建设中的重要作用，尝试建设共青团网页，不断拓展校园文化建设的渠道和空间。积极开展健康向上、丰富多彩的网络文化活动，形成网络文化建设工作体系，以牢牢把握网络文化建设主动权，使网络成为校园文化建设新阵地。

（6）团委利用广播室、团委宣传专栏加大对学校学习标兵的宣传，促进全体学生形成学先进，赶先进的学习氛围。

（7）深入开展"创建文明校园、文明班级、文明宿舍，做文明中学生"的道德实践活动，把思想道德教育的要求和任务融入大学生的学习生活之中，引导大学生从具体事情抓起，从一言一行做起，养成文明行为，培养良好的道德情操。

（8）利用校区自然生态，建立生态型"学之园"，为学生学习创造一个生态型的学习空间。在绿色长城、生物园入口、绿色长廊等处加建长椅，在图书馆设立学生"学习吧"，配备开放阅读专柜、绿色植物和钢琴，为学生自学创造舒适的空间。

（9）加强环境教育，积极配合全区开展垃圾分类处理工作，争创国家绿色学校。①按广东省绿色学校新评估标准，建立我校创建广东省绿色学校电子档案，规范绿色学校的建设管理工作；②继续发挥课堂教学的主阵地作用，在学科教学中渗透环境教育，并利用校本环境资源，如地理园、生物园、绿色长城、地震监测站、环境宣传栏及各科级宣传栏，开展形式多样的环境教育活动，着力培养和提高师生的环境意识和环境行为；③继续深入美化校园环境的"十无"活动，通过周会、班会，进行宣传教育，强化师生爱护环境珍惜资源的意识，有效促进师生文明素质的提高；④组织各班开展垃圾分类回收活动，积极配合全区开展垃圾分类处理工作；⑤气象监测小组、地理兴趣小组、生物兴趣小组，坚持开展有关课外活动，收集有关科学数据资料，并进行整理以增强学生保护和改善生态环境的责任感和使命感；⑥以综合实践科组为龙头，开展以环境教育为主题的课题活动，把环境教育拓展到社区，进一步深化环境教育活动。

（七）特色示范工程

学校特色是学校文化的积淀，是学校传统和风格长期积累的结果，是学校文化和办学理念的集中体现和具体反映。未来5年，我们将在巩固基础，发挥传统优势的基础上，推进学校特色建设。

（1）以社团建设为抓手，整合德育、社会实践、研究性学习、学科教学等内容，基于STS教育理念，建构包括社会活动课程和科学技术实践活动课程的活动课程体系，不断探索新的活动模式，丰富活动内容，提高学生的科学和人文素养，营造一个良好的科学和人文环境。

（2）由省级绿色学校向国家级绿色学校迈进——打造岭南古典园林式

校园。我校位于风光旖旎的十八罗汉山,地理位置十分优越,学校校园文化基础比较好。目前,区教育局正在全区范围内统一部署"岭南校园文化"的建设,这对于我校实现"国家级绿色学校"的目标,无疑是一个很好的机会。我们要抓住这个难得的机遇,把岭南文化的元素引入校园,向着"国家级绿色学校"迈进,将"国家级绿色学校"和"古典园林式学校"融为一体,着力构建具有大岗中学独特风格的"岭南校园文化",促进学校文化建设跃上更高的层次。

(3)由生物学科向"认知生命价值"扩展——构建生命与环境校本体系。生物学科是我校的传统强势学科,虽然近年来由于师资和生源的双重压力使得学科教学进展缓慢,难以凸显其特色,但是生物学科是构建"认知生命价值"校本体系的重要组成部分,应该继续发挥生物学科教学的传统优势,并从生物学科的学科教学过渡到对学生生活乃至生命意义的关注上,加大"生物教学对生命价值认知"等一系列的校本课程和教材的建设,发挥"生物与环境教育实践活动基地"的优势,加速学校生物学科特色的发展。

(4)由音体美兼长并美向强势特色过度——着眼学科教学中学生多元智能的开发。音体美兼长并美,也是形成我校教学特色的条件之一。我校是区毽球项目、游泳项目传统学校。此外,我校在艺术类高考上也具有较强的竞争力。我校进一步将上述优势学科和优势项目进行优化整合,开发具有本校特色的校本课程,形成自己独特的有效的教学模式和训练模式,以提高"多元智能"原则下的高考竞争力。

(5)大力推行节能降耗工作,对学校空调、照明系统、洗手间冲水系统进行节能节水改造,创建节能降耗示范点。

(6)在抓好常规学生活动的同时,突出品牌活动建设在校园文化建设中的名牌作用,将长期以来的如"毅行者"活动、岗中文化艺术节等活动进一步提升其品牌效应,使我校团的品牌工作具有持久生命力。

(7)不断创新中学生社会实践的内容、形式和载体。组织学生围绕社会民生、环保等问题开展调查研究,提出解决问题的意见和建议,形成调研成果。

(8)开展有岗中特色的"岗中论见"学生辩论赛,并加大此活动的影响力,让学生增强思辨能力、增长见识。

(9)丰富社团生活,彰显岗中特色。结合初中的综合实践活动、高中的研究性学习,广泛开展学生社团活动。使社团活动有组织、有步骤、有主题,并逐渐规范化。同时创设展示的平台,让一些社团形成自己的特色品牌。

（10）有针对性地开展心理培训拓展活动，强化学生的心理素质，增强集体观念，提升适应能力。

（11）延续我校的优良传统——爱心助学活动，让学生懂得奉献、乐于奉献，增强责任感。

（八）后勤优质工程

建立后勤服务意识，根据新课程改革和素质教育、特色创建的需要，建立后勤保障机制，为学生成才提供良好的校园环境和办学条件。提高工作效率，为学校的发展提供强有力的后勤保障。

1. 加大校园硬件建设投入力度，更新或添置各种硬件设备，落实绿色校园规划建设，奠定学校现代化办学的物质基础

（1）加快建设综合楼，满足教学场室需要。

（2）建设档案室，提高档案管理水平。

（3）改造 2 个计算机教室，以满足信息教学需要。

（4）改造校园闭路电视系统和监控系统；教室的投影机更换为一体机；每年更新一批教师备课用计算机，争取用 3 年时间完成教师备课用计算机的更新。

（5）建设 1 个数字化语音室、1 个录播室和 1 个科技成果展览室。

（6）对用水用电设施进行改造，实现节能降耗。

（7）完成对 A、B 幢学生宿舍和学生食堂改造，跟上时代发展的步伐。

（8）在绿色长城、生物园入口、绿色长廊等处加建长椅，建设艺术楼与教学楼连廊，在图书馆设立学生"学习吧"，配备开放阅读专柜、绿色植物和钢琴，为学生自学创造舒适的空间。

（9）对学校游泳场进行改造，满足体育教学需要，丰富师生课余生活。

（10）建设侧门和跑径，让毕业年级开展跑操活动，充分发挥我校毗邻十八罗汉森林公园的天然优势，让学生身体更健康。

2. 探索学校后勤社会化工作，加快学校后勤社会化的进程

与广州润航物业公司、大岗穗宝办公设备营业部、新造大辉绿化公司建立合作伙伴关系，参与我校后勤的门卫治安、宿舍、生活服务部、校区清洁、单车看管、校区绿化、油印资料等工作。我们则建立相关的检查监督机制，确保服务质量。

3. 提高资源使用效率，改善师生整体生活环境，提高集体福利

（1）定期检查校办厂，加强铺位出租管理，及时收缴铺租，搞好勤工俭学，争创效益。

（2）在 2018 年完成对学校游泳场进行改造，争取在 6 月中下旬对外重新开放，以丰富师生课余生活。与此同时，我们定期检查泳场安全和经营状况，确保泳场的安全经营和最大的收益。

4. 强化安全意识，杜绝重特大安全事故

（1）加强饭堂和小卖部的监督管理，要求证件齐全，持证经营，并把好卫生质量关，增强卫生安全意识，确保食品卫生安全。

（2）认真抓好校园安全工作，严防安全事故发生。总务处安排人员轮值每天巡视校园，检查各方面情况并做好记录，及时处理校园安全隐患，服务教育教学工作。同时，加强对师生的安全宣传教育，周周讲，月月讲，提高师生的安全意识。

（3）加强设施设备管理、保养，及时维修，保证设备的正常运转和安全运作，杜绝由于设备安全问题而导致发生安全事故。

（4）加强校车的管理，做好校车的审验和维修保养工作，确保安全行车。建立新停车场，规范教师车辆的停放位置，禁止乱放车辆现象，杜绝车祸发生。

5. 增强服务意识，提高服务质量

（1）努力提高后勤人员的业务素质和思想素质，树立为师生服务，为教育教学第一线服务的思想。

（2）落实后勤人员的管理，明确职责范围，建立责任追究制度，充分调动和发挥全体后勤人员的积极性和工作热情，争创优质服务。

（3）加强专用场室使用和日常管理，建立和健全有关的管理制度和岗位责任，对专用场室的使用统一安排，并做好情况记录。

（4）建立巡岗制度，及时发现和排除校园设施设备故障，为一线教学提供有力的保障。

6. 严格财经制度，把好财务关

（1）继续严格执行遵守有关财经纪律制度、法规、法纪，坚决执行一费制的收费精神，公示收费标准，严格执行收支两条线的管理，实行专款专用，并密切与报账中心、财所、银行等有关职能部门联系沟通，增大财务的知情度和透明度。

（2）规范学校所有收费，贯彻执行免费教育政策。认真落实扶贫助学工作，帮助贫困学生联系有关部门，落实助学基金及发放工作，解决贫困学生的注册费用问题，使他们能安心学习。

（3）认真做好财务管理工作，属于学校的经费，收入全部入学校行政管理，定期结账，每月结算公布，财务要做到日清月结，确保资金的正常运作。

（4）加强审批制度，各部门学期初要做好开支预算案，报销单据要规范，计划合理开支，开源节流。报销单据全部需经校长审批。

（5）继续贯彻区工医办医疗改革方案，在经济许可情况下，继续给教职工购买意外医疗保险。

（6）加强学校财物的管理，继续完善清资核产工作。具体的财务由专人负责，分部门管理，每月进行一次清查，学校的财物要经批准后统一专人购买，贵重物品的添置要经行政会议决定，所有购回的物品要交回有关部门登记入册存放，调拨领用，调入各部门的财物要做好登记，期末要清点核对，入册的财物不能自行取消。属于损坏报废的财物要上报处理。

面对机遇与挑战，我们大岗中学必须抓住紧紧稍纵即逝的发展机遇，适时调整发展战略，强化前瞻意识，制订可行的发展规划，千方百计提高教育质量，团结奋进，顽强拼搏，以整体改革增强自身发展的新能力、拓宽发展新空间、构筑发展新环境，要努力把初中办精办好，把高中做强做大，促进中考、高考成绩逐年提高，使学校的体艺特色教育、科技教育、环境教育特色日趋突出，素质教育更加落实，从而实现学校的跨越式发展。

基于关键点法则的中学后勤管理工作的五步策略
——以广东仲元中学为例

广东仲元中学 邱辉

摘要：布莱恩·特雷西的关键点法则——要想获得真正的成功，你必须确定自己的关键点，对于改变看待事物的角度和改进做事的方法行之有效。本文探讨关键点法则在学校后勤管理中的运用，通过对价值观、目标、知识与技能、习惯及行动等方面的思考和实践，使学校后勤管理工作获得改进。

关键词：关键点法则；学校后勤管理；运用

布莱恩·特雷西，世界上最成功的演说家和最成功的个人与事业发展顾问之一，其著作《关键点》告诉人们怎样改变看待事物的角度和改进做事的方法，揭示了布莱恩·特雷西津津乐道的关键点法则：要想获得真正的成功，你必须确定自己的关键点。关键点法则主要由价值观、目标、知识与技能、习惯及行动五个方面组成，笔者在学校后勤管理工作中尝试应用，并由此迅速获得高效、愉快的体验。

一、价值观

价值观是一切动机和行为的根源，价值观明确是成功的起点。基于当前我校后勤工作的实际，我们认为，当前我校后勤管理工作最重要的价值观是正确、效率、服务、育人、愉快和成长。

（1）正确。把握决策和行动的正确方向，致力于有较高价值的事情，坚守道德和法律的双重底线。

（2）效率。掌握高效做事的方法，能在规定的时限内办成事、办好事，一般情况下不必占用休息时间。

（3）服务。理解学校以教书育人为中心，能够站在教学和师生需要的角度看待学校后勤工作。

（4）育人。教育的使命就是培养人和发展人。后勤管理是学校工作的重要组成部分，其最终目的也是育人。

（5）愉快。找到后勤工作的乐趣，主动投入岗位事务，乐于与别人共事，能够体验到工作的意义。

（6）成长。懂得"要获得更多，必须先掌握更多"（歌德语）。个人和团队的发展与完善是实现目标的保障。

二、目标

把任期设想明确表达为一个个特定的目标，为实现理想的行动提供方向和动力。笔者任期内的目标是以下五个方面。

1. 校园改造目标

仲元迁至本址办学始于1946年，在此后漫长的70年里，校舍屡经拆建、修补，造成今天面积不大、规划失当、场室不足、校容欠佳的现状。校园改造包括五部分：一是东部停车场拆建，解决校门整洁、师生停车的问题；二是西部运动场扩建，增加运动场地和建设榕树广场活动区；三是中部仲元湖整治，恢复水清树绿荷花美的原有面貌；四是实验楼抗震加固，重新建设理、化、生实验室；五是校园场室、围墙修缮，解决渗水、脱灰、残旧等问题。

2. 选址建设目标

彻底解决校舍问题、提升办学条件的办法是选址建设仲元第二校区（按现有规模办仲元高中部，现址改办仲元初中部）。争取区委、区政府和相关部门的理解和支持，致力于2016年解决第二校区选址问题，2017年筹备建设，2019年建成并投入使用。

3. 服务提升目标

主要包括两个方面，一是主动按照办学需求为教育教学提供服务；二是积极响应"报障"，为师生解决问题。前者凸显工作的计划性，后者强调做事的有效性，总体上要提高师生对后勤保障和服务的满意度。

4. 后勤育人目标

在"养浩然正气，扬君子风范"办学理念的指引下，学校后勤管理人员树立起育人理念，通过后勤的管理、服务、环境、活动等途径，对学生施加显性或隐性的教育影响，形成学校后勤育人的基本做法。

5. 团队建设目标

要求学校后勤管理的每一个人都一专多能，每一个部门（总务处、财务室、校医室）能独当一面。全体后勤员工以爱岗、履责为底线，以敬业、专业为高标，能出色完成既定工作任务，并在工作中树立"做好做开心"理念，获得成长。

三、知识与技能

要达成目标、实现理想，有赖于掌握相应的管理知识和技能。我们基于正确、效率、服务、育人、愉快和成长几方面的价值取向开展工作，努力使每一个员工大部分的时间和主要的精力都花在最重要的事情上。

（一）基于正确的管理知识与技能。实现效率和愉快的前提是正确。准确理解学校的发展定位，正确理解师生员工的需求，讲规矩善办事，保证做正确的事

1. 优先保障安全

成立后勤安全工作小组，全面统筹后勤安全管理事务，包括食品、消防、用电、防雷、防汛、校舍及实验室危险用品的安全管理、校园安全保卫、进校车辆及外来人员管理和维护校园周边环境秩序；总务处设置安全员岗位，完善安全方面的物业员工日检、总务安全员周检、维保公司月检、全校性季检制度；学校资源也优先用于安全方面，保障安全硬件建设和教育活动之需。

2. 做好规划预算

制定任期5年规划。思想是行动的先导，思考的质量一定程度上决定着工作的质量。我们认真对待学校任期规划。就后勤部分，发动后勤骨干成员深入思考，反复讨论，形成点面结合、兼顾现实性和前瞻性的规划设想，并把5年的任期规划分解为年度目标。编制财政年度预算，坚持量入为出原则做好学校年度预算。学杂费、住宿费和生均经费构成了学校的年度收入，根据收入安排年度支出。首先保障经常性支出，余额做专项安排。先由各部门提出专项需求，再通过协调会议确定项目和额度。严格执行部门预算，严控"三公"经费，公务接待和工作误餐实行清单制度。

3. 坚持依法治校

完善后勤制度流程。学校管理中，文化与制度缺一不可。文化是"我要做"，制度是"要我做"。2015年9月我们对后勤制度建设做出整体安排，经过编写目录、初稿，反复修改，3个月后全部完成既定编制计划（2个财物管理制度，30个业务流程图），并于2016年元月起执行新制度。有制度

可依只是制度管理的第一步，重点和难点是有制度必依，真正通过制度良性运行获取管理上的效益。聘请常年法律顾问。为进一步规范学校的教育秩序和经济秩序，维护学校合法权益，保持学校良好声誉，坚持依法治校，2016年3月，与广东仲衡律师事务所签订《常年法律顾问合同》，并编制《广东仲元中学法律顾问制度》和《律师工作日志表》。法律顾问经常为学校审阅文本和提供法律专业咨询，至2017年10月，学校与法律顾问之间的互动有64次，显著提升了依法办学的水平。

4. 把握工作重点

把校园安全、校园改造、服务提升、政府采购、财务执行、选址建设列为后勤工作重点，并明确年度主题（2016年为校园改造年，2017年为服务提升年，2018年为新校建设年）。2016年是我们的"校园改造年"，主要项目有实验楼抗震加固、实验室改造、运动场扩建和仲元湖整治四大项目。仲元湖是我校独特的环境资源，仲元湖的全面改造，可以实现保障学校消防用水、提供教育活动舞台、改善水质美化湖景三大目标。校舍不足的问题，影响了仲元教育、教学活动的开展，制约了仲元的进一步发展。经过不断争取，2015年7月区委主要领导明确了选址建设仲元第二校区的新思路，2016年年底，区政府常务会通过了仲元中学第二校区选址，规划用地超过200亩。目前正在同步进行征地和设计的工作。

5. 重视警示反思

以"为民务实清廉有为"为座右铭，坚持每天撰写工作日志。把需要掌握应用的东西设置为座右铭，是本人学以致用的个性化方法。经过党的群众路线教育实践活动，笔者完全认同"为民务实清廉"的思想内涵，把"为民务实清廉有为"作为今后职业生涯中最重要的座右铭，决心在时时处处体现，树立忠诚、干净、担当的干部形象。笔者的《工作日志》设有"日期""事项""主要内容"和"备注"等四个栏目，坚持傍晚或次日记录，年约10万字。此举除积累工作的文字资料外，其最重要的价值在于落实思行结合。先思后行，行后再思，使事情更加入脑，办事更加理性。

（二）基于效率的管理知识与技能。管理的核心是提高效率。开展管理工作，需要心中常存效率之念，实实在在地谋事、做人

1. 补充人手

我校近10年主要的资源都用在教育教学上，后勤建设渐渐成了学校服务和发展的一块短板。事情是靠人做出来的，改进工作首要的就是加强人力。基于总务处的现状，着眼于长远考虑，我们设法留用经验丰富的资深总

务主任，同时增加一名擅长信息技术的年轻中层，目的是培养后备干部和创建工作特色。

2. 明确职责

编制总务处年度分工一览表，明确后勤全体工作人员的岗位职责。把总务处工作分成三大类，一是安全工作、基建工程、膳食管理、校医室管理；二是政府采购项目及教学仪器设备维护；三是校园设施设备维护、固定资产管理、物业管理、智慧校园、非政府采购、教工医疗报销。根据3位中层干部各自的兴趣和优势来安排分管这3类工作。

3. 清晰任务

拟发每月安排。学校《任期规划》设计了每年的重点项目，每月《工作安排》则明晰当月的主要事项和负责人。全年的事情分解到月份，每月的任务完成了，做好全年的工作就有了保障。每月工作安排使部门工作有了方向，也使个人有了目标，大大提升了后勤工作的计划性，提高了工作效率。组织每周例会。将每周一上午定为总务工作例会的时间。当月首周的例会，主要研讨当月后勤工作安排。后勤分管领导和总务处中层干部出席，特邀学校会计员和校务监督委员会教师代表与会；其他例会则是后勤分管领导和总务中层参加，常规内容是汇报上周工作情况和研究本周工作重难点。

4. 分类处理

把同类事情捆绑在一起，在同一时段里进行几项相似的工作。把零星维修服务商、清洁卫生用品及饮用瓶装水、办公用品、租车服务、空调维护保养服务、校园宣传用品、小五金用品、大型学生户外展示活动设备租赁等非政府采购项目集中在年初办理；把教学、德育及多种类型的教师培训汇集打包，进行一次性招投标。如2017年培训包共有13个项目，年初集中进行招标，然后分项目按计划实施。

5. 编制清单

对紧急而重要的任务（即优先事项）建立工作清单。首先是尽可能地简化其工作步骤，然后对必不可少的活动做出时间安排。如我们把2016年的六项工程（球场胶地化、运动场扩建、实验楼加固、食堂升级改造、六角楼厕所翻新、仲元湖整治）做成一份清楚的、成文的行动计划。按照清单工作，可以使我们掌握工作进度，形成一份具体的工作记录。

6. 摸查整改

后勤工作涉及面很广，累积问题较多，一时一处的处理显得被动低效。着眼于提升工作效率，需要集中摸清存在问题，统一研究解决办法，建立后勤工作整改清单。2015年年初，我们向全体师生和物业公司员工发出《后勤工作问题与建议征询表》，分办公、教辅、生活、校容、健身、基建、安全七类汇总成《2015后勤工作整改台账》。2016年，我们进行了两项整改，分别是消防设施现状摸查及整治和教师办公室存在问题及整改。2017年，通过二维码、微信、QQ群、现场考察、师生座谈会等形式多渠道了解师生需求，汇总成《后勤服务提升建议登记表》，然后统筹安排处置。

7. 坚持巡查处置

巡查校园的时候，通过观察可以发现问题，通过倾听可以收集意见，通过嘴巴可以问到办法，通过手机可以传送指令。巡查渐渐成为笔者每天的功课。对一些拖拉的事情，利用巡查召集人员现场安排解决；对一些重难点工作，通过巡查给予关注，或提出建议。

8. 时间管理

教师自觉把工作时间合理地分配在被动性、主动性和突破性的工作上。如学习并践行关键点法则，致力于提高工作效率和创建仲元特色。为了进一步保障工作效率，笔者调整了决策与执行的工作比重，把项目工作分成三部分：只说不做（一般事项，共商计划，中层执行），一起做（重大限时事项，跟踪督导），亲自做（重大复杂事项）。此举改变了过去重决策轻执行的状况，如亲自负责校园东部整治工作，该项工作牵涉面很广，既要大力推进，又要谨慎为之。

（三）基于服务的管理知识与技能。管理即服务。以人为本是后勤管理服务的基本原则，师生员工的满意度是衡量管理服务水平的重要标准

1. 站稳师生立场

一位教师曾在QQ群留言："高三楼4楼女厕所臭水常流的状况，2012年9月高三楼刚改造竣工时候就是这样，没想到3年后回到六角楼还是这样。这是不是登革热等疫情的死角？！"QQ群留言反映的厕所渗水现象，是六角楼抗震加固工程后的遗留问题，因不涉及安全、不影响教学，简单处理没人做，彻底治理工程大，所以久拖未果。然而，师生如厕，因"臭水常流"破坏情绪，进而影响工作效率和对学校的归属感。不站在师生的角度，就无法认识到及时解决问题的价值。学校后勤服务，就要从师生的实际和需要出发，想师生所想、急师生所急，凡是师生所关注的事情，对他们而言就是最重要的事情，此所谓服务无小事。

2. 重视报障处理

从师生立场出发，我们把有限的经费投入到距离师生和教学的最近处，

首先保障安全、课室、宿舍之需。安全是重中之重，无疑必须优先配置，使安全之基本硬件得到保障。课室是学习基地，照明、电教、空调正常是学生乐学的前提；宿舍是生活重地，夏有空调冬有热水学生才能安然就宿。报障处置是直接服务师生的工作，直接影响教育活动和关系师生幸福感，我们把报障处置列为后勤六大重点工作之一，安排分管此项工作的副主任在开学初全体教职工大会上就报障处置做专题发言。就报障处置，我们编制了三个流程图，分别是《教学区日常报修流程图》《教学区紧急报修流程图》《学生宿舍报修流程图》，对报障处理的时限向师生做出承诺。

3. 增加热水供给

学生家长反映宿舍洗澡热水不足，孩子容易受凉感冒。经核查，因住宿生逐年增加，导致人均热水供应减少。经分析住宿生和产热设备数据，我们从学校财务实际出发，决定分两期（两座宿舍，每座一期）增加热水生产设备，达到人均 40 公斤热水，同时安排三个时段供水，并教育学生节约用水。近期我们还摸索利用民生校园卡管理学生合理使用热水。

4. 更新课室空调

在以湿热天气为主的番禺，空调显得十分必要。课室原有空调老化，制冷效果不好，且故障频发。2015 年年底，我们更新了高三级的全部空调，高一、高二级的空调更新安排在 2018 年年初。挑选置换出来的旧空调经保养后安装到学生食堂，大大改善了学生食堂夏日里的就餐环境。

5. 拆建车棚车位

10 年前建成的单车棚已经破烂不堪，且因学生单车显著减少，半数车棚实际上已被弃置不用，与此相反的是，教师车辆数量大增，本校车位不足，外来车辆更无力接待。于是，我们启动单车棚拆建工程，根据班级统计数字，就近校门新建 3 个单车棚，改善学生停单车条件；把一块腾出来的空地划作汽车停车场，增加车位 68 个，一举解决了教师停车的窘境。现在，除了满足校内教职工停车外，还可向活动来宾（包括同行和学生家长）提供一定数量的车位。

6. 建设表演舞台

由于历史的原因，学校没有表演舞台。每年的元旦文娱晚会要花钱请人搭台，其他的集会、展示等活动只能各想办法将就着进行。仲元湖整治美化规划公示后，我们收到把升旗台改建成舞台的建议。经多方访谈、精心设计，行政会通过，我们利用 2016 年仲元湖抽水整治的机会建成了可用于文艺表演的多功能升旗台。

7. 扩建球类场地

作为一所老校，校园陆地面积不足80亩，示范性高中扩班之后，体育活动场地明显不足（对照《广东省中小学校体育卫生工作基本标准》，篮球场缺4个、排球场缺5个）。2016年完成了7个水泥球场地胶化施工；2017年在新征收的地块上建成灯光篮球场和体育器械区，把原器械区改成排球场和篮球练习场。

8. 建设风雨走廊

不断改建中的仲元校园，一直没有风雨连廊。从教学区到生活区，无论是风雨天，或是艳阳天，学生只能用伞，造成了诸多不便。2016年年底，区教育局推出建设风雨走廊资助项目，我们借机规划用风雨走廊把实验楼、图书馆、教学楼和食堂、宿舍连接起来。2017年10月，建成风雨走廊1300平方米，彻底解决了学生在校内走动顶风雨、冒酷阳的问题。

9. 改造升级食堂

学生食堂原本存在餐位少、厨具旧、煤电结合安全隐患大等问题。2017年暑假，我们投入近150万元对食堂进行升级改造。改造后，厨具焕然一新，地面防滑排水设施改善，作业分区更加合理，消除了煤电结合安全隐患，学生餐位新增加了256个，总餐位达到1600个，为食堂提供更有选择性的用餐服务，并为学校实施封闭式管理创造了条件。

10. 建设智慧校园

目前，我校信息化建设面临基础设施装备不先进、不全面、严重老化，特别在基于以移动终端、智慧教学、大数据、物联网、智慧教育云等为主要标志的应用缺乏等问题。为满足学习、教育和管理的发展需求，改变信息化建设的落后现状，2016年12月，我们成立了智慧校园工作小组，开展了民生卡"一卡通"建设、智慧校园申报和仲元App前期准备工作。2017年9月，民生校园卡正式投入使用，目前的应用包括进出门禁、学生考勤、校园消费、图书借还等，实现了"校园服务，一卡通行"。仲元App于2017年11月上线，仲元师生因此可享受到最先进、便捷的服务；智慧校园建设大型项目于2018年展开。

（四）基于育人的管理知识与技能。后勤育人落到实处必须有抓手。我们以关心为主题，把让学生学会关心作为学校后勤育人的着力点

1. 树立育人意识

学生成长的目标，简言之包括成才与成人，因此，学生不仅要关心知

识，还要关心生命（自我和他人）、关心世界（自然和社会）。作为教育组成部分之一的后勤管理工作，除做好成才的后勤保障工作外，还要在成人教育中发挥应有的作用。后勤管理人员往往有一个误区，认为教育只是一线教师的事情，与教辅人员关系不大。其根源是忘记自己身处学校，也是一名教育工作者，而教育工作者的天职是育人。我们利用各种机会唤醒和强化后勤人员的育人意识，要求他们在本职岗位上尽职尽责、为师为范，自觉展现对教育事业的积极性、责任心和使命感。

2. 通过制度育人

发动学生参与修改学校后勤类的管理制度（含办法、流程）并印发给班级（或信息发布），如编发《广东仲元中学固定资产管理办法》，教育督促学生关心和爱护公物；又如编制《教学区报修流程图》《宿舍区报修流程图》，教育引导学生根据办事流程快速解决问题。

3. 通过管理育人

把学校的一些管理要求编印为对学生的"温馨提示"，传达管理者对学生的关爱之情；严格执行门岗进出制度，对违反规定的学生耐心进行说服教育，使学生关心行为规则，学会讲规矩。执行制度时，切忌简单粗暴，如对特殊情况的处理要有文化味，使学生学会关心爱护学校；强化卫生防疫和消防安全的管理，通过讲座、演练等方式开展教育和训练，使学生关心生命，掌握基本的预防疾病和火灾逃生技能。

4. 通过服务育人

切实执行教学区和住宿区的报修流程，讲态度、讲时效，向学生传递服务精神，使学生学会关心他人；改善教学楼厕所设施（增排气扇、设地拖池、装挂物钩、仪容镜，提供洗手液、卫生纸）和宿舍硬件，引导学生过安全、整洁，有条理、有滋味的生活；选取最方便学生的地点建设智慧图书馆，配套环仲元湖休闲座椅，营造舒适的阅读环境，使学生专心学习，帮助学生形成爱读书的好习惯。

5. 通过环境育人

逐步调整物业包办的做法，发动师生参与场室清洁工作，使学生学会爱护环境卫生；校园里补种花草树木，提升校园绿化率，组织学生制作认识和保护树木的卡片，引导学生关心生态环境；开展仲元湖整治美化工程，打造校园至美景点，吸引学生留住快乐时刻，使之成为学生恒而温暖的青春回忆；仲元湖东有仲元像、西有尊师亭，在南边增建读书园，让处于湖光美景之中的学生能更好地感悟浩然正气、君子风范。

6. 通过活动育人

对学校重大项目设计面向学生公示，征求学生的意见和建议，引导学生关心学校事项；设置总务处公示区，对校园典型的好坏现象进行展示，引导学生扬善抑恶；积极创建垃圾分类示范学校，让学生承担一些卫生劳动，培养节约资源和爱护环境的良好习惯；举办班级卫生员、安全员、清洁员、资产管理员业务培训，对工作表现突出的同学给予表彰；选聘学生代表作为学校后勤助理，赋予发现问题、提出建议、研讨问题、联系班级、参与校务等职责。通过选拔、培养、使用、考核的系列过程，引领他们为师生服务，锻炼管理能力。

（五）基于愉快的管理知识与技能。人是活生生的个体，人生的意义在于幸福。领导不仅要着眼工作效率，还要关注员工心态，使他们愉快地开展工作

1. 倡导做好、做开心

通俗易懂的几个字，是笔者为人处事的总理念，也是实施后勤管理的总要求。做好就是出色地完成岗位工作，做开心就是工作中能感受到乐趣和意义。做好是学校要求，做开心是个人追求；做好要讲责任、讲方法，做开心要讲意义、讲合作。年初开学会议，与后勤人员共勉；年末总结述职，分享做好、做开心的体会。

2. 整理办公室

在一个干净的环境里，不仅能提升工作部门形象，还能改变个人活方式，收到清爽怡人的效果。通过合并办公和整理房间，总务处腾出了一间接待室，用于接待和部门会议；贮物室物品摆放有序，使来往领取物品者方便又舒心。

3. 提升参与感

参与，有助于提升归属感和成就感。通过总务例会参与，让中层参与后勤事务决策；通过职责讨论参与，让员工更愉快地接受部门分工；通过校园巡查参与，让员工一起发现问题、分析问题、解决问题；通过特别邀请参与，让使用部门参与项目设计；通过公示咨询参与，让全体师生有机会发表意见和建议。

4. 注重人际沟通

沟通使事情有效率，更让人感觉愉快。多与校长沟通，重大事项提前向校长汇报想法，安排经费时再请校长二次把关；总务处办事与财务及时沟通，让财务室更好地提供资金支持与监督；总务处与各部门、年级保持沟

通，使后勤管理的人、财、物、事各得其所；倡导干部、员工相互间经常性的关心和交流。

5. **关注小组和谐**

3位中层、2位财务、3位校医，分别组成3个工作小组。各小组成员一室办公，朝夕相处；既有分工，又需合作。他们的包容精神和合作意识，直接关系到能否做好、做开心。所以关心他们要从小组集体着眼、成员个人着手。

6. **组织集体活动**

团队建设不仅要有理念，更离不开集体活动。开学前聚集饮茶，说说假期趣事，找回同事感觉；每学期除公务活动外，安排到兄弟学校集体学习一两次；平时，同事有什么事情，大家聚在一起给予慰问鼓励；放寒暑假前搞一次总结活动，谈谈各自满意与不满意的事情。

7. **约访谈心活动**

从事后勤管理，离开了课室和讲台，没有了师生之间的知识碰撞和心灵交流，如何让自己走近学生？笔者利用自己的教育心理专长，面向全体师生，提供每周一次的预约接访服务，欢迎师生约谈校园生活的困难及对学校的意见和建议。单向约谈拟改为双向约谈，以便满足个人和师生各自的需求。

（六）基于成长的管理知识与技能。根据麦肯锡"70－20－10"培训法则，在岗培训对员工成长帮助最大。基于成长的管理知识与技能包括如下八件事件的知识和技能

1. **强调计划**

年初，中层干部与会计员分别撰写个人优先事务工作计划：中层1校园改造计划（基建项目工作清单），中层2政府采购计划（年度采购一览表），中层3服务提升计划，会计财务执行计划（学校年度预算表）。

2. **重视研讨**

每周一进行总务工作例会，通常有三个议程：上周工作情况，本周工作内容，重难点问题研讨。通过研讨，一方面有利于集思广益做好工作，另一方面相互启发促进成长。

3. **个别指导**

要求后勤员工边做边学，善于反思。利用平时个别交流机会，有意识引导其思考如何改进岗位工作。针对中层的特点，关注发扬优势改正不足。对新任的年轻中层，明确其成长目标，指导、监督其计划的实施。

4. 安排培训

如安排人员参加每年广州市的中学总务主任培训班,通过专题讲座、交流反思和观摩实践等多种形式,系统学习学校后勤基建、采购、资产、财务、管理等方方面面的内容。

5. 学习分享

利用会议时间,每月安排一次学习分享,或读书分享,如《关键点》;或分享美文,如《善待你所在的单位》《唤醒学校中沉睡的数据》;或交流体会,如怎样提升工作效率、如何实现有效沟通。

6. 组织交流

既要埋头实干,又要抬头看路。路在哪里?在书本里、在脑海中,也在同行处。通过每学期组织参观两所学校,看看别人的工作成果,学习别人的先进理念和有效方法。

7. 调整分工

《2015年总务处工作安排一览表》使用2年后,我们重新编制《2017年总务处中层干部分工表》。调整分工时,除考虑工作数量、类别、人员特点、专长外,还特别考虑对入职两年的新干部的培养。计划在本届任期里,让该同志有机会熟悉总务处方方面面的工作,使得换届时老同志离开岗位后,总务处后继有人。

8. 一事一议

2015年,我们最满意的事情是完成校园东部整治(包括保安亭、贮物室、电子屏、门禁系统、单车棚、汽车停车场等),最不满意的事情是自行车棚拆建工程噪声对六角楼教学干扰大(长达3个星期)。为此,我们总务处专门对此进行反思(一事一议),回顾过程、分析原因、寻找对策。究其原因,是因为中标方有心投标无心建设,导致我们错过了计划中的暑假施工时间。如何提升对项目工期的掌控?一要实行项目清单管理,把目标任务逐层分解,限时完成;二要聘请学校法律顾问,以更好地保障合同的执行。

四、习惯

好习惯,能够帮助我们把事情做到最好。为达到预定的目标,我们需要主动养成如下的一些好习惯。

(一)思考习惯

走向成功的思考习惯有:①目标取向,经常思考目标及其实现;②优秀取向，努力将事情做得出色；③成长取向，工作因自己变好而更好；④行动取向，保持工作的紧迫感和快节奏。

改善工作的思考习惯：哪些事情可以多做，哪些事情可以少做，哪些事情可以动手做，哪些事情可以停止做。

（二）行动习惯

（1）时间管理。管理归根到底是时间的管理。生活中有两种时间花费，一种是工作时间，它以结果和成就来衡量；另一种是个人时间，它以爱和满意来衡量。因此，必须要求自己每天做正确、必要和重要的事情，确保时间得到最有价值的利用。

（2）精神专注。你的注意力转向哪里，你的心就转向哪里。你越专注于那些最有价值的事情，你在这些事情上的表现就会越好。因而要把精力集中在完成所有的紧急而重要的工作上，此外，还要把精力集中于重要但不紧急的事情上。

（3）为保证履行职责、达成既定目标，笔者每天常规活动如下：日程安排、工作会议、巡查处置、个别谈话、阅读书刊、锻炼身体、撰写日志等。

（4）从现在起，每类活动都要有意识地在关键点法则的指导下进行，如日程安排要设定工作优先顺序，工作会议要确立关注重要议题，巡查处置要快速有效解决问题，撰写日志要记录思考主要事项。

五、行动

关键点法则的最后要素是行动承诺。为实现完美的未来设想，笔者采取如下行动。

（一）分享后勤设想目标

把经过深思熟虑的后勤工作设想和目标，与后勤员工一起分享，形成共同的方向和追求。

（二）明确中层优先事务

根据后勤工作目标和中层干部分工，明确各人的优先事务。中层优先事务分别是校园改造、政府采购、服务提升和财务执行。

（三）切实保障优先事务

通过教师大会和行政会议进行明晰分工；经常对优先工作进行监督；把优先工作完成情况作为评价的关键指标。

（四）践行关键点法则

关键点法则是我们确定自己工作的关键点的依据。根据关键点原理，按照确定关键点的五个步骤思考学校后勤工作，在后勤骨干中推广应用关键点法则。

创建特色　打造品牌，
实现学校的新跨越

——华南碧桂园学校初中部五年发展规划（2016—2020）

华南碧桂园学校初中部　宋飞虎

一、现状分析

华南碧桂园学校初中部自2003年开办以来，已经走过了11年的风雨历程。凭借先进的办学理念、骄人的办学成绩、独特的办学特色，在名校林立的华南板块上脱颖而出，高标独树，展现着迷人的风采，现已成为一所社会信任、家长满意、学生向往的学校。

（一）学校规模

1. **师资队伍**

目前，初中部学生人数831人，共25个教学班。教师人数87人，其中：女教师41人，男教师46人。学历方面：研究生7人，本科80人。职称方面：中级职称23人，初级职称32人，技术人员（无职称）人数32人。教师平均年龄为33.01岁。

2. **基础设施**

我校占地面积3.5万平方米，按照省一级学校的要求配置多媒体教室、物理实验室、化学实验室、生物实验室、音乐教室、钢琴室、美术教室、科技活动室、舞蹈室、软件制作室、地理室、历史室、美术创作室、电子阅览室、图书馆、室内游泳池、塑胶跑道操场、室内体育馆等47个功能场室。并拥有11层的学生公寓式宿舍楼，可以满足所有学生住宿的需求。

其中，综合实践室投资40余万元，配有专业的一流的器材。音乐教室投资近30万元，配置先进。目前，音乐器材有：钢琴8台、手风琴4台、架子鼓3副、古筝6台、古琴2个、扬琴4个、琵琶4个、萨克斯管2个、定音鼓1个、电子琴3个，吉他、笛子、单簧管、双簧管、长号、短号、大鼓、中鼓、小鼓等若干。图书馆藏书16.8万余册。从硬件设施上保证了教学的需求，为学生创造了良好的学习环境。

（二）办学思想

办学理念：为学生的终身发展奠定坚实的基础。
办学特色：培养学生良好的习惯和个性特长。
校训：诚信、有礼、勤奋、创新。
教风：厚德、博爱、精进、乐业。
校风：励志、笃学、修身、报国。
学风：博览、善疑、勤思、乐学。

（三）学校现状

华南碧桂园学校初中部组建于2003年9月，在教育理念上与华碧小学一脉相承，在秉承"诚信、有礼、勤奋、创新"校训下，牢固树立"为学生终身学习和发展奠定坚实基础"的教育理念，采用多种形式，使学生养成良好的生活习惯、学习习惯和行为习惯，培养学生具有扎实的基础知识和主动获取知识的能力，逐步使学生形成良好的个性品格和特长，以"励志、修身、笃学、报国"为学生思想建设的核心，从"知、爱、能、品"四个方面确立学生成长目标，教学生学会做人，学会做事，成为"志趣高雅、学识博雅、风范儒雅"的时代领跑者。

1. 优势分析

华南碧桂园学校先后荣膺"全国百强特色学校""广州市中小学心理健康教育特色学校""广州民办教育先进单位""番禺区德育示范学校""番禺区安全文明校园""番禺区幸福教育实验学校""广州市书香校园"称号。

（1）教学质量连年攀升。中考成绩是一所学校落实教育方针，是学校办学思、教师整体业务素质、学校管理水平和学校整体实力最集中、最突出的体现。在2006年首届学生参加中考后，华南碧桂园学校初中部的中考成绩年年攀升。2012年陈越同学以759分被华南师范大学附属中学录取。办学时间虽短，但华碧学子的身影已不断出现在省实、广雅、仲元等省级名校。学校于2015年、2016年连续两年获得番禺区初三毕业班评比工作一等奖。

学科竞赛既代表一所学校的整体教学水平，也代表一所学校所能达及的教学高度，也是优质教育、个性教育的有效体现。办学几年来，我校参加学科竞赛成果不断刷新，在广东省天文奥林匹克竞赛、全国初中化学"天原杯"竞赛、全国初中数学竞赛、科技创新大赛中捷报频传，在一等奖的奖状中也不断涌现华南碧桂园学校初中部师生的名字。在番禺区第31届及第32届科技创新中，我校均获得优秀组织奖。

"研学后教"理念的实施，使学校教育面临难得的机遇与挑战，也使教师的成长面临难得的机遇与挑战。学校的可持续发展靠老师；学校优质品牌的打造靠老师，华南碧桂园学校初中部本着"培养学生、成就教师、发展学校"的思想，依据学校实际积极实施青年教师培训计划。采取各种有效措施，"请进来，走出去"，杜郎口中学、洋思中学、衡水中学、江浙名校，留下了华碧初中部老师们学习的身影，师徒结对，经验分享，促进教师专业化发展。经过努力，许多中青年教师在教育的各个领域中脱颖而出，"两研六环三评价"的研学模式逐渐确立，学校整体水平一年上一个新台阶，成为南村镇教育的一个亮点。

（2）学校文化逐步形成。学校是一种文化的存在，华南碧桂园学校初中部坚持"文化立校"的办学策略，坚持文化育人的方向，努力推动制度、德育、精神、课堂文化等的建设，并确立了环境文化重熏染，制度文化重和谐，德育文化重化育，课堂文化重创新，精神文化重进取的总体方针。华南碧桂园学校初中部的"志趣高雅、学识博雅、行为儒雅"的"雅"文化逐渐影响着一届又一届的学生，一批又一批"与众不同"的华碧学子出现在众人面前。

在学校文化建设中，华南碧桂园学校初中部不仅注重组织各种各样的社团活动，如舞蹈队、合唱队、辩论社、书法美术、航模、星空之声广播电台等，艺术节、读书节、英语周、体育节、科技节，"节节"精彩，"一班一品"，"一人一特长"，课间有歌声、琴声，周五大舞台更是让学生的特长淋漓尽现；还注重组织学生参与各种社会实践活动，如走进工厂、走进农村，"行走中华——西北励志行""行走中华——贵州行"，并使其渐成特色，这些把教育深深扎根于实践的大地上。

（3）管理精细化。"把每一件简单平凡的事情做到极致就是创造奇迹"，"精致化"的管理就是要通过老师精细化的工作，学校精致化运作，使华碧初中成为一所内涵丰富，运作有序，质量过硬，特色凸显的精品化学校。

华碧初中实施"文化立校"的战略以来，学校优美、精致的环境文化，透明、公正的制度文化，勤研、善教的教师文化、博学、笃行的学生文化，开放、创新的课堂文化已基本形成，学校的总体精神风貌发生了巨大变化。"精致化"本质上就是对学生全方位的服务，全角度的指导，全程化的跟踪，适应民办学校的特点，充分体现了华碧初中博大的人文关怀，把"一切为了学生，为了一切学生，为了学生的一切"的理念落实到了实处，从而使教育教学质量不断飞跃,学校整体办学水平不断提升。

德育工作坚持"全员、全程、全面"的制度化管理。人人都是管理者和德育工作者,导师跟踪制度和定期的心理健康教育,关注每一个学生的成长,面对全体学生而不放过任何一个学生。教师从学生的发展着眼,关注学生学习、活动过程中的每一个细节,每一种行为。教师不仅关心学生的学习,还要关心学生的人格发展,教书和育人相结合,培养学生成为知识、能力、人格全面和谐发展的现代"立体人"。礼仪舞台秀,形成人人讲礼貌用语、人人用礼貌用语的校园环境;岭南插花比赛,提高学生的审美意识;感恩教育、幸福感教育、责任感教育、理想教育,主题明显,对学生形成"真善美"的价值观、人生观和世界观有极大的帮助。同时,加强家校联系,努力构建学校、家庭、社会"三位一体"的德育网络,使华碧学校和每个家庭都能在教育上合体,在行动上合力,在步调上合拍。

教学工作精耕细作。教学工作是学校的中心工作,教学质量是学校工作的生命线。华碧初中切实抓好、抓实、抓细教学常规,认真抓好教师备课、讲课、作业布置与批改、辅导、复习、考核、评卷、质量分析等各个环节。推门课、转正课、研讨课、示范课、竞赛课,课课有要求,课课要用心。同时,规范对教师的月教学常规检查,做到定期检查与不定期抽查,全面全员检查与部分抽查相结合,坚持提前一周备课,检查结果并及时反馈通报,对教师存在的问题限期整改到位,进行跟踪管理,做到表扬先进,鞭策后进。抓好班级日志、初中部工作日志、学生座谈会、学生问卷调查、行政领导巡视听课等教学工作反馈渠道,及时发现和处理问题。目前,校本课程逐步完善,配套的校本教材已经开发出10余套。

(4) 学校的地理位置优越。我校处于华南板块核心区域,发展的前景广阔。而且,华南板块住户相对而言,经济条件好,对子女的教育非常重视,舍得在子女身上投资。另外,华南板块人口密集,学校招生覆盖人口数十万甚至上百万,按照广州南拓规划,将成为未来10年的商业中心,需要高端的优质的学校向他们提供教育服务,办好华南碧桂园学校是学校全体师生及周边百姓的希望。作为广州未来发展的一个卫星城,发展潜力大,人口总数与学生生源数也必然会逐年增加。

(5) 学校依托的碧桂园物业发展公司,实力雄厚。在公司的大力支持下,碧桂园教育连锁学校运营顺利,发展势头良好。

(6) 华南碧桂园学校已经成为一个品牌。学校全体师生不甘人后,奋发向上,内强管理,外树形象,学校地位逐年提升,并已基本形成自身的办学特色,有着自身办学的比较优势,为学校后期发展奠定了坚实的基础。

2. 劣势分析

（1）学校文化内涵不足。但凡名校一定有自己的历史，有自己秉承的文化传承。与名校办民校相比，我校缺乏一种文化的积淀、一种人文的精神，这是先天不足；再者，我校的文化建设碎片化、功利化，缺乏整体布局。

（2）教师队伍的建设任重道远。我校教师来自全国各地，大部分工作能力强，适应环境快，教学成果显著。但是，随着学校快速发展，大量新老师的加入，由于老师的发展与学校的发展不同步，甚至成为学校发展的不利因素。

（3）基础设施有待于完善。没有正式的电教室，以至于举行大型的公开课活动很困难。学校的正门、后门都比较狭窄，不利于车辆出入，存在一定的安全隐患。

（4）教师福利有待于提高。近年来，番禺区乃至广州市、全国的教育发展较快，教师的福利待遇大幅度提高。与公办学校的教师收入相比，差距太大。因此，在招聘新老师的时候困难重重，尤其是难以找到合适的优秀的人才。

（5）学生运动空间不足。随着学生人数的持续增长，学校规模的扩大，学生运动空间的不足日益凸显。

（6）生源质量有待提高。我校生源主要由两部分构成，一是社区内业主适龄子女，二是番禺外学生。其中七年级生源，区外占54％，区内46％；这种格局促使我们既要挖掘、巩固区内生源，也要加大宣传力度，拓展生存空间，吸收区外的优质生源。

（7）学校的特色定位有待优化。

（8）周边竞争激烈。从周边环境看：我校处于华南板块，名校林立，竞争异常激烈。如华附番禺学校、番禺执信中学、培正广地学校、仲元实验学校、北师大附中、祈福英语实验学校、祈福新邨学校等，这些学校或是名校办民校，且各具特色，很是吸人眼球。他们的存在大大挤压了我校生存空间、发展空间。另外，公立学校的发展势头强劲。这就要求我们必须有战略的规划，引领我们在竞争中发展壮大。

二、学校发展思路

（一）指导思想

坚持以党中央、国务院《关于深化教育改革，全面推进素质教育的决定》《国家中长期教育改革和发展规划纲要》为依据,全面贯彻党的教育方针,努力改善学校办学条件,继续加强学校内部管理工作,完善学校各项工作制度,提高学校软硬件设备配置水平,提高教学水平,提高学生素质,积极开拓进取,进一步提升华南碧桂园学校的声誉,提升学校品位,打造学校品牌。

(二) 发展战略

(1) 坚持"提升办学品位,迈向优质学校"方针不动摇,走内涵式发展道路,建成省内、国内品牌学校。

(2) 以生为本,培养具有中国情怀,国际视野的人才。

(3) 稳定师资队伍工作,合理配置学科教师,协调好各学科教学,力争各学科教学质量平衡发展、提高。

(4) 继续加强学校基础设施建设,完善学校校园整体设施,加强学校绿化、美化建设,打造精品化绿化,提升学校品位。

三、学校发展目标

1. 总体目标

成为管理严谨、学术氛围浓厚,教风正、学风浓,人人向往的番禺区乃至省内国内一流的具有国际视野的优质民办学校。

2. 具体目标

(1) 教育教学质量目标。德育工作:以育为主,以管为辅,制度管人,活动育人;教学工作:以质量为中心,以课堂改革为突破口,着力打造高效轻负的魅力课堂。

(2) 师资队伍建设目标。进一步提升教师的学历,鼓励教师通过多种形式进修;进一步完善教师的职称比例,鼓励教师职称晋升;进一步提升教师的福利待遇,使教师乐业敬业。

(3) 学生发展目标。把学生培养成具有"志存高远、追求卓越、与众不同"的人才。既具有扎实的基础知识,又具有可持续发展的能力。

(4) 学校基础设施目标。向上级主管部门申请,并与交警队沟通,解决两个校门建设的问题,确保学生上学、放学道路畅通、安全;逐步拓展学生运动空间。

(5) 学校文化建设目标。形成系统的科学的文化体系。

四、主要措施和要求

(一) 科研兴校

教学处应根据现状成立中心教研组和中心科研组,在教学主任的统筹下抓教研和科研,使之相互促进。

(1) 成立中心教研组。负责初中部的日常教研工作,组织各种类型各种级别的公开课。

(2) 成立中心科研组。负责初中部的课题研究工作;专门跟进校内、区级市级省级的课题申报、开题、结题工作;深入教研组、备课组和课堂第一线,发现、总结和推广以教科研促进课堂教学效益提高的经验。

(3) 通过改变教育教学和科研的现状,增强教师发展后劲,提升教师的职称水平和学术水平,为学校发展注入新鲜活力。对申报高级职称的老师进行论文写作和课题研究指导,为他们提升学术水平创造条件。

(4) 中心科研组围绕课题为教师制定《课题指南》、编辑出版《华南碧桂园教科研》,促进教师科研活动。鼓励教师申报区、市级课题,形成学校良好的科研氛围。

(二) 积极开展待优生工作的研究

中心科研组在现有课题工作中,还要认真思考"待优生学习困难生成因及转化策略的应用研究"。

(三) 拓宽德育工作的新途径

1. 构建序列化德育工作内容

(1) 七年级。常规管理的重点,七年级以军训为契机,从学校踏入校门的第一个晚上开始,规范学生坐姿、列队、就餐、就寝,逐步养成华碧习惯。组织所有老师学习并积极落实班主任一日常规、一周常规和一月常规,要求老师们对学生进行全天候、全方位管理,通过多渠道、多途径加强常规纪律教育,利用班会课逐条逐项学习《中学生日常行为规范》和《中学生守则》,落实德育量化考核等各项常规。

(2) 八年级。巩固良好习惯,平稳度过青春危险期。让学生将规范内化为自身素质。

(3) 九年级。面临升学压力,针对学生学习挫折时出现的心理负担过重,加强对学生的学习心理辅导,培养学生健康、完善的人格和良好的社会适应能力。对学生进行择业指导，帮助学生认识自我、把握自我、发展自我。

2. 创新德育方法，提高德育工作实效性

建立学校、家庭、社会三位一体的大德育网络，拓展德育途径。①充分利用好学校德育教育阵地，对学生进行全方位德育。抓主题班会，抓传统节庆教育和典礼仪式教育。②发挥家长作用，使家长参与学校德育工作。抓家长委员会，定期召开家长委员会会议，充分发挥家长委员会的沟通桥梁作用。引导家长参与学校德育工作，邀请家长参与主题班会及学校一些重大的德育活动，把学校的重大活动放在校园网上，让家长参与评论或提出建议。③从强制变为自制，从他律到自律。重视体验教育。在学校开展的各种各样文化活动中加强学生的道德体验。把"体育节""艺术节""科技节"等作为体验教育的重要载体。强调个体的亲身经历和自我认识过程，重视人与人之间的理解和合作，重视人内在情感的发展过程。

3. 加强德育队伍建设，完善德育各项工作制度

（1）健全《班主任工作手册》。

（2）健全后备班主任的培养。

（3）健全班级管理改革的保障。

4. 加强德育科研

加强德育科研，提高德育工作的理论和实践水平，做好目前的课题研究工作。

（四）完善课程建设

国家课程与校本课程结合，探索符合学校发展的特色课程体系。

（1）基础型课程。基础型课程着重培养学生的基础学习能力，同时为学生发展性学习和创造性学习的培养奠定基础的课程，有相对统一的最基础的知识和最基本的能力要求，是学生必须共同修习的课程。其体现出符合该学段特点的可再生长的基础知识和可再发展的基本能力，包括思想品德、语文、数学、英语、信息、体育与健康、物理、化学、生物、地理、美术、书法、历史等知识类等科目。

（2）拓展型课程。拓展型课程是在基础型课程的基础上进行知识上的扩展和潜在能力的发展，着重培养为学生终生学习打基础的发展性学力，兼顾学生创造性学力培养的课程，是学生可以分领域限定选学的课程。其内容与要求有弹性、可变动，不重知识量，而重点在于独立的自学能力和学习习惯与方法的培养。其发展的领域有相同性，而层次与内容可有不同，对个性特长的培养具有从启发到初步发展的功能。包括生活化学、生活物理、时政讲座、文学阅读、英语泛读、《论语》讲座、古诗文鉴赏、学习方法课、英语角、法律讲座、心理讲座、音乐专业、美术专业、体育专业、天文社、话剧社、摄影社、武术社、博雅诗社、《七彩阳光》报社、钢琴、舞蹈、足球、篮球、乒乓球等科目。

（3）探究型或研究型课程。探究型或研究型课程是在基础型课程及拓展型课程的基础上，着重培养学生在实践和研究基础上的创造性学力，包括创新精神、实践能力、个性特长等，要求重视对学生合作学习、综合运用、选择组合等能力的培养的课程。其课程的领域可不同，层次也可不同，符合不同学段学生和学生群体内差异性的学习心理，是学生可以分类分层自主选学的课程。探究型课程内容一般有相对明确的结论，而研究型课程内容可以是尚未有结论的课题或问题，重在研究过程。此类课程包括社会调查、社会实践、案例调查、专题讨论、课题研究等项目。

（4）课程设置原则坚持目标整体性原则，多元性原则，课程教学差异性原则，以学生为本、立足于以校为本的原则。

（五）深化课堂改革

第一，抓常规，保秩序。第二，健全教学考核制度。第三，转变思想观念、改变教学行为。第四，深化课堂教学改革，全面开展"研学后教"课改工作。

1. 建立以学生发展为本的课堂教育模式

在培养学生主动性、创造性的过程中落实基础性知识和基本技能要求。加强知识形成过程的教学，学科教学渗透学科思想和学科学习方法。

把课堂还给学生，使学生成为学习的主人。在教学过程中调动学生认知、情感等方面因素，积极参与学习，把学生从"灌""抱""喂"中解放出来。运用多种方法激励、引导学生想问题，使学生思维保持最佳状态。

注重培养学生的综合学习能力，致力于完成传授学科知识、训练科学思维、培养基本技能、教会学习策略等"四大教学任务"。

2. 指导学法、培养学力，课堂教学运用启发式、讨论式和互动式的教学方法

指导学习方法，养成良好的学习习惯。新生入校首先抓习惯养成，通过良好习惯养成和学习方法指导，克服学生学习无重心、时间无核算、不主动预习、不及时订正作业等学习弊端。

帮助学生建立以课堂学习为主渠道，以课后辅导、课外自学为辅的学习

模式，着力培养学生的五大自学能力：自觉学习能力、课前预习能力、自我控制能力、积累知识能力、归纳整理能力。

课堂教学运用启发式、讨论式和互动式的教学方法，促进教师与学生、学生与学生之间的多向互动，营造良好的教学氛围，提高教学有效性。

（六）健全教学评价制度

（1）逐步探索阳光评价体系。
（2）对教师教学采取发展性评价方式。

（七）加强教师队伍建设

建设一支思想素质好、业务水平高的教师队伍，是我校坚持不懈的追求，我们多措并举，按计划、多渠道、分梯次地开展教师队伍培训工作。

1. 师德建设坚持不懈

教师是立校之本，师德是教师之魂。我校紧紧围绕"立德树人"这一基本宗旨，坚持将社会主义核心价值观融入教师队伍的建设中去，深入有效地开展师风师德建设的实践活动。各部门利用例会和其他专门时间组织全体教师学习《中小学教师职业道德规范》《华南碧桂园学校干部约法八章》《华南碧桂园学校教师纪律十条》《华南碧桂园学校教师文明礼貌十条》及广东省教育厅印发的《严禁中小学校和在职中小学教师有偿补课的实施方案》等相关的文件精神。我校教师管理制度健全，教师考核评价机制完善，将师德、师风表现作为教师评价考核、聘用的首要条件。为进一步加强教师队伍师德师风建设，我校制定了师德师风建设计划、方案和落实举措，着力打造团结、勤奋、务实、向上、勇于创新、追求卓越的教师队伍，为学校品牌化建设的发展提供有力的人才支撑。

2. 教师专业化发展有平台有措施

我们根据学校实际，对教师在不同的成长阶段，提出了"新教师入格、青年教师升格、骨干教师拥有风格"的"三格"名师成长路线，并对应地在不同的发展阶段规划不同层次的目标和任务要求。

（1）新教师入格。对象：见习期新教师。目标：完成优秀大学生到合格教师的转变。途径：学校选择骨干教师对新教师进行学科教学和班主任工作带教，开展传帮带的培养工作。主要标志：基本熟悉本校教育教学常规工作，有教育责任感，热爱学校，热爱学生，能够进得来，站得稳。

（2）青年教师升格。对象：教龄3～5年的青年教师。目标：完成合格教师到成熟教师的转变。途径：师徒双向选择，自愿结对，在师德修养、教育理论、课堂教学、教育科研、学业管理等方面进行带教。主要标志：掌握各年级教材内容和教学要求，学科专业知识扎实，能用心理学、教育学的基础理论去指导教育、教学实践。

（3）骨干教师拥有风格。分三个梯次进行培养。①校级骨干教师。对象：教龄6～8年的青年教师。目标：完成成熟教师到骨干教师的转变。途径：选择富有教育教学经验的学科带头人、区级骨干教师担任导师，在理论学习、教育科研、学科教学、班级管理等方面进行指导。主要标志：学科教学和班主任工作形成自己风格，实绩明显；有较强的教科研能力和相应的研究成果；有较强的带教青年教师的能力，被带教者成长迅速。②区、市级骨干教师。对象：教龄8～15年的优秀中青年教师。目标：完成校级骨干教师到区、市级学科带头人、骨干教师的转变。途径：选择教育专家担任导师，参加高一层次学历进修，参与学校课程与教学改革，主持学校重点课题研究，承担培养校级骨干教师任务。主要标志：形成学科教育特色；完成1～2门自主拓展型课程校本教材开发；优良的教科研成果得到推广；在区内有一定知名度，届时能评为特级教师、市名教师或区名导师、名教师、学科带头人。③名师队伍培养目标：形成一支有一定影响力的校级、区级、市级和国家级的优秀教师梯队。其中，初中30名校级骨干教师、小学50名校级骨干教师，15名区级学科带头人、骨干教师，1～3名市级和国家级骨干教师。涌现出一批在课程、教学、科研、德育、科技、艺术、体育等方面有专长的特色教师。

为保障以上计划的实施，学校拨出专项经费，设立奖励制度，加大考核奖励，并加大以团队为单位的"优秀教研组""优秀备课组"等集体评比奖励力度，以此促进教师团队的共同成长。

3. 重视班主任、骨干教师的成长

制定了班主任评比条例、班主任考核细则、班主任岗位职责等激励措施，并能有效落实。定期组织师资培训，制定教师专业成长规划，不断更新教师教育观念和知识结构，开辟骨干教师和名师成长路线，提高教师教育教学水平。

（1）制定并不断完善教师专业发展规划，促进教师专业化发展。学校提出了"新教师入格、青年教师升格、骨干教师拥有风格"的"三格"名师成长路线，打造"专家指导、外出学习、课题引领"的"三维"培训体系。

（2）加强班主任队伍建设。我校十分重视班主任队伍建设，在班主任的任用、培训、考核、评价等方面已形成了一套行之有效的管理机制。如体

验式主题班会做到有计划、有主题、有实效；建立"常规待优生"档案；每两周举行1次班主任工作例会，班主任工作论坛；在绩效考核、职称评定、评优评先等方面都向班主任倾斜。为了表彰班主任的突出贡献，营造尊重、理解、热爱、感恩班主任的和谐氛围，学校每两年举办一届班主任节，评选并隆重表彰"班主任工作能手"和"感动华碧十大优秀班主任"。

（八）校园文化建设

1. 校园文化建设的意义

校园文化是衡量一所学校精神文化层面优劣的重要标准，它以学生为主体，以校园为主要空间，将育人作为其主要导向。校园文化主要包括精神文化、环境文化、行为文化和制度文化建设等内容，其主要特征为校园精神和文明。它是一种群体文化，需要全体师生的共同维护。

（1）导向功能。校园文化蕴含整个学校的深层价值观念及体系，它是学生的行为参照标准，能长期指导学生正确认识和处理个人与集体的关系，把个人行为引导到集体目标上来，潜移默化地影响着学生的思想品德、行为规范和生活方式。因此，校园文化在一定程度上为学生规定了一种目标模式。

（2）凝聚功能。所谓凝聚功能，就是指良好的校园文化氛围能激发学生对学校目标、准则的认同感和使命感，从而促进优良校风的形成。优良的校风对于学生而言，具有强大的同化力、促进力和约束力，它能使每个学生在和谐、融洽的人际关系中，最大限度地挖掘内在潜力。这种高凝聚力主要表现为：集体与个人的关系休戚与共，集体对个人有很强的吸引力，个人对集体有很强的认同感。

（3）激励功能。校园文化的积极影响主要集中表现在学生的精神风貌、价值观念、思想道德素质和生活行为方式上。健康向上的校园文化具有无穷的激励力量，对于弘扬正气、优化校风、培养校园精神、建设校园文化具有现实而深远的意义。

（4）认识整合功能。校园文化自身包含着优秀的传统文化和科学知识，学生在健康向上的校园文化中，能通过彼此之间思维方式的碰撞，寻求到个人与集体、社会的结合点，通过对自身行为方式的逐步调整，加强知识积淀与文化修养，以适应整个社会的发展变化情况，做一名合格的社会人才。

2. 加强校园文化建设的对策

（1）建设优秀的师生文化是关键。在文化建设中教师是文化发展建设的重要组成，直接影响着校园文化建设的质量。因此，学校要积极提高教师团队的整体素质和质量,强化广大教职员工的文化意识,切实提高其文化素养。在加强教职人员的文化素质教育时,要注重人才培养,打造一支文化意识强、文化素养高的师资队伍,保证学校文化建设的特色化内涵。在教师团队建设中,最重要的是教职员工们团结在一起,建立起学校发展的共同愿景,愿景是学校文化的根基,共同愿景一旦形成,它的力量则是无可估量的。教师工作重在心灵教育,应该将德育与智育有机结合,教师在优秀的文化环境中能够充分发挥其专业素养,感受校园的人文关怀,同时将这种情感体验及时传递给自己的学生,是他们也感受到校园文化的魅力所在。

学生作为校园文化建设的出发点和最终落脚点,直接决定着校园文化的发展方向。因此,学校在进行文化建设时,一定要以学生为导向,积极关注在校生的思想动态,打造适应其发展的校园文化,并将这一文化建设理念运用于整个教育教学建设中。在被称为"学习的天堂"的哈佛学院里,个人与社会彻底融合,今天与未来自然衔接,生存与发展有机组合。这就是哈佛的文化,这种文化具有不可抵御的穿透力,给莘莘学子输送了学习的力量,激发了莘莘学子学习的兴趣。因此,学校要积极关注学生的兴趣点,促进学生健康成长,在文化建设方面重视学生的主体作用,激发其主动性和创造性,让校园文化成为促进学生发展的重要力量。

(2) 建立科学的制度文化是重点。学校是一个大系统,大系统中自然有若干子系统,要建立一个什么样的机制,才能让这个系统能和谐运转呢?一要有科学有序的管理运作机制。学校要实现科学有序的管理,首要的是实现管理的民主化,而"民主"光靠"人和"是不够的,更不会有长久的生命力,还特别会因为主要领导角色定位的不同而大相径庭。因此,必须要有一套健全的制度来进行规范。比如决策层的民主议事制度、教代会制度、校务公开制度、廉政建设制度,目标、过程、绩效结合的管理制度,责、权、利相结合的制度,学校整体的管理制度,等等。一句话,文化管理就是要坚持制度管人,而非人管人。只有把这些制度通过科学合理有序的运作机制来实施,学校管理才能"管而有度,理而有序"。二要有公正恰当的评价激励机制。评价激励是促进管理的助推剂,是构建校园和谐文化的一个重要支点。教师的劳动是精神劳动,精神劳动有其独立性、自主性、个异性,学校评价激励机制的建立必须遵循定量与定性相结合、效率与效用相结合、过程与结果相结合、动态与静态相结合、物质与精神相结合、法理与情感相结合的原则。把握好这六项原则,学校所制订的各种考核评价办法,奖励惩戒办法,都能为广大教职工所认同,否则,就会因评价不公正,激励不恰当而导致人事不和,矛盾重重,进而妨碍了学校管理文化的健康发展。

(3)建立优雅的环境文化是保障。校园环境文化指各种影响人、教育人的因素的总和,它对学生起到独特的、其他教育方式难以替代的作用,因为学校的环境是学校文化的象征,所以不少学校都重视优雅环境的建设,并以此作为校园文化建设的保障。要让这个保障在构建校园文化中真正发挥作用,就要从三个方面下功夫。一要营造浓厚的"人文"氛围。在"以人为本"的大背景下,学校管理人员首先要牢固树立"管理就是服务"的思想,设身处地地为教职工着想,对他们人格上尊重,工作上关注,生活上关心,行为上理解,真正激发教职工的主人翁意识;其次要用"团队精神""科学理念""高尚师德"引领教职工,让他们真正感受到自己所从事的职业的崇高所在,坚决摒弃文人相轻,同行是冤家的陋习;再次要促进教师专业成长,让其在事业上有主体感、成就感;最后要以多样性的文化活动为载体,丰富教职工业余生活,不断满足他们的精神需求,让所有人体会到"人性化"管理的乐趣,真正让学校所有活动浸泡在"人文化"的氛围之中。二要创造良好的物质条件。物质条件的好坏,也是教师是否安心本职工作的一个重要因素。过去人们一贯的认识就是学校穷,教师穷,当了教师就意味着寒酸。这一点在西部贫困地区尤为明显。现在,随着教育投入的增加,学校经费相对宽裕,学校要尽最大限度改善教师办公硬件、教学硬件、环境设施、奖金福利,把改善物质条件放在塑造教师形象,塑造学校形象,加强校园文化建设的层面上考虑,给教职工创设一个优美的工作环境,让大家在这一块小天地里有舒心感、和谐感、优越感。三要学会在竞争中合作。

学校的发展是文化的发展,文化是学校的土壤,文化是学校的根基,文化是学校的价值,文化是学校的灵魂,文化是学校的源泉,文化是学校的力量,文化是学校的任务,文化是学校的成果。没有文化的存在,便没有学校的存在;没有优秀的文化,便没有卓越的学校。

五、学校五年发展规划分年度实施情况

(一) 2016—2017年的主要任务

1. 教师队伍建设

鼓励、支持教师参加各级各类的继续教育培训工作,加强骨干教师培训,不断提高教师的学历结构。学历100%达标,拓宽教师职称晋升渠道。专业课教师学历全部达到大学本科以上;高、中、初三级专业技术职务教师人数的比例要达到1∶6∶3;主要学科区骨干教师至少有1~2名,并按照规划逐年递增。

2. 课题引领

中心科研组积极组织组织老师学习和培训，每一位老师都是研究者，并在学期末形成相应的研究成果，以论文、课件、课例、调查报告、教案设计、课堂实录等形式展示。积极构建校、区、市、省四位一体的课题研究模式。到2017年年底要有若干理论成果在国家级、省级核心专业刊物发表或者宣读。

3. 文化建设

学校逐步形成完善的科学的文化体系。物质文化、制度文化、行为文化等实现处处育人、时时育人的目标。音乐室、舞蹈室、图书馆、一楼大厅的校园文化建设已经完成。

（二）2017—2018年的主要任务

2017—2018年将教师宿舍与学生宿舍分开，完善师生食堂，使之能够容纳1000余人就餐。

（三）2018—2019年的主要任务

构建比较完善的校本课程体系，逐步形成有影响力的社团组织，如器乐社、博雅诗社、科技创新研究所等。

（四）2019—2020年的主要任务

（1）使教者有其居，福利待遇好，每一位教师都能够自由地、有尊严地工作。

（2）对学校发展进行内涵式提升，尝试与港澳台合作，并力争拓展到国外。

（3）文化建设渐成体系，具有共同的价值取向，以文化为引领促进学校的全面发展。

（4）建成具有较高知名度和美誉度的华南区域一流的优质民办学校。

关于提升学生核心素养的实践与探究

广州市从化区神岗中学　余永良

我国于 2016 年 9 月 14 日颁布了中国学生发展核心素养框架，它的出炉意味着对学生的评价不再是以前那样以学习为准，再附加一些显得有些空洞的要求去培养人才，而是切切实实地去培养顺应时代发展的人才。2018 年全国高考全面进行改革，由原来的"3＋X"变为"3＋综合"，再变为文理不分家，这种发展趋势说明人才的培养必须全面发展，分数不再是衡量高考、中考的唯一标准，艺术修养、社会实践、学校评价等也都纳入了招生指标体系。中小学教材改革及将综合实践课程纳入必修课程，也进一步说明了提升学生核心素养在教育中的重要地位。近两年来，我校通过深挖校本资源、巧借社会力量、外拓主题活动等形式，在提升学生核心素养方面做了一些初步的实践与探究。

一、传承历史，发扬优良作风

我校原名红江中学，是一所有着 50 多年历史的农村学校，20 纪 80 年代被评为广东省中长跑学校，有着浓厚的体育历史文化，培养了一批体育优秀人才。既培养出了周炜华这样的全国优秀体育教师，也培养出了邓鉴洲、邝翠玲、利宝玲这样的亚洲田径锦标赛冠军、广东省马拉松冠军等。时过境迁，现在从化已成为广州的一个区，有着"广州后花园"的美称。广州至从化的地铁 14 号线即将开通，更多的外来人员将会来从化旅游、工作、定居、投资等，他们将接触到本地人。因此，我们培养出来的学生不仅仅代表从化，也同样代表了广州的形象，提升学生的综合素养变得尤为重要，同时我们应该摒弃那种唯分数至上的想法，培养学生的素养才是关键。

20世纪80年代，学生参加洲际、全国、省、市田径锦标赛，摘金夺银

二、深挖校本资源，开展传统文化教育

1. 结合学校特点开发校本教材

已开发的校本教材有《神中飘粤韵》《对联基础知识乡土教材》《经典诵读》《秉承优良传统打造体育特色》等，这些教材的编写得到了从化区陆亨曲艺社、书法协会、楹联学会的大力指导与支持，现在这些校本课程已进入课堂，并且得到众多社会人士、校友、同行们的赞许。

2. 充分利用校园内资源

学校内现有的资源有：①绿化树种达30多种，每种树都有一个"身份证"——二维码，正因为有了这个二维码，方便师生对这些绿化树做进一步的了解和研究，学校还开展了植物辨认大赛；②班级责任地——为学生提供了研究、观察植物生长规律的良好平台，学校也因此开展了种植成果评比活动，在活动中学生体会到了团结与合作、成功与失败、责任与担当；③教学区旁边的孔子后代——清朝进士孔梦雷的墓地，每年的重阳都有几千名孔姓后人来拜祭，场面十分壮观，这为全体学生开展感恩活动、尊老爱幼、弘扬传统文化提供了丰富的一手材料。

学校开发的校本教材,浓浓的乡土味

三、巧借社会力量,开展第二课堂活动

学校开展了丰富多彩的第二课堂活动,现开展的兴趣班有粤剧、魔术、吉他、非洲鼓、跆拳道、竹笛、书法与楹联、魔术与演讲、绘画、粤剧(特色课程)、篮球、乒乓球、羽毛球、足球、象棋等。两年来,学生在羽毛球、粤剧、书法、经典美文诵读等竞赛方面都获得了不少奖项,这些学生当中,并非个个都是学习成绩优秀者,有些是兴趣使然。学校开设这么多的社团活动及重视课程建设,就是为了给学生搭建一个展示自我的平台,因为总会有一项是适合自己的。这些活动的授课者,有的是退休教师,有的是外聘专家,如聘请从化区陆亨曲艺社、音乐协会、书法协会、楹联协会、跆拳道协会等的会员及广东省青年话剧演员为学生授课,让学生们在听课当中感受授课者的技艺、个人成长经历,这对学生是一种激励、一种鼓舞。由于授课者来自社会的不同层面,这让学生对社会有了更深一层的了解,从而促进了自我的发展。两年来,学生并没有因为这些课程及社团活动的开展而影响学习,相反,他们在学习上更加积极主动了,人也变得更加自信了。

学生在实践基地锄草种花,忙得不亦乐乎

广东省青年话剧金奖获得现场指导学生粤剧基本功练习!够精心

第二课堂授课者来自社会各阶层,专业!敬业!大师范儿

校园粤剧氛围浓厚!学生到广州南方剧院观看粤剧表演!大开眼界

四、外拓有效资源,开展主题实践活动

为了磨炼学生的耐力和意志,学校首次开展了 20 千米徒步拓展活动,终点是从化太平国医小镇,占地约 6000 亩(4 平方千米),它是集中草药种植、栽培、科研为一体的实验基地,里面有几千种不同的中草药,而中草药是我们的国药,所形成的文化也是我国重要的传统文化。在那里,同学们进行了中草药辨认比赛、班际拉歌比赛、活动表演、中草药传统文化知识讲座等。通过这次活动,同学们都有了一种同感:不走完全程就不知道自己的能耐有多大!原来自己真的可以这么棒!

此外,还开展军训活动,使学生的行为礼仪陋习大为改善,有时一年都改不了的坏习惯,军训 3 天就改正了。

学生军训三天,陋习痛改前非!

师生首次成功挑战 20 公里徒步!

五、取得的成效

2016 年 12 月,教育部等 11 部门公布了《关于推进中小学生研学旅行的意见》。以前,学校很多户外活动都取消了,美其名曰:安全问题。实际上,这是教育中"因噎废食"的现象。随着《关于推进中小学生研学旅行的意见》的出台,很多学校带领学生外出进行研学旅行,带着问题出发,带着收获回来。我校这一两年通过开展各种活动,在提升学生的素养方面做了一些尝试,效果还是不错的。学生文明礼仪在改变,学风校风在转变,教

师工作积极性在提高，教学成绩有了进步，上一届初三毕业班总分提高了30分。学校越来越得到社会、家长、师生的认可，连续两年均有学生考入广雅中学、执信中学等名校。

六、今后的设想

（1）进一步打造校园文化：以孔家山的孔墓为基础建造孔子文化广场，进一步弘扬儒家文化；重新打造学校文化长廊，让浓厚的体育历史文化得以传承；进一步发挥学校的桂花园、感恩园（往届校友捐种基地）强大的育人功能，要让学校的每一块地、每一幅墙、每一棵树都能传播一种文化、渗透一种思想，要让学生在这些环境当中健康成长、学会感恩、学会传承。

（2）有效利用周边环境资源：得天独厚的校外乡土资源还没有完全利用起来，比如距离学校大约7000米处就是有名的"从化北回归线标志塔"，夏至这天"立竿不见影"的神奇现象对我们的学生而言不能再只是"听说而已"，要带领学生亲自前往见证，要让学生对这一独特现象进行研究学习；距离学校4000米处是成立一年之久的"从化沉香木科普研究基地"，而沉香文化作为中国传统文化的一种，师生们对其了解不多，或者仅仅只是听说过而已，实际上沉香木的医用、药用价值非常广泛，至于这些树为什么会结香？怎样结香？自然结香和天然结香又是怎么回事？这都是值得师生们去学习和了解的。距离学校4000米处的从化最早期的码头——龟嘴码头，我们的学生现在也只是把龟嘴当成一地名来记忆而已，它过去有怎样的历史？为本地的经济、交通又带来了怎样的作用？学生只有带着问题去探讨才能知晓。广州地铁14线号项目办距离学校不足4000米，地铁轨道线就在学校大门口经过，让学生带着研究问题、带着好奇走进地铁项目办，了解地铁的建造过程、桥梁搭建，比如一块块的水泥预制板如何连在一起的？如何隔音？挖出来的那些泥土去了哪里？盾构机的工作原理是什么？还有著名的广裕祠，其被联合国教科文组织评为优秀文化遗产。校园周边有这么丰富的可利用文化资源，但是它们的利用率都太低了。因此，我们的学生需要走出校门，对家乡做更多更全面的了解，从而激发学生热爱家乡的情感，要让他们为家乡拥有这么多的文化资源、日新月异的变化感到骄傲和自豪，进一步提升他们热爱生活、敢于创新、勇于担当的品质。

（3）利用教学平台播放励志节目，如撒贝宁主持的《开讲啦!》节目，邀请的主讲嘉宾都是中国的杰出人才，他们的人生经历本身就是一本厚重的书，他们所取得的成就令世界瞩目；《向幸福出发》讲述了一个个催人泪下的人间悲欢离合及感恩的故事；《出彩中国人》则为老百姓提供了展示自我的发展平台；还有能激起强烈爱国情怀的电影《战狼2》，励志成才电影《摔跤吧，爸爸！》；等等。现在的学生，读书的条件好了、生活好了。因此，他们没有理由不为中国梦的实现而努力奋斗！但是，作为学校，除了学好课本的知识外，还要通过活动去感化他们、去塑造他们、去磨炼他们，只有这样，才能提升他们的素养。

我们不需要圈养的教育。现在农村的家庭生活有了很大的改善，学生缺的不是钱，而是"大视界""大素养"，我们的教育不能总是把学生圈养在课室，而是要让他们要多走出课室，多走进社区、工厂、单位、基地、大自然，这样他们才会带着问题去思考。如果牛顿只是静静地坐在课室里上课，那么苹果就不会砸到他的头上，或许万有引力定律至今还没有被发现；如果达尔文缺乏对动植物的细心观察，也就没有了进化论的提出；如果瓦特从不做饭，也许也就没有了蒸汽机的发明，我们的科学家很多是在玩耍中"玩"出了名堂的，而不是在考试中"考"出了名堂。复旦大学附中高二女生武亦姝过五关斩六将夺得中国诗词大会桂冠；杭州物流工人余建春凭着对数学的满腔热爱，登上了浙江大学的讲台；广东省实验中学三位学子获丘成桐数学奖全球总决赛第6名；第44届世界技能大赛中国选手勇夺15枚金牌，其中广东占5枚；感动中国十大人物当选人物；等等。在他们身上体现了自身的文化修养、创新精神、社会责任和担当，这些都是他们核心素养的体现，也是我们励志的榜样。

全面提升学生核心素养已成为教育的重中之重，也是我们教育未来的发展方向。

浅谈城市化进程中农村学校师德建设的体验与反思

南沙万顷沙中学 周建洪

摘要：师德建设是国家长期而艰巨的任务，中华人民共和国成立以后也出台了许多相关的法律法规。但应试教育模式下，在市场经济的影响下，教师的师德建设出现了很多的新情况和新问题。教师不依法从教，违反义务教育法等法规现象时有发生，社会舆论关于教师的负面评价也常见于媒体，对教师队伍整体形象造成严重的不良影响。因此，师德建设也要与时俱进、方法创新才能适应社会的发展和需要。

关键词：城市化进程；师德建设；良方；长效机制

南沙，国家级开发区，广州城市副中心，国家自贸区广东片区，粤港澳大湾区核心区域。这一系列的高定位，勾勒出南沙的未来蓝图，前景壮阔。我校就是在这样的城市化进程中的一所变革中的农村学校。面对市场经济与区域经济带来的丰厚红利，很多学校的教师也开始思考职业以外的经济收益，有人炒房、炒股；有人加班补课、校外兼职，想办法趁着经济腾飞的际遇增加经济收入；有人则专注养生，追求过宁静、散漫的"采菊东篱下，悠然见南山"的悠闲生活，虽然班照上、书照教，却缺乏追求卓越和改变的激情。

对于在教师队伍中出现的一些不良现象，媒体又借题发挥，无限放大，造成极坏的舆论影响，一些人认为现在的教师已不是两袖清风、甘为蜡烛的人类工程师了，有人甚至列出当代教师的师德师风清单：育人意识淡薄，对学生缺乏关爱；工作方法简单粗暴，体罚或变相体罚学生；没有做到立德树人，专业知识不扎实；不刻苦钻研业务；不树立终身学习理念；计较个人得失，不顾全大局……这些言辞，虽然言过其实，歪曲事实，欲盖弥彰，严重影响教师的良好形象，但事出有因。的确，在新的社会环境中，过去固守清贫，苦站讲台，甘为孺子牛的教师少了，极少数的教师队伍中的败类值得我们觉醒和反思。因此，加强中学教师师德建设具有至关重要的意义。

一、城市化进程中农村中学的教师师德建设的迫切性

（1）在快速的城市化进程中，今天的农村教育已非 20 世纪的农村教育，南沙新区的教育也有着不同于一般的农村教育。时代在跨越式发展，教师的使命不仅是要改变学校的落后面貌，改变孩子的生存状态，更要把薄弱的乡村学校引向现代化、面向世界的学校，把学生从小农意识的传统家庭引向现代、开放、繁荣的都市大家庭。在这个变革时期，教师的作用比任何时期都重要。而教师职业道德的高下决定着其对教育事业的热情和投入的程度，影响其教育教学的态度，教育理念的更新以及教育教学水平的提高。

（2）苏霍姆林斯基曾指出："教师首先是一个教育者，其次才是一个学科的老师。"教育的根本要义是促成人的身心的全面发展，促成学生在包括认知结构、道德结构及审美结构的内在结构上的不断变化并趋于完善。所以，教师只有拥有丰厚的职业素养、卓越的人生理想和乐观向上的生活态度，不断培养高雅的审美情趣，才能使教育在潜移默化的过程中和谐而完美地实现，才能给予学生美的体验，从而实现学生美的教育，个体潜能的充分激发和个性品质的完美铸造。

（3）刘克风校长曾提出教育的"游鱼定律"，大鱼在前面游，小鱼在后面跟着学游，大鱼怎样游，小鱼就学着怎样游。如果我们教师是大鱼，那么学生就是小鱼。因此，老师对学生的教育影响可能是全方位的。一是影响学生身心发展。教师高尚的师德，是对学生最生动的教育，师德不良，会导致极差的教育效果。中学生正处于人格形成和情感发育的关键时期，可塑性和模仿力强，教师的一言一行对学生成长具有强烈的示范和感染作用，如果教师失德，就会将不良的思想意识和行为习惯传导给学生，而且其影响甚至可能是终生的。二是影响教育教学效果。尽管中学生心理发育还不成熟，但也已经初步具有了一定的价值判断，如果教师不能以身作则，不懂得关心学生，不遵循教育规律，就不能赢得学生的爱戴，也就不能很好地开展教育教学活动。调研发现，班风班貌建设好的班级都出自师德素养好的老师。三是影响教师整体形象。尽管全校教师大多表现是好的，但是个别教师的失德行为，却让教师崇高的社会声望不断受损，有的事件虽然是个案，但随着信息传播的便捷，公众关注与参与程度的提高，其影响更甚更坏。

二、城市化进程中农村中学的教师师德建设从何着手

1. 增强农村教师的职业归属感和荣誉感

教师讲高尚,讲奉献,首先还得先保障其生活的稳定和身心健康。各级办学单位应高度重视当地的义务教育,加大对教育的投入,改善教师的工作环境,提高教师的待遇。落实义务教育法规定的"确保教师平均工资水平不低于或高于当地公务员平均工资水平"。使教师能安心工作。

在教育系统内,不断完善中学教师绩效工资制度,改进绩效考核办法,使绩效工资充分体现教师的工作量和工作业绩,从而激发教师工作的热情。

在学校内部,优化管理机制,以人为本,真诚关心教职工的生活、改善工作环境,营造和谐的教育氛围,让教师乐教善教。

只有内外结合,才能增强教师对职业的归属感和荣誉感,进而为自己满意的职业自觉修炼自己的职业道德。

2. 增强农村中学教师教书育人的责任感和使命感

作为一名教师,必须清楚自己所教的对象的个人情况、家庭状况,要清楚自己要培养怎样的人才,只有这样才能知道教书育人的责任感和使命感。

我校所处的地区,是南沙发展进程中最具开发潜力的地区,但学生家长文化层次普遍偏低,大多从事小规模的种养业,还有些是小摊档经营者、渔民等,对小孩的养育只停留在养而缺乏育,家庭教育无法可用,束手无策的情况比较常见。作为老师,不但要教书育人,还要对家庭教育具有代偿功能,做好第二家长,对学生进行生活习惯、行为习惯、学习习惯的养成教育,帮助学生进行人生规划等。

南沙作为广州新的经济增长引擎,广州城市副中心,国家自贸区广东片区,粤港澳大湾区。这一系列的高定位,勾勒出南沙的未来。同时,也意味着我们培养的学生,是要成为实现南沙腾飞梦想的全面发展的人才。

要让教师关注、了解南沙新区的发展动向,自觉把自己的教育教学工作与区域经济文化发展规划协调起来,顺应时代的潮流,不断提升自己教书育人的责任感和使命感,为培养能适应时代变革的需要、与时俱进的人才而努力工作。

3. 提高教师的审美情趣,提升教师的职业道德水准

教育教学活动是一门科学,同时也是一门艺术,是充满艺术化的教育教学活动。教书不能只是传道授业,还要有高层次的艺术素养,只有提高审美

情趣，才能够实现师德建设的全面发展，形成科学化、人性化的建设体系。在工作中，教师面对的是人，而且是成长中的人的心灵。成长期的青少年学生求知欲强、善于模仿，同时鉴别力、自控力和自我纠错能力相对不足。因此，教师的言行举止、道德品质、价值取向甚至性格兴趣，都会对学生产生潜移默化的影响，有些甚至会影响学生的终生。教师的人格中如果充满高雅的审美情趣，就能更加具有感染力和号召力，对学生产生"随风潜入夜，润物细无声"的效果。

因此，教师具有发现美、引导美、提升美的能力，才能有效服务于教育教学，促使学校的发展和学生的成长。

譬如，万顷沙中学南校区每周四下午1～3节课是教师书法训练课，由书画皆精、获奖无数的侯永华老师亲自指导，老师没有上课任务的就可以到书法室去练书法。练习书法的过程，其实就是审美的过程，可以提高老师对审美的认知，从而修炼自己的职业道德。很多老师经过一段时间的学习，不但书法技艺有了很大的提升，还从中得到美的熏陶，体会到练书法可以让人凝神静气，稳重成熟的益处。而教师从书法中得到审美情趣不但成为学生仰慕的"本钱"，运用到教育教学中，更能对学生产生正面的影响。

4. 教师要具有高尚的道德情操和一颗博爱的心

教师要做好学生灵魂的工程师，自己首先要有高尚的道德情操，才能以德治教，以德育人，其次还要有一颗能够感染每一个学生的博爱的心。

教师的职业特性决定教师必须是道德高尚的人，就像医生必须是医德高尚、仁爱为本的人一样。教师的工作看似平凡，但却是在塑造灵魂、塑造生命、塑造人，所以必须通过言传身教，用自己的道德情操去感染学生、引导学生。

一个有优良道德情操的好老师，才会把敬业爱生作为教育工作的基本准则；才会自愿献身教育，心系学生；才会严于律己，为人师表；才会严谨治学，诲人不倦；才会终身学习，追求进步；才会成就学生，并最终成就自己。

"疼爱自己的孩子是本能，而热爱别人的孩子是神圣！"这是我校教导处对数学老师林少康进行访谈后得出的评价。人到中年的林老师一直在我校任教数学，成绩斐然。访谈中发现，林老师不只是课堂把控得当，课堂效率高，更关键的是像母亲一样对学生动之以情、晓之以理，用爱心感化学生，以爱心赢得学生的信任，学生乐学爱学，学习成绩自然不断提高。

5. 树立终身学习的职业理念

古希腊哲学家苏格拉底认为：美德出于有知，知识是一切德行之母。韩愈在《师说》中写道："道之未闻，业之未精，有惑而不能解，则非师也。"作为教师，应该有"要想给别人一碗水，自己就要有一眼泉"的意识，终身学习，自强不息。"问渠那得清如许，为有源头活水来。"古今中外，一直都在强调教师的专业成长就是要不断学习。

在每所学校，都会有一些老师，不爱学习，其学识长期保持在毕业时的水平。无可否认，不及时更新自己知识结构，不对新知识保持长久的好奇与敏锐，结果就会被学生看不起，在学生眼里成了故步自封的老古董，老师没有了威信，学生就不愿意听他的课，成绩也自然上不去，成了校长手中的"困难户"。

为了鼓励老师多读书，勤读书，树立终身学习的职业意识，学校每月安排一次业务学习，由校长室、教导处、德育处轮流负责督促，或研读国家新政理政纲要，如十九大精神的解读、学习习近平总书记对广东的指示精神，或学习当下新型的教育教学理论。让广大教师努力掌握专业基础知识、培养现代教育理论和基本技能，积极探索教学改革的新领域，为学生树立热爱学习、善于学习和终身学习的榜样。

同时，学校还应创造条件，通过"请进来，走出去"，拓宽教师的视野。

三、建立师德建设的长效机制

中学教师师德建设是非常复杂艰巨的工程，必须结合教师的职业特点和道德建设的一般规律，结合地区和学校的实际情况，借力全社会力量，形成全方位的政策体系，让教师自觉按照教育方针的要求，严于律己，科学育人。

（1）依照现行法律法规，结合学校实际，为全校教师制定"保底线、多层次"的师德建设规范。例如制定针对教师日常行为管理的奖惩条例，明确惩罚的标准和底线。

（2）重视对新人的培养。一位新教师入行，他就是一张白纸，一切从零开始。对新人的培养，导师制是较好的办法，学科教学、班主任工作都设有导师，而导师可以是校内的有经验有成绩的好教师，也可以是兄弟学校的名优教师甚至是著名教育专家学者。曾剑辉老师的成长就是很好的例子。曾老师的导师是广州市教研室的符东生老师，符老师为了曾剑辉的成长，专程带领广州物理教研的骨干到我校做实地指导，现场点拨，又让曾老师到广州的名校进行异地教学，为曾老师提供了大量的学习锻炼的机会，从而使他快速成为南沙区物理教研的骨干，学科教研新秀，成长为乐教善教，乐于奉献、师德高尚的老师。

（3）加强环境熏陶，重视环境育人。做好校园自然环境和人文环境建设，设计好学校人文景观，用优美的校园和具有丰富内涵的文化设施激发教师潜心育人、关爱学生的热情。

（4）夯实"以人为本"的管理制度。学校的管理必须有完善的规章制度，但规章制度是死的，人是活的，在制定规章制度时要充分考虑教师的工作实际、生活实际，努力在不违反原则的前提下实现人性化的管理。教师的工作压力是很大的，而压力需要得到及时释放，所以笔者提倡暂时没课的老师结伴到球场散散步、聊聊天；可以在下午放学前提前到体育馆运动，锻炼身体；让每位教师每月有半天的处理个人事务的假期等。

四、结语

"春蚕到死丝方尽，蜡炬成灰泪始干"是对教师付出的最高赞誉，但在商品经济时代，这种赞誉实属苛求，教师也是平凡的人，教师也是一个平凡的职业。然而，教师就是做着这样平凡的事，激发学生成长的热情，给予学生向上的动力，让学生实现自我，最终到达成功的彼岸。

"师者，教之以事而喻之以德也。"是社会对教师提出的最高要求，也是教师审美情趣的最高境界。教师要不断学习，加强自我修养、实现自我完善、自我发展、自我监督，努力成为"学为人师、行为世范"的光荣的使命，社会和学校也要善于营造良好的生态环境，让广大教师能在公平、和谐的环境下教书育人。

社会在变迁，南沙在腾飞。在这个日新月异的时代，笔者希望，通过师德的建设，使全校的师生在分享经济发展政策红利的同时，也能实现学校全新的发展，为社会的发展做出贡献。

参考文献

[1] 刘克凤. 跨文化的教育体验和反思——现代化进程与学校转型 [M]. 广州：广东教育出版社，2016.

[2] 郑洁. 给教师的100条新建议 [M]. 上海：华东师范大学出版社，2009.

[3] 马楠. 论中学教师的师德和师德建设 [J]. 理论观察，2015（12）.

[4] 沈红艳. 中学教师师德的育人功能与建设方略 [J]. 湖南农业大学学报，2013（2）.

[5] 齐欣. 名师的人格教育力 [M]. 北京：九州出版社，2006.